张宇华 著

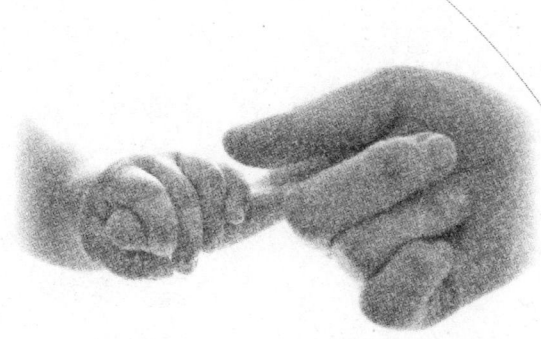

孩子
把你的手给我

中国商业出版社

图书在版编目（CIP）数据

孩子，把你的手给我 / 张宇华著 . -- 北京：中国商业出版社，2018.3

ISBN 978-7-5208-0185-0

Ⅰ.①孩… Ⅱ.①张… Ⅲ.①家庭教育 Ⅳ.①G78

中国版本图书馆 CIP 数据核字 (2018) 第 016355 号

责任编辑：姜丽君

中国商业出版社出版发行
010-63180647 www.c-cbook.com
（100053 北京广安门内报国寺 1 号）
新华书店经销
北京明月印务有限责任公司印刷
*
720×1010 毫米　16 开　16.75 印张　230 千字
2018 年 5 月第 1 版　2018 年 5 月第 1 次印刷
定价：39.80 元
****
（如有印装质量问题可更换）

前 言

前　言

怎样引导孩子成长？这既是一个牵动天下千千万万"望子成龙""望女成凤"的父母的大难题，也是多少年来人们苦苦思索、孜孜探求的课题。在对这一难题、课题的不断探索中，不乏理论研究者、理性思考者，也有言传身教者、著书立说者。日前，一部《孩子成长中的56个怎么办》（以下简称《孩子，把你的手给我》）书稿摆到了我的案头，引发了我拜读的浓厚兴趣。之所以感兴趣，是因为我想看看它是怎样诠释、回答这一难题、课题的。我几乎是一气呵成地读完了此书。掩卷之后，我惊喜地发现：《孩子请把你的手给我》一书立论正确，观点新颖，思路清晰，论述充分，对破解这一难题、课题交上了一份不错的答卷。依本人之愚见，《孩子，把你的手给我》一书的成功之处，或者说值得肯定之处，可以概括为以下四点：

素质主旨，贯穿全书。如果说在当今的经济社会领域发展是硬道理，那么在新世纪教育领域实施素质教育，不断而切实地提高被教育者的综合素质，乃是引

导孩子成长的硬道理。本书作者深晓此理，本着既授之鱼、更授之以渔的基本思路，毫不吝啬地运用大量笔墨，着力阐述诸如如何激发上进心、如何学会自强自立、如何培养道德品质、如何养成良好习惯、如何维护心理健康、如何掌握学习方法等一系列素质教育问题。其中，既有理论的点拨，又有精彩的论述，还有古今中外生动典型案例的佐证。尽管近年来通过学校、家长和社会的共同努力，大力崇尚、开展素质教育的大气候、大趋势已然形成，但是要完全、彻底地消除千百年来应试教育的传统习惯势力的消极影响仍然任重道远。为此，本书作者不遗余力地点击引导孩子成长的要害"穴位"——素质教育，为冲破至今仍有巨大惯性反弹和广泛潜在市场的应试教育的迷雾叠嶂，开辟进行素质教育、引导孩子健康成长的一片蓝天做出了不懈努力和应有贡献。素质教育这一主旨，犹如一条主线、红线，贯穿于作者撰写《孩子，把你的手给我》一书的全过程，渗透于全书的字里行间。此其一。

内容翔实，设问即答。尽管《孩子，把你的手给我》一书篇幅不短，部头不小，但却让人爱看、耐读。其原因无非有二：一是内容翔实、具体。书中所述均来自于实际生活，来自孩子成长的实践和问题，看得见，摸得着，能够真真切切地感受得到。正是摒弃了那种云山雾罩、一头雾水式的空发议论、空洞说教，代之以言之有理、考之有据的据实诠释、阐述，才使本书具有较强的可信度和说服力。二是设问即答，边问边答。通过全书56个"怎么办"的设问，将翔实、具体的内容在一问一答中展开阐述，使人看了一目了然，可读性、可操作性和实用性兼而有之。毋庸置疑，对于读者来说，其具有一定的借鉴、参考价值是不言而喻的。此其二。

谋篇布局，纵横交错。有了明确的主旨和翔实的内容，还须通过严密构思、精巧设计的合理结构来展开阐述。对此，《孩子，把你的手给我》一书的作者也是颇费思量，收效极佳。且看全书在总的谋篇布局上，列出了"点滴塑造""关

前　言

爱引导""科学疏导""严令身行""大胆放手""巧妙引导""授之以渔"和"软硬兼施"等八个方阵的大框架，又有横向上从"孩子没有上进心怎么办"到"孩子有浪费时间的不良习惯怎么办"的56个设问，还有纵向上在每个设问的解答性阐述中的"重视理由—追根溯源—榜样魅力—解决方法"的四步曲，层次分明，层层深入，纵横交错，错落有致，引人入胜。此其三。

　　文从字顺，有人情味。通览全书，看得出《孩子，把你的手给我》一书作者为准确、生动地阐述内容，对文字表达还是下了一番功夫的。其主要表现在：一是全书文字通顺，语言流畅，笔锋犀利，文采洋溢。尽管全书洋洋洒洒几十万字，但让人读来感觉文从字顺，不枯燥、不乏味，足见作者文字素养和功底不浅。二是书中充满了人情味，也给我留下了深刻印象。尤其是几乎在每个"怎么办"设问的解答性阐述中，都是先从与"爸爸妈妈"面对面直接对话的娓娓道来开始，继而进行犹如真诚朋友之间的心灵沟通、推心置腹的谈心交心式的阐述，瞬间便缩短或拉近了与读者的距离。随着一股股清新、温馨的微风轻轻吹拂而来，陌生感悄然而去，亲切感油然而生。此其四。

　　读完《孩子，把你的手给我》一书的书稿，本人似有爱不释手、欲罢不能之感，且思绪良多，启示犹在，感想不少，总有一种不吐不快的冲动。于是，便欣然命笔，略抒拙见，匆匆写下如上一些随想性的浅薄文字。是为序。

目 录

Contents
目 录

要重视培养孩子的良好习惯

1　孩子要有良好行为习惯　／ 004

2　孩子的作息时间要有规律习惯　／ 009

3　孩子要养成爱运动好习惯　／ 011

4　孩子要有不浪费时间的好习惯　／ 014

5　孩子应该有勤俭节约的好习惯　／ 018

6　孩子要有遵守时间观念的好习惯　／ 021

要注重培养孩子良好的性格

7　孩子的好性格　／ 032

8　孩子不应有性格孤僻坏习惯　／ 036

9　孩子你不应该任性　／ 040

10　孩子你是不是不要有乱发脾气的习惯　/ 044

11　孩子应该去掉自负坏习惯　/ 048

12　孩子不要有害羞坏习惯　/ 051

13　孩子要去掉性格逆反的习惯　/ 054

14　孩子要改掉悲观情绪坏习惯　/ 059

要重视孩子的心理身体

15　孩子有自卑心理要有应对办法　/ 066

16　孩子抑郁解决方法　/ 072

17　孩子焦虑如何面对　/ 076

18　孩子恐惧怎么给予排解　/ 080

19　孩子虚荣心强的解决方法　/ 084

20　如何对待孩子冷漠　/ 088

21　孩子嫉妒心强的解决方法　/ 091

22　怎样解决孩子的自私　/ 094

23　孩子请不要染上网瘾　/ 099

要培养孩子的道德品质

24　孩子要有好的道德意识　/ 106

25　孩子要讲诚信　/ 109

26　孩子不能撒谎　/ 113

27　孩子要有责任心　/ 119

目录

28 孩子要有爱心 / 123
29 孩子要宽容他人 / 126
30 孩子要不懒惰 / 129

要让孩子学会自立自强

31 孩子不要过分依赖 / 136
32 孩子要有自制力 / 139
33 孩子不应该自我意识薄弱 / 143
34 孩子要有生活自理能力好习惯 / 146

要培养孩子的阅读兴趣

35 孩子要培养阅读能力 / 154
36 孩子要学会正确阅读方法 / 158
37 孩子要正确选择图书 / 162
38 孩子要去掉不良阅读习惯 / 167
39 孩子要会做读书笔记 / 172

为什么孩子学习成绩不好

40 孩子学习要讲究方法 / 182
41 孩子要有良好学习习惯 / 185
42 孩子学习应该有计划 / 191

43　孩子要会独立思考　/ 194

44　孩子应该善提问　/ 197

45　孩子要一心一意地学习　/ 203

46　孩子一定不能贪玩　/ 207

47　孩子应该会预习　/ 215

48　孩子要正确复习　/ 218

要激发孩子的上进心

49　孩子要有上进心　/ 226

50　孩子要有求知欲　/ 230

51　孩子要有对学习的兴趣　/ 235

52　孩子要有学习目标　/ 239

53　孩子要有对学习的信心　/ 245

54　孩子要消除厌学情绪　/ 249

55　孩子要有学习的主动性　/ 252

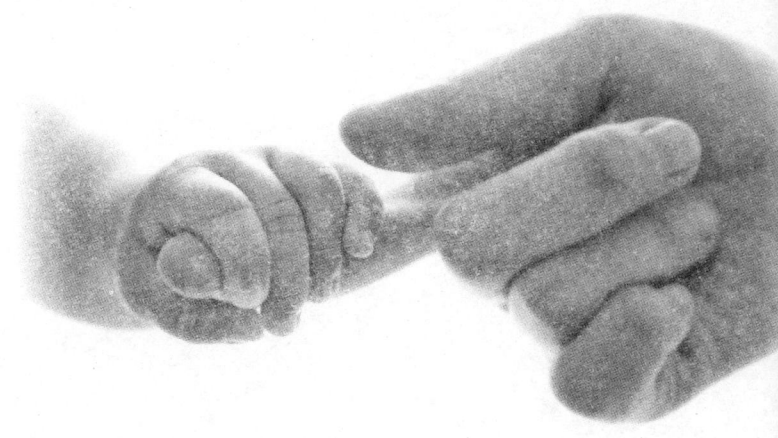

要重视培养孩子的良好习惯

引经据典

教育是什么？教育就是培养孩子的良好习惯。

——〔中〕叶圣陶

命运成败的源头便是没有生活点滴中养成的习惯。

——〔美〕戴尔·卡内基

要重视培养孩子的良好习惯

知心话儿

爸爸妈妈们，一定要注意从小就开始培养孩子的良好习惯。因为习惯决定人的命运，重视孩子的习惯养成、培养孩子的良好习惯就是为孩子未来的成功打下基础。

"播下你的良好行为，你就能拥有良好的习惯；

播下你的良好习惯，你就能拥有良好的性格；

播下你的良好性格，你就能收获良好的命运。"

19世纪英国著名心理学家李得尔的这段名言，深刻地揭示了一个人的行为、性格及其命运之间的紧密关系。这段名言更告诉爸爸妈妈们：一个孩子自幼养成的习惯，将直接影响到他一生的命运。

习惯决定人的命运——无论是心理学家还是成功学家，通过不同途径的研究，最终都殊途同归地得出了这样一个相同的结论。被誉为西方世界"商业圣经"的《世界上最伟大的推销员》的作者、著名的成功学家奥格·曼狄诺指出："我们的行为受到品位、情感、偏见、欲望、爱、恐惧、环境和习惯的影响，其中最厉害的就是习惯。成功与失败的最大分野，来自于不同的习惯。"

我们中国古代的贤人早已对习惯与人生的关系有过认识，那部家喻户晓的《三字经》开头就是这样几句："人之初，性本善。性相近，习相远。"这里所说的"习"，就是指的习惯。这几句简单的话揭示出了这样一个深刻道理：孩子的天赋条件一般区别不会太大，而导致孩子们后来成就千差万别的因素之一就是其后天所养成的习惯好坏。

好习惯使孩子受益终身，而坏习惯则会使孩子终身受害。孩子好习惯的养成和坏习惯的形成，主要决定于爸爸妈妈的家庭教育和引导。《三字经》上写得很明确："子不教，父之过。"孩子养成了受益终生的好习惯，是成功家教的收获；而孩子沾染上不能自拔的坏习惯，爸爸妈妈则首先难辞其咎。

俄罗斯著名的教育学家乌申斯基说："良好的习惯乃是人在其神经系统中存

放的资本,这个资本不断地增值,而人在其整个一生中都享有它的利息。而坏习惯则是道德上无法偿清的债务,这种债务能够用不断增长的利息去折磨人,去麻痹他的最好创举,并使他达到道德破产的地步!"

世界上有哪一位爸爸妈妈不想在自己孩子的神经系统中存放好习惯的"资本",而让其"整个一生中都享受着它的利息"呢?

世界上又有哪一位爸爸妈妈忍心让自己的孩子背上"坏习惯"这笔无法偿清的债务,而让其终生不断地受到折磨呢?

普天下的爸爸妈妈们都有"望子成龙""望女成凤"的殷殷之心,所以,不可不时刻督促孩子养成良好的习惯,更不可不时刻督促孩子戒除各种不良习惯。

教育孩子养成良好的生活习惯,是对孩子进行素质教育的一个很重要方面。有了好习惯,道德就能够见诸于实践,意识就能够化为行动。

任何生活习惯一经形成,重复出现一次便是一次强化。孩子若是养成了不良的生活习惯,如不及时加以纠正,慢慢便会成为极难改变的恶习。这不仅会妨碍孩子的正常学习,还会影响到孩子的身心健康。

儿童时代形成的不良习惯,如不及时纠正,到了成年后再想去改变就很难了。不良习惯会给人的一生带来许多不利,不仅妨碍工作和生活,还会损害人的形象。孩子年龄尚小,可塑性强,是培养良好习惯的好时机,也是纠正不良习惯的好时机。

1　孩子要有良好行为习惯

重视理由

孩子的行为习惯不好,会直接影响到孩子的成长,给孩子的心理造成阴影。爸爸妈妈从小注意培养孩子良好的行为习惯,有助于孩子未来的人生成功。

要重视培养孩子的良好习惯

追根·溯源

中国有句老话："从小看大，三岁看老。"人的各种行为习惯往往是从小养成的，一旦习惯形成了，长大后就很难纠正。

某校校庆时，一个老师说："我小时候没听老师的话，没养成好习惯，长大后在生活和工作中遇到了不少麻烦。"原来，他的生活毫无秩序，东西胡乱放。一次晚上睡觉时，脱了袜子随便一扔，第二天早晨却怎么也找不着了。上班开会时，他掏出手绢擦鼻子，可捂在鼻子上的却是一只臭袜子，搞得他狼狈不堪。

还有一些从少年管教所出来的孩子说："在管教所里经受过一番教育后，懂得了偷东西的害处，下决心不偷了。可一见到人家的钱包手就痒痒，也不知怎么回事，把手又伸到别人兜里去了。"其原因是什么呢？就是小时候养成了不良的习惯，已成为定型性行为，改起来就很困难了。

通过上面所举的两个生活中的实例我们不难看出，人的行为习惯不好直接影响着自己的成长，往往会给自己的形象造成阴影。个人习惯不良给人的感觉往往是修养差，直接影响到自己在别人心目中的形象，造成邻里不和、人际关系差等，影响自己的学习和生活。

对于孩子的不良行为，爸爸妈妈不可包庇、袒护。例如，有些爸爸妈妈虽然觉得孩子偷拿别人的东西是件不光彩的事，但为了顾及自己和孩子的面子，便采取极不明智的护短做法。然而，这种做法对孩子是有百害而无一利的。当孩子看到爸爸妈妈对自己的错误如此包庇、袒护，会对自己的错误不以为然。因此，父母的护短会更加助长孩子的不良习气，不利于孩子健康地成长。

在纠正孩子不良习惯方面，家庭教育和学校教育必须相互协调、密切配合、保持一致。如果各吹各的号、各唱各的调，教育效果就会大打折扣，甚至起到相反的作用。长时间下去，孩子便会养成两面派的习气——在老师面前一个样，在父母面前一个样。这就需要爸爸妈妈与学校和老师保持联系，在教育观念上保持一致，在细节操作上尺度一致，不给孩子钻空子的机会。一旦出现问题后及时与老师沟通，不要怕丢自己的面子而庇护孩子的短处。爸爸妈妈护短，不仅不利于孩子改正错误，还会在其心灵上制造混乱、埋下隐患。

榜样·魅力

美国总统小布什在自传中回忆妈妈多萝亚时写道："她树立了榜样，她通过自己的言行来引导我们，而不是一味地对我们进行说教。但是，她提出的建议总是很有说服力，总是关心体谅别人，极为友善和诚实。她从不用关于爱的问题教育我们，因为那是她生活的一部分，在我们每天的生活中都可以看到，她爱我的爸爸，爱我们5个。在孩子们成长的日子里，她每天都陪伴他们、鼓励他们，制止他们的不良倾向，解决他们的争端，教他们学习，约束他们的行为。"

有一次，小布什和哥哥干了一件坏事，那时，他们一个上六年级、一个上七年级，哥哥普雷斯班上一位同学的妹妹卷进了这件事，她"告发了他们"，家里一下子就乱了。他们让那个姑娘和她的朋友光着身子跑过屋子，他们兄弟俩和那个女孩的哥哥看着，他们给她们每人一角钱。这是一件恶俗的事，这件事相当严重，妈妈直接把它告诉了他们的爸爸，由爸爸来处罚他们。

爸爸把他们叫到跟前，他手里拿着一只网球拍，把他们推出前门，吼叫着让他们走到那个女孩家去道歉。那是两英里的艰难跋涉，小布什和哥哥一开始走得很快，想离爸爸远点，但是，在离她家越来越近的时候，他们明显放慢了步子。最后他们不得不按响门铃，小布什的哥哥普雷斯先开口了："我们为我们做的事非常抱歉。"布什嘟囔着说："我再也不会这么做了。"

小布什家的门第相当高贵。作为一个母亲，抚养孩子的责任是繁重的：他们的爸爸妈妈都是出身名门，作为孩子，他们也将光耀他们的门楣。另外，还有财富的问题。多萝西知道，财富容易腐蚀道德标准，削弱斗志；在孩子们离开她的密切监护之后很久，她还要防止这些危险的发生。

在大选中，小布什想到了他的妈妈，他说："我的妈妈是我一生中遇到的最

要重视培养孩子的良好习惯

和蔼最周到的人中的一个,每个曾经认识她的人都能感受到她的同情心,并被她的宽容所打动。"

解决·方法

(1) 让孩子知道什么是好习惯,什么是坏习惯

在生活中,爸爸妈妈如果经常夸奖孩子好的行为、批评和抑制不好的行为,孩子逐渐就会懂得应该怎样、不应该怎样,进而形成良好的行为习惯。

(2) 消灭孩子的不良苗头,防患于未然

平时多观察孩子的表现,如果发现孩子情绪反常、忧心忡忡、花钱很随便、来路不明等不良苗头,要及时了解情况,问明钱或东西的来路,采取有效的教育措施,以防孩子走上邪路。

(3) 对孩子进行法律常识教育

增强孩子的法律意识,让孩子明白哪些是违法行为。孩子只有懂得了社会规范、法律法规,才会逐渐增强法制观念,才不至于去做违法的事情。

(4) 制定必要的家规

国有国法,校有校纪,家应有家规。应针对孩子和家庭的实际制定一些家规,并让孩子切实遵守。比如,不经过爸爸妈妈允许,不可擅自拿家里的钱出去乱花,不许把不属于自己的东西拿回家,这对孩子养成遵纪守法的习惯是很有帮助的。

值得注意的是儿童期孩子的行为是很不固定的,需要爸爸妈妈经常加以鼓励和督促。比如,有的孩子打了人,母亲批评他"打人不好",可没过一会儿,他又打了人。这就需要做爸爸妈妈的对孩子再次出现的不良行为用讲道理的形式反复进行训导,纠正其不良行为。孩子的不良行为通过反复的纠正,就会逐渐收敛,最终会消除不良的行为习惯。

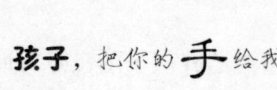

张妈妈小故事：

　　浩浩是一个五岁的孩子，正在一所私立幼儿园里读大班。为了锻炼孩子的自理能力，每天睡觉前妈妈都会同浩浩一起整理自己的小书包，看看自己的小铅笔、小尺子、小橡皮有没有乖乖地躺在文具盒里，再看看书本有没有排列整齐。

　　这天晚上，当母子俩一起打开文具盒的时候发现有一块天蓝色的海豚橡皮，妈妈知道，这不是浩浩的橡皮。"咦，是谁家的小海豚迷路了？怎么睡进了我们浩浩的文具盒里呀？"妈妈故作惊讶，边说边用眼睛看着浩浩的脸，想从他的表情中找到答案。浩浩知道妈妈以前说过，不准把不是自己的东西带回家，便忙着解释道："妈妈，妈妈，这块海豚橡皮是嘟嘟送给我的，因为今天中午他总是叠不好被子，我帮他叠好了。"妈妈听了浩浩的话，知道孩子没有忘记她定下的规矩，心中顿感欣慰。但又觉得如果是这样，会不会让孩子误认为帮助了别人就理所应当得到报酬？这样下去，会消磨掉孩子心中无私的爱，变得功利心极强。于是，妈妈拉着浩浩的小手一起拿起那块海豚橡皮，温和地说："多漂亮的小海豚，妈妈也很喜欢它。今天，你帮助了嘟嘟，妈妈要表扬你。但是你要知道，帮助别人是不应该求回报的，在你帮助别人的时候，你收获到了他人的赞赏和感激，这已经足够了。"浩浩听了妈妈的话点点头，可视线仍然没有从那块海豚橡皮上移开，妈妈知道他舍不得把橡皮还回去。是呀，才五岁的孩子，这世界上有太多的诱惑在等待着他，面对精神食粮与物质奖励，向左转？向右转？哪有一把尺子来帮我们准确标记道德的界限？浩浩妈妈聪明地想到了折中的好办法："我们这样好不好，你帮助了嘟嘟，他把海豚橡皮送给你表示感谢，如果你把海豚橡皮还给嘟嘟，他也一定会不开心的，因为他心里已经把你当成了好朋友。好朋友之间，拿自己喜爱的东西去分享也是一种美德，你也选一个自己喜爱的小礼物送给嘟嘟好不好？"浩浩觉得妈妈说得很有道理，也愿意这样去做，就高高兴兴地为嘟嘟选礼物去了。

要重视培养孩子的良好习惯

评析： 浩浩妈妈的正确引导，既让孩子明白不是自己的东西不应该要，哪怕是帮助别人后得到的馈赠，又保护了两个孩子纯真的心。朋友之间应懂得分享，即使是受之无愧，也要懂得礼尚往来。

2　孩子作息时间要有规律习惯

重视理由

良好生活习惯的养成，往往就是从每天的作息开始的。按时作息的良好习惯，不仅可以使孩子身体健康，而且还能使孩子能够有充分的精力去积极主动地学习。

追根溯源

孩子不能按时作息生活，往往会影响到孩子的睡眠，而睡眠则是人体恢复精力和体力的必需要件，是人的生命活动的一个有机组成部分。对孩子来说，养成按时睡觉、早睡早起的习惯就能够保证其足够睡眠。

在现实生活中，应该说大多数爸爸妈妈都能够注意孩子按时睡眠习惯的培养。但不可忽视的是，也确实有不少孩子养成了熬夜的习惯。究其原因，有些孩子是因为学校布置的家庭作业多，爸爸妈妈又要求孩子学琴、练书法、绘画、写日记、背诵等，致使孩子熬夜；有些是爸爸妈妈每天晚上带头看电视，子女也跟着看，直到看到"祝您晚安"；有些则是爸爸妈妈习惯于睡前让孩子背一首诗、讲故事、背诵外语单词、要求孩子躺在床上对一天所学习的功课"过电影"，造成孩子大脑兴奋，不能按时入睡。所有这些使孩子熬夜的原因，都是不符合科学要求的，对孩子的健康和成长都极为有害。

做父母的必须要记住，生长激素成长最盛的是晚上23时至半夜，超过这个时间睡觉，对孩子的健康必然会产生负面影响。

为了成长中孩子的健康,爸爸妈妈们一定要注意培养孩子按时作息、保证睡眠充足。

榜样魅力

刘军锋是个贪玩的孩子,他的妈妈原本替刘军锋订下了一个她认为是十全十美的作息时间表:早晨6点起床,中午放学回家,吃完午饭后做1小时功课,然后上学;下午回家,先补1小时历史,再看妈妈替他预录的卡通节目,然后有半小时的自由活动时间,晚饭后可以休息一会儿或到附近公园散步,之后回家再温习功课,然后才上床睡觉。

刘军锋妈妈满以为有了这样的作息时间表,肯定会对刘军锋有很大的帮助,谁知实行了没几天她便很快发现刘军锋的功课愈做愈慢,有时候还打瞌睡;有时在刘军锋的功课还未完成时,他的好同学便打电话来问他看了某个电视节目没有;每天晚上的散步也似乎令刘军锋疲累过度,根本就不能在晚上集中精神学习。

明智的刘军锋妈妈及时发现时间表确实有问题,于是果敢地做出改动,午饭后让刘军锋有些许午睡时间,下午看过儿童节目再开始做功课,晚上的散步时间也视孩子的需要而增多或减少。

时间表变得更具弹性后,刘军锋的学习兴趣比从前提高了很多。

解决方法

为了保证孩子养成良好的作息习惯,保证孩子有足够的睡眠,爸爸妈妈们应该注意以下几点:

(1)每晚9点左右就让孩子做好睡前准备工作,准时上床睡觉。如让孩子去阳台呼吸新鲜空气,深呼吸,刷牙洗脚,静坐一会儿使身心放松。

(2)要抑制刺激,如睡前不要看电视和电影,不看书籍,不要打骂训斥孩

要重视培养孩子的良好习惯

子,不要强迫孩子做自己不愿做的事等。

（3）入睡前不要让孩子吃夜宵,不要饮浓茶、咖啡、饮料和吃巧克力;晚饭不要吃得过饱,可以吃一些含有氨基酸的食物。

（4）要有一个舒适安静的环境,床铺要符合孩子的要求,不要亮着灯睡,可播放催眠曲,培养孩子按时上床、上床立即入睡的良好习惯。不会休息就不会学习,爸爸妈妈应让孩子明白早睡早起的好处,给孩子创造平安、宁静、温馨和舒适的就寝环境。

3 孩子要养成爱运动好习惯

重视理由

"生命在于运动",运动能给孩子带来无穷的活力,能够促进孩子的身体成长。身体的健康发育是一切能力发展的前提和保障。体育活动不仅能够使孩子身体健康,满足他们的成长需要,同时也能够锻炼孩子的意志和品格。

孩子正处在生理发育和心理素质发展的敏感期,所以,让孩子养成自觉锻炼身体的良好习惯,对孩子的健康成长是十分有益的。

追根溯源

锻炼身体是促进身体健康的重要途径,从小训练孩子,让孩子自觉锻炼身体,可以省却爸爸妈妈很多不必要的烦恼。

强健的身体包括优美的体态、坚韧的骨骼、发达的肌肉、润泽的皮肤和健康的气色。健康是孩子正常发育和成长的基础,也是人类精神文明的组成部分。强健身体必须从儿童时期就开始,因为这个时期人体正处于生长发育阶段,此时骨骼里的有机物骨原胶比较多,钙盐的含量少,所以骨骼富有弹性,其弯曲度比成年人要强,骨骼的可塑性很大,人的骨化过程一般要到20~25岁左右才能完成,

所以从儿童时期开始到骨化完成之前是塑造体型美的关键时期。脊柱是人体的支柱，由24块椎骨、1块骶骨和1块尾骨组成，由椎间盘和韧带把它们联结起来，正常的脊柱有一条极为科学的生理曲线以保持人体的正常姿势和各种生理功能。

人在14岁左右时脊椎骨的空隙处长满了软骨，20岁左右这些软骨才与脊椎体合在一起，脊椎的发育便完成了。倘若在儿童和少年时期不养成正确的身体姿势，就会破坏脊柱这条生理曲线，导致驼背或脊柱侧弯，影响脊柱前的心、肺、胃、肠等内脏器官的正常活动。脊椎里面还有脊髓直通大脑。脊神经也从脊椎骨内发出，脊神经是支配内脏和全身肌肉活动的，倘若身体的姿势不正，脊柱前弯或侧弯的话，久而久之，还会使神经受到压迫而引起疼痛。

人体的胸骨结合也比较迟，胸骨下部的剑突一般要到15岁左右才会与胸骨体结合，倘若儿童少年时期养成不正确的坐立姿势，则会影响胸骨和肋骨的正常发育，影响到胸部的健美。

同时，在儿童少年时期肌肉尚未发育完善，肌纤维比较嫩弱，肌肉力量弹性和伸展性较差，因此容易疲劳。不正确的姿势容易导致肌肉疲劳而逐渐产生畸形，如驼背、脊柱侧弯、斜肩、歪脖子等，因而严重影响到体型的健美。

因此，在儿童时期就应经常参加体育锻炼，养成良好的身体姿势，为未来的成长打下有益基础。

榜样魅力

康康是北京清华大学物理系的学生，这个身高180米、体格健壮、动作敏捷的男孩子，不仅学习成绩优秀，而且擅长多种体育运动，得到了学校各类球队的青睐。康康的全面发展，得益于爸爸妈妈的用心良苦。《少年儿童研究》杂志社的记者在采访康康的父亲、北京师范大学教育系的康健副教授时，他这样谈到：

从孩子刚刚学会走路到初中毕业的十多年时间，我每天都带孩子进行1个小时的运动，从未间断过。这其间，孩子入学是考验爸爸妈妈判断力的时刻。因为

要重视培养孩子的良好习惯

以后孩子的生活状态将有所改变，学习将成为孩子的主要任务。我经过仔细考虑，觉得还是体育最重要。我认为，提早为孩子在智力上做选择，也就是让孩子学习某种特长，如美术、钢琴等是不明智的，这些应该让孩子长大后自己选择。

经过几年的体育训练，康康的体质明显增强。尤其是到了青春期时，身体的各个部位都发育得十分健壮，没有长得像某些孩子那样，纤细得如豆芽菜一般。有的爸爸妈妈看到孩子进入青春期了，身高明显增加，才意识到要给他又吃又补，但体质却并没有得到根本改善。其实，好的做法是，在孩子身体迅速发育之前就给予合理的营养，并进行充分的运动锻炼。

运动对孩子的智力也大有好处。康康花在学习上的时间比别的同学少，但是他的成绩依旧名列前茅。究其原因，就是他精力旺盛，上课听讲专心，作业完成速度快。康康对待学习，也不是死盯着课本，对待成绩和名次也不会斤斤计较。即使偶尔考试成绩不理想，他也不会灰心丧气。这些都是因为体育运动锻炼出了他坚韧的意志。

解决方法

强健的体魄是人生的基础。在孩子的成长过程中，如果没有健康、强壮的体魄，就无法满足日益旺盛的求知欲和学习知识的成长要求。因此，爸爸妈妈除了关心孩子有无足够的营养外，还要为孩子安排一些有益于健康的体育锻炼活动。

为了培养孩子热爱运动的习惯，专家给爸爸妈妈们提出了如下建议：

（1）给孩子创造运动的条件

要创造条件，鼓励、支持孩子参加各种体育锻炼，以增强孩子身体各部位的机能和适应环境的能力，增强孩子的体质。现代都市一般居住环境比较狭窄，孩子在家里的活动空间有限。爸爸妈妈应在适当的时间，给孩子安排一些户外活动，让孩子多跑跑、跳跳，参加一些体能锻炼。这样，既可以训练孩子敏捷的身手，又可以锻炼孩子的体魄和胆略。

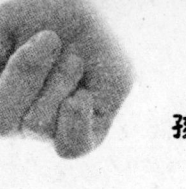

（2）让孩子养成爱好锻炼的生活方式

3~12岁是人形成良好习惯的关键期，此时孩子在生理上处于生长发育和素质发展的敏感期，人的可塑性大，最容易接受成人的引导与训练，正是养成自觉锻炼身体习惯的好机会。如果错过了，随着人的年龄的增长，由于受旧习惯的干扰，新习惯就会难以形成。

（3）为孩子提供安全的场地

训练孩子的运动能力，应该为他准备场地。场地必须要安全。爸爸妈妈不要整天都将孩子关在家中。孩子从幼儿园出来时，总希望在外面玩一会儿，这时爸爸妈妈不要急着把孩子带回家，应该让他做些必要的户外活动，可以在居住地的周围找一块空地让孩子蹦蹦跳跳。有些住宅区周围过往的车辆很多，爸爸妈妈应该特别注意孩子的安全。

（4）给孩子提供一些用具

孩子为运动而运动总会感到枯燥，爸爸妈妈可以为孩子配备必要的用具，增加活动的兴趣性，如球类、橡皮筋。另外，为了方便孩子运动，应该让他穿运动鞋和运动服。

（5）爸爸妈妈可参与孩子的运动游戏

由于许多独生子女都缺少玩伴，爸爸妈妈就不可避免要充当这一角色——当孩子的玩伴，如与孩子一起拍球、传球、单腿跳等。因为5~10岁的孩子竞争意识增加，他们重视行动后的结果，所以爸爸妈妈与孩子一起玩可以提高孩子的运动能力。

4 孩子要有不浪费时间的好习惯

重视理由

现代生活富裕了，在爸爸妈妈的宠爱下，许多孩子都养成了浪费的习惯，这

要重视培养孩子的良好习惯

种习惯很可能会给孩子的将来埋下祸根。帮孩子克服铺张浪费的不良行为，刻不容缓。从小培养孩子节俭的习惯，可以为孩子学会自立打下必要的基础。

追根溯源

随着生活水平的提高，许多家庭生活条件比较优越，孩子生长在这种环境中，没经受过苦难，不知道父辈的艰难，不懂得珍惜劳动的成果。

不少孩子花钱如流水，生活奢侈，经常谈论谁家阔气、有汽车、有大房子等。某个同学刚刚穿出一件新衣服，没几天不少同学也更换上了这种新装，而且穿要进口、戴要名牌，"耐克""阿迪达斯"已成为许多中小学生的"标配"。儿童电子宠物，开始时只有少数孩子玩，现在则许多孩子都有。孩子们认为，不管花多少钱，别人有的我也要买，我不能比别人低。

很多孩子每天都有很多零花钱，口香糖、瓜子、话梅等小吃总是随身携带。不合口的，虽是刚买的，也会毫不吝惜地扔掉，浪费本、纸的现象更是比比皆是。

造成上述现象的主要原因是爸爸妈妈过于宠惯孩子，吃穿用孩子想怎么样就怎么样，家里有条件，爸爸妈妈百依百顺。孩子参加外出活动，有的爸爸妈妈除了给带一大包好吃的之外，还会再给额三五十元甚至是上百元钱。大家比着吃、比着买，好不大方。可如果孩子总这么被娇宠下去，将来立身处世的能力从何而来？如果不克服掉以上这些比吃、比穿、比玩、比大方的不良习惯，一味地铺张下去，孩子离成为不知勤俭的"败家子"还有多远？

榜样魅力

著名科学家钱三强、著名核物理学家何泽慧夫妇，不仅在学术上认真严谨，在对待子女的教育问题上也同样认真，他们尤为强调爸爸妈妈自身的行为、榜样作用对子女品性和习惯的影响。

由于夫妇双方都是杰出的科学家,家中各方面条件和待遇相对较为优越。钱三强夫妇非常担心孩子们会因为爸爸妈妈和家庭环境的关系而变得铺张浪费、大肆挥霍、注重攀比和奢侈,从而忽视了俭朴品质的养成,因此,钱三强夫妇首先从自我做起,他们希望能够给孩子做个好榜样。他们从不追求生活上的豪华和奢侈,夫人何泽慧总是穿着自己的"老三样":晴天一双平底布鞋,阴天一双解放球鞋,雨天一双绿胶鞋。她的一条咖啡色头巾已经洗得发白。钱三强的生活就更俭朴了,他总是说:"衣服嘛,能穿就行;东西嘛,能用就行。"

爸爸妈妈身体力行,孩子们看在眼里,耳濡目染,自然也就养成了好习惯。钱三强家中的三个孩子没有一个讲究吃穿、讲究派头,他们待人谦虚、礼貌,从来不与他人攀比。上学的时候和其他孩子一样坐公共汽车,穿与同学们一样的校服,不会靠着父亲和母亲的特权搞什么"特殊化"。他们衣着朴素,吃喝简单,住行平实,在为"人"和为"学"上都成为了同龄人中的佼佼者。

就这样,俭朴、平实的爸爸妈妈,造就了朴素、真诚的孩子,钱三强一家成为同事、朋友争相夸赞的对象,当时还有很多朋友向钱三强夫妇讨教"教子经"呢。

解决方法

首先,爸爸妈妈们要经常教导孩子树立"勤俭节约为荣,铺张浪费为耻"的思想。教导孩子平时不要乱花钱,不要随意地胡乱买东西吃,在使用学习用品上要讲节约,不要因为写错了一个字就撕掉一大张纸。

其次,要求孩子在生活上要节约,如爱护衣物、一水多用、人走灯灭等。爸爸妈妈要经常给孩子讲勤俭持家的道理,让孩子明白爸爸妈妈供他的衣食住行所需费用都是通过辛苦劳动换来的。

再次,多给孩子讲一些名人、领袖勤俭节约的故事,让孩子懂得"粒粒皆辛苦"的道理,体会到"艰苦朴素"是我国的传统美德,让孩子更好地发扬和传

要重视培养孩子的良好习惯

承。

美国儿童专家费尔德曼先生告诫爸爸妈妈们：务必要教育孩子懂得如何花钱和节约用钱，这样他们就会获得一生事业有成所必须具备的自立能力。费尔德曼先生向父母们提出了培养孩子养成节约用钱的习惯和节约用钱五条途径，这些途径也值得我们中国的父母们借鉴。

（1）教孩子学会储蓄。在孩子的成长过程中设一个储钱罐，鼓励他把钱存到家庭银行，并让其懂得这个银行不会把他的钱拿走而是为其保存起来，并且还会使他的钱不断增加，或者也可以以他的名义在银行开个账号，让他保存自己的存折。这样，有利于孩子养成节约积蓄的良好习惯。

（2）给孩子的零用钱数目不要太大，且要相对固定，告诉他这些零用钱该花在什么方面、怎么花。如果孩子把当月的零用钱提前花完后又来向你伸手，你不妨先问明情由，再决定给不给、给多少，并相应地减少下月的零用钱。这并非要爸爸妈妈小里小气、小题大做，而是培养孩子节制自己的良好办法。而孩子真正需要的额外开支，做父母的理应尽量予以满足。

（3）切记不要用钱作为奖励或惩罚孩子的手段。孩子做日常家务不应给钱，否则他会错误地认为一切工作都要用钱作报酬，以钱作为衡量的尺度。应提醒他，作为家庭的一员要帮助大人干些力所能及的事情。

（4）不要在财务上对孩子保密。有些父母因怕泄露出去而不愿对孩子谈家庭的财务情况。可以在举行家庭财务会议上申明要孩子保密，否则会失去参加下次会议的资格。告诉孩子家里的财务情况，不仅可以使孩子了解家里每月各种各样的开支，而且可以促使其主动思索自己的需求是否恰当。

（5）爸爸妈妈应把自己的工作情况告诉给孩子。如果情况允许，还可以带孩子去自己的工作地点看看，让孩子知道要生活就要工作，钱是通过爸爸妈妈辛勤的工作换取的。否则，孩子不知道爸爸妈妈怎样获得家庭收入，就不能把工作与钱联系起来。

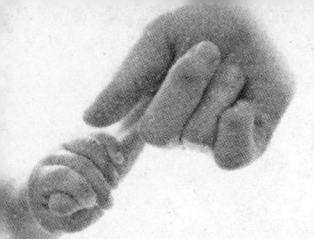

孩子，把你的手给我

5 孩子应该有勤俭节约的好习惯

重视理由

口袋里有现钱，银行里有可观的存款，会使孩子更加轻松自在，同时他的自信心也会不断增强。对于所有人来说，存钱是取得成功的必备条件，存钱可以使其将来的活动有很大的缓冲余地，而且出现突发的需要用钱的时候也不会手忙脚乱。所以，应让孩子使用储钱罐，或者给他在银行开个户，养成孩子定期存钱的好习惯。

追根溯源

为人父母者应当帮助孩子养成一种良好的习惯，那就是定期规律地储蓄。如果想要让孩子养成这种习惯，你就要把它变得有趣，并且使它成为一种例行事项。

美国有一本畅销书叫作《钱不是长在树上的》，这本书的作者戈弗雷在谈到储蓄原则时指出：孩子们可以把自己的零花钱放在3个罐子里。第一个罐子里的钱用于日常开销，购买在超级市场和商店里看到的"必需品"；第二个罐子里的钱用于短期储蓄，为购买"芭比娃娃"等较贵重物品积攒资金；第三个罐子里的钱则长期存在银行里。为了鼓励孩子存钱，可以陪孩子一起去银行存钱，并以孩子的名义开一个户头。

当孩子在铅印的存单或存折上见到自己的名字时，他们会感到自己长大了，变得重要了。银行的另一个好处是：它能使孩子们充分理解钱并不是随便就可以从银行里领出来的，而是必须要先挣来，把它存到银行里去，以后才能再取出，而且还会得到利息。

教育孩子懂得节约用钱，其目的不仅仅是对金钱的合理使用，更重要的是培

要重视培养孩子的良好习惯

养孩子的一种品质。因为谁也保证不了一生没有个天灾人祸，更难以保证一辈子不缺钱花。虽然社会经济会不断发展，有钱人也会越来越多，但无论何时都总会有贫富之别，人人都成为富翁是不可能的。因此，美国儿童专家费尔德曼先生告诫爸爸妈妈们，务必教育孩子懂得如何挣钱和如何花钱，这样他们就会获得一生事业有成所必须具备的自立能力。

在孩子小的时候，没有一个储蓄罐实在是一种缺憾。孩子们长到3岁的时候，爸爸妈妈就应该鼓励他们把自己的零用钱存起来了。

在美国，爸爸妈妈对鼓励孩子把一部分自己积攒的钱拿到银行存起来很看重。在通常情况下，孩子到6岁的时候就应当能够懂得，银行并不是"要拿走"他们的钱，而是把他们的钱安全地保管起来，并且还会给他们支付利息。在银行以孩子的名义开一个账户，让孩子们自己拿着存折，而如何使用就由他们自己负责吧。爸爸妈妈的这种做法，可以帮助孩子养成终生储蓄的良好习惯，使他们长大后能够妥善保管好自己的钱。

在孩子提出合理的要求，而花费又比较大时，爸爸妈妈可以建议，爸爸妈妈出大头，孩子也从他的积蓄中拿出一点来，共同满足其需求。这样，孩子觉得其中有自己的功劳便会特别高兴，并会进一步培养自己节约积蓄的良好习惯。

榜样魅力

每当刘敏夫妇带着8岁男孩刘军和他的双胞胎弟弟刘民去超市时，兄弟俩从来就不考虑东西的价钱，只要自己喜欢，管它有用没用，统统会将东西扔进购物车里。

刘敏夫妇觉得兄弟俩这样下去不行，他们认真学习了英国经济学教授凯文·查尔斯和芝加哥大学埃里克·赫斯特所做的研究，"儿童时期的理财方式往往会跟随一个人的终生"。刘敏夫妇开始琢磨如何教孩子理财，经过不断实验、失败、再实验，他们终于总结出了一套"刘敏理财法"——让孩子花自己的钱!

平时，刘敏夫妇会给刘军和刘民一些零用钱，刘军将零用钱用于购买棒球卡，刘民则每周光顾游戏软件商店。现在，刘敏夫妇决定不给他们零用钱，而是为他们各自会开设一个账户，给他们每人一张卡，这样，刘军和刘民每个月都会收到银行的账单。这样做相当方便，刘军和刘民也很喜欢，因为当他们想要买东西时，他们就可以不用再向爸爸妈妈要钱了，只要直接刷卡或者去提款机上取钱就行了。

没过几个月，刘军对购买棒球卡的兴趣越来越小，他开始喜欢上每月看账单，看着自己账户里的钱不断增加而不是越来越少。刘民呢，虽然并没有完全放弃逛游戏软件商店的嗜好，但光顾的次数较从前也越来越少，开始慢慢变得节省起来。刘敏夫妇问兄弟俩有何感受，兄弟俩一本正经地回答道："以前感觉拿的都是你们的钱，现在感觉账户里的钱是自己的，花了就少了！"

后来，当刘敏夫妇全家一起逛街购物时，夫妇俩每次给孩子10美元，告诉他们花剩的钱自己可以存起来。结果，两个孩子的花费明显减少了，现在兄弟俩想得更多的是如何将钱存进自己的账户里。

解决方法

怎样才能培养孩子储蓄的习惯？专家给爸爸妈妈们的建议是：

（1）储蓄优先

孩子和大人一样，都会把储蓄这件事延后再做，结果到最后才发现自己没钱可存了，所以应帮助孩子在做其他事之前先把钱存起来。孩子长到3岁，爸爸妈妈便可以用家里的钱和他玩储蓄游戏了。鼓励孩子将自己的积蓄存到家中的"银行"时，用孩子的名义开一个"账户"，让他有自己的"存折"，并妥善保管。到6岁时，应该让孩子理解，把钱存到银行里并不是银行把钱"拿走"了，而是把钱安全地存放起来，并使之有所增加。这样做有助于孩子养成储蓄的习惯。

（2）为特定的目标设定期限

要重视培养孩子的良好习惯

如果孩子要存钱买一组电视游戏器配件，建议他找张那组配件的照片，然后在上面写出希望购买的日期。用磁铁把照片钉在冰箱门上或钉在他卧室的门上，让他能时时看到自己的目标。

（3）与孩子分享"骗自己存钱"的技巧

每周存下部分零用钱；将所有在节日时收到的礼金都存起来；少花点钱在自己身上，多做些额外的家事；在有时间把钱花掉之前先存起来；看电影时和朋友共吃一盒爆米花，而不要自己吃一整盒；尽量少放钱在口袋里。

（4）让孩子明白金钱得来不易

当孩子上小学一年级(或是幼儿园大班)，第一次给他零用钱时，你就必须告诉他：那些钱是爸爸妈妈辛辛苦苦工作挣来的，要珍惜它，不要随便浪费掉，让孩子明白金钱来之不易。

（5）指导孩子合理地使用"零花钱"

可以制订一个计划，什么东西是必要的、急需的应优先考虑。应监督孩子零用钱的支出。随着年龄的增加，孩子有一些自己支配的零钱，但爸爸妈妈应予以指导和监督。

6 孩子要有遵守时间观念的好习惯

重视理由

善于利用时间的人往往会站在成功的前列，而不会利用时间的人则通常会与失败为伍。帮助孩子安排好自己的学习时间，就会让孩子成为时间的主人，并将成功牢牢握在手中。

追根溯源

伟大的文学家、思想家、革命家鲁迅，幼年在"三味书屋"求学时，就在

课桌上写下了"早"字,以警示、鞭策自己珍惜时间,发奋读书。后来他写文章,常常一写就到天亮,有时实在是困了,就泡一杯茶、抽一支烟,然后又继续工作。直到他临死前三天还替人家写"序言",临死前一天还记日记,实践了他"节省时间,等于延长了一个人的生命"的思想。

大凡有成就者都是惜时的楷模。"不叫一日闲过"、"不轻一寸光阴",将来才能不因虚度年华而悔恨,不因碌碌无为而叹息。但在学习中,很多孩子有爱拖拉磨蹭的坏习惯,既耽误了自己的时间,有时候又影响到别人。

古人云:"少壮不努力,老大徒伤悲。"我们不妨算笔时间账。人生短暂,转眼就是百年。然而,能活到上百岁的人又有多少呢?即使活上百年,按三分之一的睡眠时间算,那么你最少要睡上三十几年,必要的饮食消遣也得花去十几年时间,况且还有老弱幼稚阶段。这样细算下来,真正能用到学习、工作上的时间就少得可怜了,这极有限的时间如果我们再抓不住,那就会一事无成。

世界上什么东西最宝贵?"一寸光阴一寸金,寸金难买寸光阴。"时间就是效益,时间就是生命,时间就是一切。然而,时间似流水,一去不会返回。时钟滴答,分分秒秒从我们的指缝间逝去,谁能抓紧时间、做时间的主人,谁就能成为强者。

榜样魅力

德国著名的文学家歌德一生都在勤奋写作,其作品极为丰富,有剧本、诗歌、小说、有游记,一生留下的作品共有140多部,其中世界文学瑰宝——诗剧《浮士德》长达12111行。歌德为什么能够取得如此惊人的成绩?原因之一就在于他一生都非常珍惜时间,把时间看作是自己的最大财产。他在一首诗中这样写道:"我的产业多么美,多么广,多么宽!时间是我的财产,我的田地是时间。"歌德是这样说的,也是这样做的。他一生中把一个钟头当60分钟用,视时间为生命,从不浪费一分一秒,直到1832年2月20日,这位将近84岁的老人在临死前还

要重视培养孩子的良好习惯

伏在桌上专心致志地写作呢。法国著名科普作家凡尔纳每天早上5点钟就起床，一直会伏案写到晚上8点。在这15个小时中，他只在吃饭时休息片刻。当妻子来送饭时，他搓搓酸胀的手，拿起刀叉，很快便餐会填饱肚子，抹抹嘴，又拿起了笔。他的妻子关切地说："你写的书已不少了，为什么还抓得那么紧？"凡尔纳笑着说："你记得莎士比亚的名言吗？放弃时间的人，时间也放弃他。哪能不抓紧呢？"在40多年的写作生涯中，他记了上万册笔记，写了104部科幻小说，共有七八百万字，这是一个多么惊人的数字！一些感到惊异的人就悄悄地询问凡尔纳的妻子，想打听凡尔纳取得如此惊人成就的秘诀。凡尔纳的妻子坦然地说："秘密嘛，就是凡尔纳从不放弃时间。"

1914年的一天，有一位朋友从柏林来看望爱因斯坦。这天正好下着小雨，在前往爱因斯坦家的路上，朋友看到一个朦胧的人影在桥上慢慢踱步。这个人来回走着，时而低头沉思，时而掏出笔在一个小本上写着什么东西。朋友走近一看，原来是爱因斯坦。

"原来是您呀，您在这儿干什么呢？"朋友高兴地问道。

"哦，我在等一个学生，他说考完试就来。但是，他迟迟没来，一定是考试把他难住了。"爱因斯坦说。

"这不是浪费你的时间吗？"朋友愤愤不平地说道。

"哦，不，我正在想一个问题。事实上，我已经想出了解决问题的办法。"说着，爱因斯坦就把小本子放进了口袋中。

解决方法

如果你的孩子不善于利用时间，那么，一定要帮助孩子改正这一不良习惯。而怎样才能培养孩子珍惜时间的良好习惯呢？

（1）让孩子正确认识时间的价值

让孩子正确认识时间的价值应该注意以下几点：

①告诉孩子时间是最宝贵的，不要浪费时间。

②告诉孩子时间是永不停留的，应该及时抓住时间。

③告诉孩子时间是神圣的，不要故意浪费时间，否则会受到时间的惩罚。

（2）让孩子遵循一定的作息规律

孩子的心理过程随意性很强，自我控制能力较差，常常是一边吃饭，一边玩耍；一件事情还没有做完，心里又想着另一件事情；做事总是杂乱无章，缺乏条理。这时候，爸爸妈妈如果不加以注意，就会让孩子养成"拖拉"的坏习惯，久而久之，这种坏习惯就会根深蒂固。

时间对孩子来说非常抽象，所以他们一般体会不到时间的重要性。但是，爸爸妈妈一定要坚持让孩子养成有规律的作息习惯。良好的作息习惯是养成时间观念的前提。爸爸妈妈可以和孩子一起制订一张作息时间表，什么时间起床，洗漱要多长时间，吃早餐要多少时间，放学后先做什么，然后做什么，几点睡觉等，都可以让孩子做出合理的安排。只有把作息时间固定下来、形成习惯，孩子才能对时间有一个明确的认识，并养成良好的时间观念。

在孩子的作息时间中，学习时间一定要固定下来，爸爸妈妈必须规定孩子在一定的时间内进行学习。中小学生的作业一般需用一个小时左右，周末的作业量会多一些。爸爸妈妈应当事先与孩子商量好做作业时间、中间休息的时间，然后按规定进行。规定孩子在一定的时间内必须要学习，会使孩子具有一定的紧迫感，集中注意力，从而提高学习效率。

爸爸妈妈一定要注意，在孩子高质量高效率地提前完成学习任务时，千万不可以再追加作业，这样会造成孩子的反感，从而对学习感到厌烦。正确的做法是表扬孩子的高质量学习，并奖励孩子一定的时间来进行休息和娱乐。

（3）指导孩子按照任务的轻重缓急安排学习顺序

孩子往往分不清自己要做的事情的重要程度，他们的事情往往是由爸爸妈妈和老师来安排的。这是造成孩子不善于利用时间的一大原因。

要重视培养孩子的良好习惯

事实上，只有充分认识到自己要做的事情与自己的关系，才有可能把这些事情都处理好。爸爸妈妈可以指导孩子每天把自己要做的事情按照重要程度和紧迫程序排列顺序，分为以下几类：

第一类是重要而紧迫的事情，如考试、测验；

第二类是紧迫但不重要的事情，如完成家庭作业；

第三类是重要但不紧迫的事情，如提高阅读能力；

第四类是既不重要也不紧迫的事情，如果时间不允许可以不做。

如果孩子能够按照这个顺序来安排学习任务，可以保证把重要的事情都完成，把学习安排得井井有条。

对于读书这种事，应该让孩子明白是最重要而且紧迫的。前苏联教育家苏霍姆林斯基曾经说过："要学会强迫自己天天读书，不要把今天的工作搁到明天。今天丢弃的东西，明天怎么也补不上了。"

对于玩耍、逛街等事情，爸爸妈妈要教孩子在做这些事情之前先问问自己："我有必要做这件事吗""做这件事会花我多少时间""有没有比这件事更重要的事情需要我去做呢"。通过这种事前思考，可以帮助孩子少做一些不重要的事情，从而提高时间的利用率。

（4）教孩子有效利用黄金时间

每个人都有生物节律，孩子也是如此。孩子常常会有这种感觉：在相同的时间段，心情好的时候学习效率就高，而情绪不稳定的时候学习效率就低；在一天当中，早晨和夜间的学习效率高，下午和傍晚的学习效率低。可见，孩子的学习往往存在一个最佳学习时机。专家指出，对一个孩子来说，一天内有四段高效的记忆时间——

第一段：早上6至7点，适合记忆一些新的概念、新的内容。

第二段：上午8至10点，适合记忆大量基础理论知识。

第三段：下午7至9点，适合进行综合性知识的记忆。

第四段：晚上10至11点，适合记忆精确性高、容易出错的知识。

当然，每个人的具体情况又有所不同，有些人早上学习效率高、有些人晚上学习效率高。爸爸妈妈可以让孩子注意观察自己的特点，掌握自己的最佳学习时间，然后把重要的学习内容安排到最佳时间里去学习。

（5）给孩子一定的玩的时间

许多爸爸妈妈认为孩子由于作业做得太慢而没有了玩的时间，因此就不断地催促孩子、埋怨孩子，甚至惩罚孩子更长时间地学习。其实，孩子是因为爸爸妈妈把自己的时间安排得满满的，完全没有自己支配的时间，才会不珍惜时间，才会拖拖拉拉的。在这种没有希望、没完没了的学习过程中，孩子的心态是消极的，没有目标，没有兴趣，往往会心烦意乱、错误百出，时间又拖得很长，结果造成了恶性循环。

因此，爸爸妈妈必须要给孩子一定的自由支配时间，让孩子去做自己想做的事，注重培养孩子的学习兴趣和主动性。比如，有的爸爸妈妈要求孩子每天放松一小时。在这一小时内，孩子可以玩、听音乐、休息等，不管干什么，爸爸妈妈都不会去干涉，等孩子情绪比较稳定和愉快，有了学习的兴趣和主动性时，就会比较愿意开始较长时间的艰苦学习，学习效果也会更加理想。

（6）避免不必要的干扰

对于没有时间观念的孩子，爸爸妈妈要尽量不去干扰他的学习，在孩子的书桌上尽量不放平日他最感兴趣的非学习用品。家中不要有太多的噪音，要给孩子提供相对安静的学习环境。爸爸妈妈也不要陪读或监督，只需在孩子学习结束后进行检查，一是看孩子是否按规定的时间完成作业，二是看孩子完成作业的质量如何。如果孩子已经能够在一定的时间内保质保量地完成学习任务，爸爸妈妈就应该及时给予肯定和鼓励，当孩子没有按规定去做时则必须给予应有的惩罚。

（7）教孩子定期检查时间的合理运用

孩子的时间是否浪费了，有时候，他不认真检查是不太清楚的。因此，要想

要重视培养孩子的良好习惯

让孩子合理地利用时间,就得让孩子学会检查自己的时间运用状况。

在日常生活当中,爸爸妈妈可以要求孩子每天把自己的时间运用情况记在日记本上,每月分析自己时间运用的规律,找出浪费时间的地方来。这样,可以帮助孩子减少时间浪费。

另一种方法是,爸爸妈妈让孩子先对自己每天要做的事情制订一个计划,在晚上再对自己的计划进行总结,看哪些做到了、哪些没做到;为什么会没有做到,是不是哪里浪费了时间。然后,教孩子减少时间的浪费,每天按计划完成任务。

The child gave me your hand

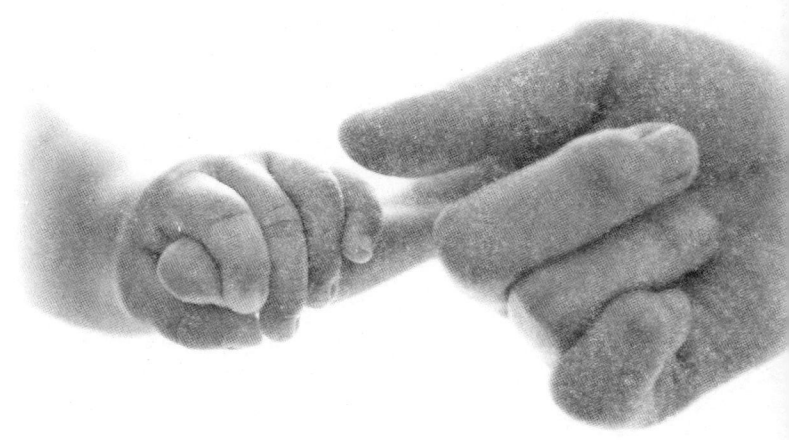

要注重培养孩子良好的性格

引经据典

　　过去的生活塑造人的现在的性格,而人的现在的性格则塑造人的未来的命运。性格即是命运。

——〔英〕莎士比亚

　　性格是一面镜子,映射出主人自身的长短优劣;性格是一把火炬,指引着主人未来的荣辱得失。

——〔印〕泰戈尔

要注重培养孩子良好的性格

知心话儿

爸爸妈妈们，你们好。

对于孩子的成长而言，培养和塑造良好的性格是个大问题，因为人生的成败，从某种程度上来说是由该人的性格决定的。

要知道，性格是个十分复杂的心理现象，是人的个性的最重要方面，它是人在实践中形成的对现实稳固的态度和习惯化的行为方式。具有活泼、主动、独立、开朗性格的孩子能够主动参加各项活动，能调动自身的主观能动性，对各种新鲜事物会产生极大的兴趣，从而使其能力与智力得到迅速的发展。

一个孩子是否有优良的性格，在很大程度上决定着他将来能否有所作为。良好性格的基础是由孩子的早期生活奠定的。

从某种意义上来说，人的性格就是能力。如果一个人的性格开朗直爽，那么他就很容易被人所接受，人际交往范围广泛。如果性格孤僻，他的交往活动就只会在狭窄的范围内，做任何事情都不愿同人们直接配合，结果往往在人生的道路上处于封闭状态。从某个方面说，性格是决定一个人成功的关键。

爸爸妈妈对孩子的教育，除了培养他学习知识之外，还要把培养他的良好性格放在很重要的位置上。为了使孩子具备各种能力和美德，爸爸妈妈应从小开始在点点滴滴的日常生活中对孩子进行长期的良好性格的培养。

有些孩子性格直爽开朗，有的孩子孤僻内向。有些人认为孩子这些不同的性格既不是天生的，也不是孩子独创出来的。当孩子的生命力作为现实生活能力得不到充分锻炼时，总觉得自己与现实生活相脱离，而不能很好地去适应。其结果就体现在孩子失去原有的那种直爽、开朗、刚强等天性，反而出现了与原有天性不太一致的不良性格。

前苏联教育学家克鲁普斯卡娅说："人的早期经验在他的一生中将会留下痕迹。"家庭是人生活的最初环境。不同的家庭对孩子性格的形成有着不同的影响。在温馨安定的家庭氛围与一个紧张压抑的家庭气氛中成长的孩子，在性格上

有很大的差异。得不到正常的教育和家庭温暖的孩子，往往会表现出孤僻、悲观和情绪不稳等性格特征。

在家庭中要讲民主。爸爸妈妈不要处处压制孩子，要让孩子大胆发表自己的想法和见解，有事情与孩子商量，有问题共同探讨。久而久之，孩子的思想素质自然会有所提高，并逐渐形成独立的人格，成为有朝气、敢作敢为、开朗豁达的人。

7 孩子的好性格

重视理由

坚强的性格是事业成功不可缺少的条件之一，性格坚强的人常常也是生活中的强者。要期望孩子在今后的事业上获得成功，爸爸妈妈就要从小注意磨炼孩子的意志，矫正孩子的懦弱性格。

追根溯源

每一位成功者都知道，要想成功就要有一种持之以恒、不达目的誓不罢休的精神。一锹挖不成水井，成功需要积累，成功需要坚持。美国心理学家威蒙曾对150名有成就的智商较高者做过研究，发现智力的发展与三种性格品质有关：一是坚持力，二是善于为实现目标而不断积累成果，三是具有自信心，从不自卑。可见，坚强的性格对人生的影响十分重要。

一个人想干成任何大事，都要能够坚持下去，坚持下去才能取得成功。说起来，一个人克服一点儿困难也许并不难，难的是能够持之以恒地做下去，直到最后的成功。

其实，成功与失败的差距往往仅仅一步之遥，只要咬紧牙关坚持一下，胜利便会向你招手。但是，许多人正是因为在前面的困难中已经筋疲力尽，在最后的

要注重培养孩子良好的性格

关头,即使遇到一个微小的困难或障碍都可能放弃而导致前功尽弃。

一个拳手曾经说过:"在受到对手猛烈重击的情况下,倒下是一种解脱,或者说是一种诱惑。每当这时候,我就在心里对自己叫喊:挺住,再坚持一下,再坚持一下!因为只有我不倒下,才有取胜的可能。"确实如此,成功往往来自于"再坚持一下"的坚强当中。

事实上,对于孩子来说,胆怯懦弱是普遍存在的。美国斯坦福大学心理学家菲利普·津巴多在20世纪的七八十年代对近万人的调查中发现,大约有40%的人认为自己胆怯、腼腆。胆怯有许多种表现形式,如公共场所胆怯、社交胆怯、特定情境胆怯、特殊动物胆怯等等。

每个孩子都会遇到许多麻烦,在面对困难和挫折的时候,胆小懦弱的孩子往往没有坚强的意志去克服困难和挫折。而坚强勇敢的孩子则能够做到持之以恒,凭借自己坚强的意志战胜困难和挫折,越过障碍及绊脚石,从而取得成功。

因此,明智的爸爸妈妈应当从小就重视培养孩子坚强的品质,让孩子在以后的人生道路上能够走得顺顺利利。

榜样魅力

张进,1982年考入北方交通大学物资系;1989年获得本校的硕士学位,留校任教;1995年因工作表现出色,被公派到德国攻读博士学位。

曾任浙江省一所重点中学校长的张启君谈起儿子张进的成长来,感慨万千。他说,张进的经历并非一帆风顺,也许谁也不会想到他曾连续两年高考落榜。面对儿子的成功,这位父亲显得很平静,他说:"儿子并非天生聪明,相反,两次高考失败的经历带给他很大磨炼。"

张进是那个年代并不多见的独生子女,他身居城镇,家庭条件相对较好,但与当前独生子女境遇不同的是,张启君夫妇从不溺爱孩子,也不刻意地为他创造特别好的环境。相反,他们教育孩子承认自己是一个平凡人,不能看不起别人,

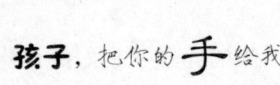

轻视他人就是轻视自己。每当家里有农村的客人来访时，都要他热情接待，有同龄人在场时，还要求他把自己的东西分给大家，让他从小就养成热情大方的待人接物习惯。因而张进从小到大，无论谁要他帮忙，他总会尽力而为，即使是获得了许多殊荣后，也没有高人一等的想法，因此与周围的人相处得很和谐，别人总是乐意帮他的忙。

小时候，张启君夫妇有意地让张进独立，给予他充分自由发展的空间，他13岁时就一人前往江西探望外婆。第一次高考落榜后，张进选择到远离父母的湖州二中参加高考复习。在高复期间，从学习到生活，全靠他自己。独立的环境锻炼了他自我调节的能力，也能静下心来备考。在张进的求学过程中，身为教育工作者的父母从不擅自为孩子购买参考书，而是把选择权交给孩子，让他自己决定买不买、买什么。在生活中，他们很注重锻炼儿子的自理能力，力所能及的事从不代劳。他们也尊重儿子的意见，从不刻意要求儿子做什么，而只为儿子把握方向。

从小，张启君便告诫儿子："学习来不得半点虚假和运气，有几分苦，就有几分收获。"对于儿子的成绩，他从不严厉苛求，只要是认真得来的都应该得到肯定。最不可原谅的不是努力了没有成功，而是投机取巧。

当年，儿子高考落榜，特别是第二次高考落榜的沉痛事实对张启君一家的打击很大。身为一校之长的他确实很难过，亲戚朋友也总有一种异样的感觉，母亲更是多次潸然泪下，高考失败的阴影笼罩着这个家庭的生活。张启君夫妇接受了这样的事实，他们立即与张进的老师和周围的同学取得联系，热情邀请他们来家里座谈，总结分析张进两次失败的原因。他们耐心地鼓励儿子，开导儿子，单独与儿子长谈，并在肯定第二次高考相对第一次高考进步的前提下帮助他分析失败的原因，并明确表态父母将继续支持他的拼搏，鼓励他脚踏实地地继续努力，有一份劲使一份力，挖掘自己的潜力，并教育他不要过分看重结果，应珍惜奋斗的过程。正是这种求实的教育，使张进一次又一次保持冲劲而不懈怠，终于顺利考

要注重培养孩子良好的性格

上了重点大学。也正是这种求实的态度使他成为大学中有口皆碑的好学生，在德国留学期间又依靠勤奋取得了第一名的好成绩。

张进的成功得益于他在父母的帮助下摆脱了高考失利的阴影，坦然地面对了自己所遇到的挫折，并在这些挫折中形成了百折不挠的精神品质。

解决方法

要克服性格懦弱的缺陷，首先应探究孩子性格懦弱的原因。

一方面，爸爸妈妈对孩子的教育方法不当有着不可推卸的责任。

一是过分的关怀造成孩子的懦弱性格。经常会看到一些孩子在上幼儿园或爸爸妈妈上班时哭闹不止。爸爸妈妈自己那种恋恋不舍、反复叮嘱或犹豫不决的言行，使孩子知道了"母亲舍不得离去"，因此不停地哭闹。

二是不恰当的表扬造成孩子的懦弱。表扬是对行为的鼓励和肯定，它起到了心理强化的效果。然而，不适当的表扬使孩子的行为向不良方向发展，使之定型，久而久之就会影响其终身。

三是不适当暗示、恐吓造成孩子的软弱。孩子在雷电交加的晚上正安静地睡在自己的床上，爸爸妈妈惊慌失措地把孩子搂在怀里，孩子从母亲惊恐的动作和雷电的环境中知道了害怕闪电。

那么，爸爸妈妈们应该怎样矫正孩子的懦弱性格呢？专家们对此有如下具体建议：

（1）支持性格软弱的孩子大胆地去做事

爸爸妈妈教育孩子，一是在孩子的未成熟期加以保护，此种保护应当随着孩子的发育成长越来越少；二是要促使孩子能够单独生活、适应社会的能力，此种促进应随着孩子的成长越来越多。

千万不能凡事都包办，养成孩子胆小怕事的依赖心理。

（2）鼓励孩子大胆地说话

一些性格懦弱的孩子不喜欢说过多的话，对于此种孩子，爸爸妈妈应尽量少讲"你一定这样或那样做"之类的话，而应多讲"你看怎样办""你的想法是什么"之类的话，给孩子一个独立思考并发表自己意见的空间。

（3）鼓励孩子多与社会打交道

有些性格懦弱的孩子仅仅习惯于同自己熟识的人待在一起，与社会上的人打交道时就会产生一种潜意识的惧怕。因此，爸爸妈妈在孩子小时候就要培养他们为人处世的能力。

8 孩子不应有性格孤僻坏习惯

重视理由

孤僻对人的身心健康很不利，对人的身心健康影响很大。

性格孤僻会使孩子难以应付各种复杂的人际关系而变得自卑和羞怯，引导孩子以积极的心态对待生活是每个为人父母者的首要职责。

追根溯源

孩子出现孤僻的性格确实是很不好的，它表现为不爱与人交往，这样的性格就使他很难处好人际关系，很难扩大交际面。人是在相互接触、互相理解、互相帮助之中密切关系的。一个人若是总躲避人群而独处，又怎能与他人搞好团结，怎能从与他人的交际中获得更多的信息呢？

孤独的孩子往往自卑感强、自信心差。因为他很少与他人接触，因此业余爱好少，学习的能力就得不到锻炼，而能力越差，自卑感就越会加强。可孤僻的人往往自尊心又很强，怕别人说自己不行，说自己无能，这就会使他造成很多内心的痛苦。

孤独的孩子在集体中必定孤单，长期在孤独中生活会影响自己的心情和情

要注重培养孩子良好的性格

感。长期心情不佳对身体的影响很大，心情异常会使大脑皮层的正常活动受到损坏，失去平衡，结果导致皮层下中枢神经活动的紊乱，造成消化系统、血液循环系统、呼吸系统、内分泌系统等发生紊乱以致病变。孤僻、孤独往往会与抑郁做伴，孤独显然对孩子的身心健康有害。

孤僻的孩子往往多疑。他们大多很内向、不活泼，自己不愿与人交谈，看到别人交谈又疑心，怀疑是在说自己，有疑心又不去问，总在心里闷着，既影响情绪，又影响学习和生活。

孤僻的孩子如果总是孤独下去，就会影响到自己的情感，他对别人的冷漠还将影响自己今后的生活，包括恋爱婚姻生活。

孩子养成孤僻的性格往往是事出有因的，或受家庭环境影响，或受过刺激、伤害，或身患疾病等。孩子孤僻最主要的表现就是不与人接触。爸爸妈妈要从思想上认识到他人、集体对孩子成长的作用。从小事上开始帮助孩子改变自己的生活习惯，如鼓励孩子主动去同他人聊天，主动和他人玩游戏，打扑克、下象棋、打篮球等。接触多了，从他人那里学到的知识和得到的快乐就多了，就会逐步喜欢与人交往了。

集体是矫正孤僻的良好环境，集体活动可能使孩子变得活泼、快乐，可以使孩子寂寞的情感得到补偿。集体活动，与同伴之间的交往可以改变孩子的性格。参加集体活动，孩子开始时可能会有些害羞、胆怯，甚至做出可笑的事情来，这时爸爸妈妈要教育孩子不要怕，时间长了就会进步，慢慢地大家发现了孩子的特长，就会欢迎他的。

榜样魅力

有一位母亲，她通过生活中的一件细微的事情就开启了女儿的心扉。这位母亲的一些做法值得我们借鉴与思考。下面是这位母亲的介绍：

女儿属于内向、敏感型的孩子，平时"很闷"，话也很少。我也没意识到要

多听听她的心里话。女孩子话少一点是她天生的性格，会有啥心事啊？

一次，我朋友送给我两张电影票，是《泰坦尼克号》，我就带女儿去看了。当电影放到船要沉下去，女主人公冻成冰人时，我听到她在悲戚地哭。在回去的路上，她好像话特别多，问得最多的一句话就是："妈妈，为什么女主角冻成冰人了，人家都死了，她却活了下来？"我告诉她，这是一种爱的力量，就像有一次我发40℃的高烧，你爸爸又不在家，我就硬撑着起来帮你烧饭，因为我是你妈妈呀，我怕你饿着，这也是一种爱呀!她听了我的话，似懂非懂，一副很激动的样子，一下子便依偎到我的怀里。

本来，我以为孩子内向，我们话少很正常，但经过那件事后我才发现她原来话蛮多的，只是我们没有引导她，没有找到她感兴趣的话题。后来，她每天放学回家，我就有意识地让她讲讲学校里的事和学习上的困难等等，或在每晚睡觉前给她讲讲故事，讨论故事里的内容等。时间一长，女儿每天回来就与我说个不停，碰到原先她根本不会讲的事，她也会凑到我的耳旁讲给我听。我真的很开心，女儿好像跟我越来越亲，人也活泼多了，连老师也讲她好像变了一个人似的。

现在想想，那次带她去看了场电影，无意中让我掌握了教育孩子的方法。

解决方法

根治孩子孤僻的最佳办法就是让孩子变得合群。

所谓合群，不仅仅是指同众多的人在一起，更重要的是能适应群体，把自己有机地同群体结合起来，被群体中的人认可与欢迎，在群体中得到快乐。合群更多地表现为孩子的一种主动行为。因此，当孩子融入到群体之中的时候，他才会有集体荣誉感，才知道什么是团结协作，才会真正明白竞争的意义，才更懂得生命的价值。那么，怎样让孩子走出孤僻、变得合群呢？

（1）树立孩子的集体观念

要让孩子懂得，个人的行为应当符合社会的准则，让孩子知道社会是个大

要注重培养孩子良好的性格

课堂，帮助孩子在群体中树立集体观念。有些爸爸妈妈"替孩子做值日"、"为孩子不参加春游谎请病假"，这些行为实际上人为地拉大了孩子与集体之间的距离，不利于合群意识的培养，会给孩子的身心发展造成不良影响，势必会给孩子将来的发展留下隐患，反而是害了孩子。

（2）鼓励孩子多参加集体活动

有的爸爸妈妈认为，孩子只要成绩好就行了，别人的事不用管。这是目光短浅的表现，没有看到孩子健康成长的大局；有的爸爸妈妈往往会担心孩子"上当""受欺负"，其实这些担心是不必要的。挫折有时也是一种学习的机会，孩子在与同伴的磨合中更容易自觉地调整自己的行为，更能学会适应；有的爸爸妈妈以为自己的经验传授足以代替孩子的实践，只要告诉孩子该怎样做就行了，何必要让他们去学习呢？其实不然，爸爸妈妈告诉的"应该怎样做"和"不能怎样做"，和孩子自己亲身体验到的东西是有所不同的，孩子只有在具体活动中才能更好地掌握这些技能。

（3）为孩子多接触社会创造条件

比如带孩子去参观、游览、看球赛、参加公益活动等，使孩子多感受一些生活中丰富多彩的内容，帮助他们辨别是非真假，有意识地让他们多一些生活的阅历，这对孩子的健康成长是非常有利的。

（4）帮助孩子与他人建立友谊

古人说："独学而无友，则孤陋而寡闻。"正常孩子的健康成长离不开健全的朋友氛围。孤独是人类不健康的情绪情感体验，战胜孤独是孩子们健康成长、正常发展的前提。爸爸妈妈在矫正孩子孤独症的时候应强调这样的观点："缺乏真正的朋友才是最纯粹最可怜的孤独；除了真心朋友之外，没有一样药剂可以通向心灵。"这是英国哲学家培根很早就曾一再强调过的。

如果用青年朋友热衷的语言来表达，矫正孤独症的目标是：摆脱"小我"，告别"旧我"，走进"大我"，创造"新我"。

如此这般，才能让孩子摆脱孤独的压抑，勇敢地面对人生。

9 孩子你不应该任性

重视理由

任性不是天生的，孩子的任性主要来自于家庭教育的失败。爸爸妈妈既是孩子任性的制造者，也是任性后果的承担者。任性是孩子的一种不正常心理状态，也是孩子要挟爸爸妈妈、满足自己某种需要的手段，它常常会给爸爸妈妈带来苦恼。

追根溯源

许多孩子为了满足自己的某种需要，往往会通过任性来要挟大人。孩子任性，的确是爸爸妈妈所面临的一道棘手难题。孩子养成这种坏习惯的原因主要有两方面，一方面是当孩子向爸爸妈妈提出一些过分要求时，爸爸妈妈的教育方法不恰当，不是通过耐心说服教育，而是横蛮地加以拒绝。孩子没有明白为什么自己的心愿不能实现，理所当然会任性。另一方面是家庭中的成员对待孩子的任性处理方法不一致。比如，当孩子表现得很任性的时候，奶奶和妈妈可能会因为溺爱孩子而尽量护着他，而爷爷、爸爸则想纠正孩子这种坏习惯而严厉拒绝。最后的结果往往是不了了之，孩子毫发无伤。于是，孩子因为有了"靠山"，往往会变本加厉地任性。

作为爸爸妈妈，一味地顺从与纵容孩子，孩子会以为爸爸妈妈可以满足他所有的要求，从而变得为所欲为，十分任性。

而且，在过分溺爱中长大的孩子会以自我为中心，自私、无理，不懂得如何与别人合作。

在生活中，有的爸爸妈妈十分溺爱孩子，唯恐他们受委屈。为了补偿孩子，

要注重培养孩子良好的性格

孩子要什么便买什么。结果孩子感到了随要随给的乐趣，不停地要这要那，偶尔遭到拒绝就表现得生气、烦躁等不良情绪。爸爸妈妈一看到孩子生气，就觉得心疼，只好顺着他的意思去做。而其它，爸爸妈妈的这种做法助长了孩子贪欲的不断增长。

做爸爸妈妈的不可能照顾孩子一辈子，也不可能做到一生中都能满足孩子的所有需求。

所以，做爸爸妈妈的要注意：不要应允孩子不停的索求。这样，培养出来的孩子才不会变成一个"小暴君"，不会变成一个自私的为社会所不容的怪物。

爸爸妈妈要知道，纵容孩子不但丧失了自己做爸爸妈妈的应有的坚守，也害了孩子，为孩子将来的生活埋下了隐患，它会降低孩子的心理承受能力。以后当孩子遇到挫折时，很容易产生心理障碍。

在生活中，有很多爸爸妈妈忽视了孩子的心理健康，对孩子娇生惯养。

他们认为孩子弱小娇嫩，所以对孩子百般呵护，看到孩子的不良行为，他们便会想："孩子还小不懂事，长大了自然会好。"

这种过分的宽容和迁就，使孩子的坏习惯渐渐形成，当爸爸妈妈发觉了孩子的坏习惯已很顽固时，则很难将它改过来。

因此，作为爸爸妈妈，一定注意不要纵容孩子的任性。

榜样魅力

在教育孩子方面，一些爸爸妈妈在摸索中找到了一些有益的方法。一位名叫许宝珠的母亲在《成功的拒绝》一文中叙述了她纠正孩子任性行为的故事：

儿子出生后，作为唯一的孙子和最小的外孙，备受双方老人的宠爱。渐渐地，独生子女的坏习惯几乎叫他占全了。

3年后，我们有了自己的小家。把儿子的许多坏习惯、特别是乱要东西的坏习惯改过来，成了家政的首要任务。我开始一步步实施策划已久的计划。

孩子，把你的手给我

那是暮春的一个星期六的上午，丈夫加班去了。早饭过后，在儿子的要求下，我答应带他去逛街。临行前，我同儿子约定：只看不买，否则就不去。儿子满口答应："行！"说实在的，以前我最怕的就是带儿子逛商店，儿子的小眼睛一旦扫描到玩具柜台上，不管合适不合适，只要他看中就一定要买。

一路上，看着川流不息的各种车辆、形形色色的人和事，儿子高兴得不得了，叽叽喳喳的小嘴一刻也没停过。到了商城，像以往一样，儿子照例去光顾三楼的玩具城。由于有约在先，我便放大胆子带他去了。一路逛下来，倒真的没有发生什么事情。但这时，一种可以发射子弹的玩具枪引起了儿子的注意，他便缠着我要买。我说不买。这下可不得了了，他顿时大哭起来，边哭边说，别的小朋友都有，只有他没有，不买就回去告诉爷爷奶奶、外公外婆，只要买了他就听话，以后什么也不要……我给他讲不能买的道理，甚至妥协称给他买别的玩具，以及他喜欢吃的果冻、饼干。可他根本就不理这一套，咬紧牙关只有一个字——买！并且越哭越凶，最后索性赖到地上不走了。这时，服务小姐及许多顾客都围了过来："现在都是独生子女，就给孩子买一个吧。""玩时注意点安全不就行了。"你一言他一语的，说得我真是尴尬极了，真想一买了之。可是一想起自己的计划，便又横下一条心：不买！我对儿子说："你走不走？你真的不走？那我走。"我躲在楼梯口，很久才见儿子抹着眼泪跟了出来。见到我，儿子的小眼睛冲我翻了又翻。

回到家里，我开始告诉儿子，他什么样的要求可以得到满足、什么样的非分之想会被拒绝。儿子似懂非懂地听着。

有了这"第一次"成功的拒绝之后，我便开始拒绝给他整理玩具，拒绝给他穿鞋子，出去玩时拒绝抱他……并努力引导他自己的事情自己做。渐渐地，儿子的不合理要求、不良习惯少了，生活的自理能力却增强了。

有一天，我对儿子说："替妈妈把鞋子拿来。"儿子回答："妈妈，你不是说自己的事情自己做吗？"这小子居然"将"了我一军。看来，教育好孩子确实

要注重培养孩子良好的性格

不是件容易事,它需要爸爸妈妈用心去探讨、摸索。虽然难,但我还是愿意接受这一挑战。

解决方法

既然自制力对孩子的成长成才如此重要,那么,爸爸妈妈们应该怎样培养孩子的自制力呢?教育专家向爸爸妈妈们提出了如下建议:

(1)从小培养并及时督促

从孩子能理解大人的话开始,就注意帮助孩子逐步学会正确评价和判别自己行为的适宜度,即让孩子慢慢明白什么是应该做的、什么是不该做的。一般来说,孩子比较小时,自制力的培养主要是生活习惯上的问题,如规定孩子有规律地生活作息,让孩子按时就寝,准时起床,按时吃饭,按时做作业及游戏,按时完成父母指定的家务等。做到这些开始时可能会有些困难,但时间长了孩子就会在父母的督促下学会控制自己、约束自己,并养成良好的习惯。

(2)可以适当制定一些行为规则

父母可以为孩子制定一些卫生习惯、劳动习惯、家规等行为准则,并利用校规作为对孩子行为的约束,也会收到良好的效果。必须要注意的是,这种行为准则不能过度或过于详细,否则会损害孩子的独立性。孩子过于"听话",不利于他的成长,这样的孩子往往缺乏创造性和开拓性。父母只要抓住主要问题就可以了,待孩子慢慢长大后再注重社会道德规范和社会责任等方面的教育。

(3)启发孩子的自觉性

孩子自制力的发展是和孩子的自觉性、坚持性等相联系的。父母要启发孩子的自觉性,养成孩子良好的行为习惯,让孩子坚持体育锻炼,独立完成作业,克服学习中的困难,形成比较稳定的意志品质。

(4)要有足够的耐心

当孩子出现缺乏自制力的行为时,父母一定要冷静,要耐心说服,同时父母

也要反省一下自己的教育方法是否得当，是否采取了令孩子心悦诚服的态度和方法，并检查规定是否有些规定过头、过于束缚了孩子等等。只要父母不粗暴地对待孩子，而是用生动活泼、寓意深刻的故事耐心说服孩子，孩子是会改变一些不良习惯，并逐步成长为一个具有较强自制力的人。

10 孩子你是不是不要有乱发脾气的习惯

重视理由

孩子形成乱发脾气的坏习惯是爸爸妈妈所不希望的。孩子的乱发脾气会影响到他知识的获得，影响人际交往等各方面能力的发展，从而不利于孩子今后的成长。

追根溯源

乱发脾气，是现阶段孩子比较常见的现象之一。从心理学角度来看，乱发脾气是孩子意志薄弱、缺乏自控能力的表现。其主要特征是：想要什么就得给什么，想干什么就干什么，不达目的，决不罢休，让爸爸妈妈也无计可施。

教育专家指出，孩子乱发脾气主要是由以下原因造成的：

（1）爸爸妈妈对子女过度疼爱，造成孩子的脾气较大

爸爸妈妈常常怕自己对独生子女生活照顾不周到，影响孩子的身体健康和情绪，以致一切都服从孩子的要求，甚至让孩子支配爸爸妈妈的行为。他们处处为孩子着想，不让孩子做他们应该做的事，让孩子做他们自己喜欢做的事，满足孩子的任何要求。这种教养方式自然会使孩子产生出一种心态，即我想做什么就做什么，谁都管不了我。同时，由于孩子缺乏劳动生活习惯，并不了解做事情的困难，凡事都由着自己的性子干，孩子从爸爸妈妈心目中的"小皇帝"变成了自我心中的"小皇帝"，这种乱发脾气的性格使孩子不能接受外界的合理要求，影响

要注重培养孩子良好的性格

了孩子正常性格的养成。

（2）爸爸妈妈的虚荣心促成了孩子乱发脾气

由于爸爸妈妈的虚荣心，总要使孩子在任何物质享受上都超过别人。别的孩子有的自己孩子要有，别的孩子没有的自己孩子也要有。爸爸妈妈省吃俭用给孩子买钢琴、电子琴，即使自己的孩子没兴趣也要满足爸爸妈妈的虚荣心，在不知不觉中使孩子滋生自高自大的心态，总以为自己高人一等，在家中不服爸爸妈妈的管教、在学校不听老师的教导，形成了以"我"为中心，一切按"我"的意愿去做，否则便会执拗起来的性格。

（3）爸爸妈妈的骄纵容易使孩子变得乱发脾气

爸爸妈妈的骄纵会影响到子女，使孩子没有一个探求知识的欲望，让他们觉得任何时候，只要自己提出要求便可以得到满足。他们很难辨明是非，只是以自我为中心行事，会最终形成乱发脾气的坏习惯。

榜样魅力

球王贝利，1940年10月23日出生于巴西朱纳斯·吉拉斯州的特雷斯·科拉索斯小镇，他原名叫埃德逊·阿兰德斯·德·纳斯齐缅图，家里人亲切地叫他地科。贝利，是球员们对他的尊称，有"赤脚足球之王"之意。贝利成为一代球王，与他父亲的指导和严格要求有着很大关系。

8岁的贝利才去上学读书。可小贝利不喜欢读书，学习成绩非常糟，越糟他就越不想学。顽皮儿童的把戏他全会：上课随便讲话，用沾湿了口水的纸团打人，捏痛女同学的手，在教室里打架……气得那位女教师对贝利施行各种最严厉的处罚。可野性的贝利就是不思悔改，而且其行为愈演愈烈。

教室外才是小贝利的乐园，他和那群小伙伴成立了一个足球组织，叫"九·七"俱乐部。因为他的伙伴们门前不远有条"九·七"街，而9月7日又是巴西的独立纪念日。

"九·七"足球队成立后，四处征战，所向披靡，在包鲁地区很快就威名大振，称霸一方。

但是贝利的脾气太暴躁，总是爱打架，这让父亲十分担心。有一次，贝利去看包鲁队的一场球赛，爸爸也参加了。贝利的眼睛紧盯着球场上的爸爸，只见爸爸突然盘球向前，老练1地闪过对方的后卫，伺机射球。贝利的心突突地跳着，真替爸爸着急。糟了，爸爸失去了进球的机会，他很替爸爸惋惜。这时，他听到一个球迷高叫："何奥，你这个饭桶！"

听到有人侮辱爸爸，贝利立即无名火起，回骂道："你叫谁饭桶，你妈才是饭桶！"

贝利找到了发泄的机会，一场混战便开始了。直到看球的军人出来制止，事态才平息下去。

贝利回到家中，爸爸问清了打架的经过，神情严肃地摇摇头说："贝利，你打架太多了！要想踢职业足球，就必须控制自己的脾气，中国有句话说'一捏拳，便输了理'。球场上分两队比赛，观众自然也分两派，一件事使一派观众高兴了，另一派就会不高兴，总有人会骂你的。职业球员要适应这种环境，一发火，球就踢不好，裁判员还可以罚你出场。这样，你自己和你那一队的人就吃大亏了！"

爸爸的话有道理，贝利最听爸爸的话，他也最崇拜爸爸，因为爸爸是巴西最好的球员之一，爸爸因为不幸受伤，才抑郁一生，没有踢出职业生涯的最高水平。他要为爸爸争口气，决心不再吸烟、喝酒，不乱发脾气。

贝利这样的"野"孩子在父亲的正确引导下也能成功，绝大多数孩子再怎么贪玩、再"野"，也不过如贝利而已，相信通过正确的引导一定会有出息的。

解决方法

有关专家指出，爸爸妈妈应当采取如下一些措施，有效地对孩子的坏脾气给

要注重培养孩子良好的性格

予及时纠正：

（1）用转移法转移孩子的注意力

当孩子出现乱发脾气等行为时，应利用当时周围的环境，设法转移孩子的注意力，让孩子被一些新鲜事物所吸引，使孩子放弃无理的要求。

（2）用奖惩的办法矫正孩子的脾性

当孩子固执地乱发脾气时，爸爸妈妈应立即指出他的错误，并对他的态度故意冷淡下来，不理睬他，直到孩子"软"下来再跟他讲道理。而当孩子有所进步，如同样一件事，孩子在以前会乱发脾气，现在不再乱发脾气或乱发脾气的程度减轻了，爸爸妈妈就要及时给予表扬和鼓励，希望孩子能够继续坚持下去。长此以往，孩子正确的行为可以得到巩固，错误的行为会逐渐消除。

（3）把握一切机会，对孩子进行教育

爸爸妈妈要经常对孩子说：人的很多愿望是无法实现的，有的时候，我们必须要学会控制自己的欲望。当孩子放弃了自己不合理的要求时，爸爸妈妈应及时给予表扬和鼓励，让其心中产生一种愉快感，促使他做出更多的积极行为。

（4）创造一个平静的环境与氛围

爸爸妈妈应有意识地加强自身的人格修养，心平气和地处理事情，特别是当着孩子的面更需心境平和、处事大度。孩子在安安静静的家庭环境中会逐步受到陶冶。

（5）结合日常生活进行一系列"磨性子"的活动

例如，让孩子参加学校或校外的书画兴趣小组，在书画练习中陶冶性情；让孩子和妈妈一起剥毛豆、择韭菜，参加诸如此类的家务劳动，在劳动过程中培养耐心、毅力；在双休日，与孩子一起进行登山、远足等活动，磨炼孩子的意志，增强孩子的自我控制能力。实践证明，当这些活动实施了一年之后，许多有发脾气习惯的孩子都有了不同程度的进步，发脾气行为的发生率明显降低。

总之，爸爸妈妈一定要记住是：不要让孩子感到乱发脾气的好处，更不要急

急忙忙向孩子妥协。要让孩子知道乱发脾气不会让大家喜欢，乱发脾气更不会有所收获。这样，孩子在乱发脾气达不到目的的过程中就可以学会自我控制，从而逐渐克服乱发脾气的坏习惯了。

11　孩子应该去掉自负坏习惯

重视理由

谦虚使人进步，骄傲使人落后。骄傲自大会对孩子的发展产生消极影响。骄傲自大的孩子常会形成与外界的隔膜，这使他们的心胸变得很狭窄。

追根溯源

在现代家庭中，由于受到特殊家庭环境的影响，独生子女更容易产生骄傲自大的情绪。

造成孩子骄傲自大、目中无人的原因主要有以下几个方面：

一是爸爸妈妈对孩子的影响。有些爸爸妈妈由于自身条件比较优越，总是表现出一副洋洋得意、目中无人的神态，经常会流露出对他人的不屑。如他们经常会议论同事的缺点，称某某不如自己。而孩子听到这些话后，也会仿效爸爸妈妈，只看到自己的长处，而嘲笑别人的短处。

二是家庭生活条件优越。优越的家庭条件容易滋长孩子虚荣自傲的心理，使孩子养成爱炫耀自己、嘲笑别人的毛病，如孩子经常穿漂亮的衣服就会看不起那些穿旧衣服的孩子。

三是大人们过多的夸奖。孩子经常得到大人的夸奖，就会认为别人不如自己，导致孩子看不起别人。如果爸爸妈妈经常在朋友面前炫耀自己的孩子，孩子就会认为别人都不如自己，从而产生自负的心理。

自负的孩子虽能取得一定成绩，但往往没有远大理想和志向，而只满足于眼前取得的成绩。而且，他们看不到别人的成绩，只会"坐井观天"。自负的孩

要注重培养孩子良好的性格

子很难和同学们友好相处,因为他们不能做到平等相待,总是以高人一等的态度对待人或喜欢指挥别人。自负的孩子情绪也不稳定,当人们不去理睬他时,他们就会感到沮丧;当他们遭到失败和挫折时,又会从骄傲走向悲观、自卑和自暴自弃,否定自己的一切,觉得自己什么都不如别人。

自负与自卑极为相似,都是源于对自己的不正确认识,所不同的是,自负者是过高地评价自己,他们仿佛是通过放大镜来看自己的长处,甚至视缺点为优点,而在看别人时则总是容易贬低他人的优点、夸大对方的不足。

自负者往往自视过高。他们很少关心别人,与他人的关系极为疏远。自负者通常会看不起别人,总认为自己比别人强很多。自负者往往是好高骛远、不切实际。他们为自己制定过高的目标,承担无法完成的任务,容易遭受到失败的体验。总之,自负就是骄傲自大、目中无人。

榜样魅力

刘晔是一个初露才华的中学生,由于他骄傲自大、不能正确评估自己、不能正确对待别人,从而不努力学习基础知识,差点落得一事无成。

刘晔在初中二年级时就立志要当作家,并发誓要当著名作家。若能为此努力学习、脚踏实地读书、认真地写作,有这样的雄心壮志本来没有什么不好。可是刘晔并没有这样做,而是成天想入非非,要当"在文学史上永远闪耀着光芒的大作家",认为自己天生就具有大作家的气质,说什么"我最大的资本就是年轻,有成年人无法比的青春激情,有激情就足够了。"

刘晔说:"老师都是些庸人,在课堂上只会照本宣科,讲些重复的死理论,一万句里找不到一句精彩的格言和奇特的妙语。"刘晔讨厌一切该死的书本和"枯燥的知识",讨厌读书,刘晔说书都是别人、成年人、老年人写的,而他要创造、要突破!

对学习的不屑与对老师的不尊,使刘晔的成绩一路下滑,然而他把爸爸妈妈

的劝告轻蔑地视为"絮絮叨叨老一套"。在一次摸底考试中,刘晔的数学考了17分、外语考了24分,连语文也只得了60分。到了如此地步,其不得不退学"专攻文学"。后来的状况如何,可想而知。

开始时,频频投稿,屡遭退稿,他便会骂编辑:"不识货、势利眼。"

后来,他在爷爷的帮助下正确认识了自我,认识到了自己的不足和缺点,从此变得认真和谦虚起来,经过几年的埋头努力,刘晔终于出版了自己的第一部小说。

解决方法

当孩子出现自负情绪时,爸爸妈妈应该怎么办呢?

(1)耐心教导,让孩子正确评价自己

孩子出现自负情绪往往是过高地估计了自己,认为自己比谁都强,只看到自己的长处而看不到自己的短处,拿自己的长处比他人的短处。因此,他们往往会狂妄自大,以"自我为中心",想干什么就干什么,不会设身处地地替别人着想。作为爸爸妈妈应耐心地教导孩子,让孩子学会正确评价自己,既认识到自己的优点,又看到自己的不足。爸爸妈妈还需要规范孩子的行为,督促他们改正自负的情绪,告诉孩子在交友中应该怎样做和不应该怎样做,并加以训练及指导,使其养成良好的行为习惯,这样,他才会受到大家的欢迎。

(2)表扬时感情流露要"浓淡"适度

有些爸爸妈妈望子成龙心切,孩子稍微有点进步就欣喜若狂、赞不绝口,久而久之,必然会助长孩子的自满情绪。正确的做法是:在表扬孩子时高度重视感情的作用,尽量做到"浓淡"适度。有时对孩子轻轻的一个微笑,也会起到许多赞美之词难以起到的作用。并且,爸爸妈妈应尽量少在外人面前夸奖孩子,因为小孩子的自我评价能力还很差,看到那么多人肯定自己会产生错误的认识,认为自己真的有多么优秀,从而产生自负的情绪。

要注重培养孩子良好的性格

（3）奖励孩子时以精神鼓励为主，物质奖励为辅

其实，在一般情况下，孩子只要能得到口头表扬心理上就会得到满足。过多的物质奖励，有时会强化幼儿产生沾沾自喜、高傲自大、忘乎所以甚至不思进取的心态，要防止他们被夸奖声和赞许的目光所包围，或获得过多的物质奖励而产生畸形的满足感，懒于进取与努力，从而削弱其进取意识。所以，爸爸妈妈要注意不能给孩子过多的物质奖励，让他们明白好条件是爸爸妈妈创造的，他其实和其他同学一样，没有什么特别的地方。爸爸妈妈要观察孩子的心态及行为表现，发现不良苗头及时教育，消除其骄傲自大的不良心态。

（4）以身作则，为孩子树立榜样

榜样的力量是无穷的。爸爸妈妈是孩子的第一任教师，是孩子效仿的最直接榜样，爸爸妈妈对孩子的示范作用是巨大的。爸爸妈妈应该成为孩子高尚人格的榜样，要谦虚友善，不要在孩子面前表现出自负的情绪，以免孩子受到不良影响。

12　孩子不要有害羞坏习惯

重视理由

羞于表达的人总是为自己的沉默找到上千条理由而眼看着机会白白溜走。因为羞怯会让他在学习上失去许多参与、交流的机会，更会让他失掉自信心。而且，更为可怕的是，这种影响往往会伴随人的一生。

追根溯源

美国教育专家欧文斯说，这样的事情每天都会重演：你把女儿送到幼儿园，但当你离开时，却发现她独自呆在一个角落里，如果地上有缝，她可以把头钻进去。要么是你的儿子，无论小伙伴们邀他进行从事什么活动他都不想参加。这是

为什么呢？是因为害羞。

害羞一般是从童年开始的，从最初时起就可能产生消极的后果。在美国进行的研究表明，害羞是男女儿童所共有的病症，从襁褓之中就可能患上。遗传基因可能会对孩子的害羞起一定作用，但缺乏集体活动也是导致害羞的原因之一。

研究人员估计，只有15%～20%的婴儿生来就害羞。这就是说，将近50%的成年害羞者是在成长过程中养成害羞习惯的。

婴儿通过爸爸妈妈的不断照料、喂食和爱抚养成对爸爸妈妈的依赖。当孩子不能再获得一贯的爱护，从而得不到安全需要的满足时，便会有一种不安的关系发展起来。

爸爸妈妈和孩子之间的关系影响到孩子今后的一切人际关系。研究结果表明，婴儿时期与爸爸妈妈关系的不稳定可能会造成其成年后的害羞。

随着孩子的长大，面对新的挑战，比如与同辈人的关系紧张，可能会养成害羞的习惯。缺乏自信心的少年可能会对上学这种新的经历感到畏惧，他们可能会感到为难或感到自己不行。教师或许会给孩子戴上"害羞"的帽子，使孩子无意中养成这种习惯。

在孩子的青春期，身体的发育和发育期情绪的不稳定可能会加重孩子的难堪感和不安感。

榜样魅力

有个叫琼斯的新闻记者总是非常羞怯怕生。有一天，他的上司叫他去采访著名的大法官布兰代斯。琼斯知道后大吃一惊，犹豫了很久说道："我怎么可能要求单独访问他呢？布兰代斯并不认识我，他怎么可能接见我呢？"而在场的另外一名记者却立即拿起电话，拨通了布兰代斯的办公室，要求和大法官的秘书讲话。他说："我是《明星报》的琼斯（此刻，琼斯在一旁大吃一惊），我奉命访问法官，不知道他今天能否接见我几分钟？"他听完对方的答话，然后说："谢谢

要注重培养孩子良好的性格

你,那么1点15分,我会按时到达。"放下电话,老练的新闻记者对琼斯说:"好吧先生,你的约会安排好了。"

事隔多年,琼斯仍旧对这件小事念念不忘。他说:"从那时起,我便学会了单刀直入的办法,做起来虽然不那么容易,却很有效果。如果能在第一次克服心中的畏怯,那么下一次就会容易得多了。"

解决方法

爸爸妈妈的责任和作用都是重大的。在爸爸妈妈的支持下,就连生来就害羞的孩子长大后也可能会成为彬彬有礼、信心十足的成年人。其措施如下:

(1)接受自己孩子害羞这一事实

孩子是极端敏感的,如果爸爸妈妈认为害羞是一个缺点,或者是一件令人难堪的事情,孩子是会察觉到爸爸妈妈的这种看法的,因而会更加内向。爸爸妈妈应当让孩子放心,他们是永远爱孩子的。

(2)不要给孩子贴上"害羞"的标签

如果你必须要给孩子贴上标签的话,那么就请用"不爱说话"来形容孩子。

(3)要对孩子表示同情

害羞的孩子往往会很孤单。爸爸妈妈必须设法向孩子表示,他们了解并同情孩子的问题。

在可能的情况下,讨论孩子的感情问题,使之认识到如果能够直面自身的恐惧心理将会创造多么大的奇迹。最重要的是,不要迫使孩子陷入到紧张的局面中。

(4)要鼓励孩子参加集体活动

要求孩子参加同辈人的集体活动,并提供这方面的机会。鼓励孩子邀请小伙伴们来家里玩耍。让孩子参加娱乐小组或其他组织。

(5)只有紧急情况下才助孩子一臂之力

一些专家说，对于害羞的孩子来说，爸爸妈妈应当扮演感情救生员的角色。尽管，面对孩子的痛苦选择"袖手旁观"可能会违背爸爸妈妈的本意，但是专家们说，这往往是帮助害羞的孩子解决生活中难题的最好办法。

（6）让孩子尝试生活演练

鉴于害羞基本上是现实生活中的怯场，所以要帮助孩子做到有备无患，并同孩子讨论如何处理新的情况。

13 孩子要去掉性格逆反的习惯

重视理由

逆反心理是一种固执偏激的思维习惯，它使孩子不但无法客观而准确地认识事物的本来面目，反而会通过错误的方法和途径去解决所面临的问题。如果逆反心理经常而反复地出现，就会构成一种狭隘的心理定式，无论何时何地都与常理背道而驰。逆反心理是一种消极的心理品质，不但对孩子的学习是非常有害的，而且对他们身心的健康发展也极为不利。

追根溯源

逆反心理是指孩子为了维护"自尊"而对爸爸妈妈或老师的要求采取相反的态度的一种心理状态。前苏联心理学家普拉图诺夫在《趣味心理学》一书的前言中，特意提醒读者"请勿先阅读第八章第五节的故事"，而大多数读者却采取了与告诫相反的态度，首先翻阅了第八章的内容。这就叫心理的逆反现象。青少年中常会有"不听话"，与他人尤其是与爸爸妈妈和老师"较劲儿""对着干"的情况出现。这种与常理相悖，以反常的心理状态来显示自己"高明"、"非凡"的行为，往往源自于"逆反心理"。

逆反在表现形式上与富有创造性的行为颇有类似之处。因此，某些逆反倾向

要注重培养孩子良好的性格

严重的青少年也常对此津津乐道，或在心理上为自己的怪异行为寻求"科学"的根据。然而，逆反心理在本质上是与创造性素质有着根本性区别的，它往往是孤陋寡闻、妄自尊大、偏激和头脑简单的产物。

极端的"逆反心理"，会导致青少年产生对人和事多疑、偏执、冷漠、不合群等病态性格，使之信念动摇、理想泯灭、意志衰退、工作消极、学习被动、生活萎靡等。进一步发展，还可能向犯罪心理和病态心理转化。

心理学家认为，处在青春期的孩子产生"逆反心理"有以下几方面原因：

其一，从主观方面来看，青少年到了青春期，思维方式由童年时的形象思维渐变为以抽象思维为主的多种思维方式。伴随这些变化的一个特殊转变，是"自我意识"的逐渐清晰和"独立意识"的日益强烈。

他们迫切希望摆脱成人的监护，处处想体现"自我"的存在。他们反对成人把自己当作小孩儿，处处以成人自居。但是，他们的世界观毕竟尚未成熟，缺乏自我克制和分辨是非的能力。于是，他们会通过和爸爸妈妈"对着干"来体现"自我"，显示自己的"成人感"。

当他们感到或担心外界无视自己的独立存在，自我表现欲望受到妨碍时，为了表现自己的非凡，就会对任何事情都倾向于采取批判的态度，产生逆反心理，运用各种方法和手段来表达自我与外界对立的情感。

其二，从客观方面看，青少年"逆反心理"的产生，也是由于教育不当所造成的。其具体表现在：

①教育思想"僵化"。有的教师或爸爸妈妈不重视教育理论的学习，不研究受教育者生理、心理发展的特点，心理学的知识较贫乏。他们不了解受教育者，不能掌握教育规律，更没有学会用科学的方法育人。

②教育形式"封闭"。有的教师或爸爸妈妈坐而论道地进行说教，既无新鲜感，又无针对性，青少年对此毫无兴趣。千篇一律的报告、不着边际的谈话，对青少年缺乏吸引力，往往收不到应有的教育效果。

③教育方法的"注入式"。有的教师或爸爸妈妈习惯于把思想教育工作片面地理解为是对学生的单纯看管。从"管"字出发，置孩子于自己的控制之下，单方面地给孩子灌输道理，甚至以简单粗暴的方法对学生施加压力，迫使孩子就范。有的父母和教师定下了许多禁令，要求孩子完全听命于自己的安排和灌输。这是一种看管型的注入式思想教育，其结果使一部分学生只会看教育者的眼色行事，离开了指示灯就不会走路；而另一部分主张自立、自理、自治的孩子则与爸爸妈妈、教师、同学关系紧张，情绪抵触，甚至是对立，产生逆反心理。

④教育内容"单一化"。对不同层次孩子的行为规范、道德水平、思想深度，应有不同层次的要求，这种思想教育内容的层次要求并不是彼此孤立的，而是有一定联系的。低层次有待于向高层次发展，高层次中又含有低层次的内容，应该是有层次、分阶段、有机地对青少年进行思想教育，一个层次一个层次地由低向高攀登，是一个由量变到质变的过程。然而，目前的教育内容是划一的，用统一的模式把人框起来，从一个起点上进行教育，采用一般化的教育方法，这种"单一化"的教育内容使教育收效甚微，十分不利于孩子个性、特长的发展。马克思、恩格斯教育思想的核心是应当使人的聪明才智得到自由充分的发展，而这种按一个模式塑造人的思想教育的做法则恰恰是违背马克思教育思想的。这不能不说是使孩子产生逆反心理的因素之一。

其实，很多孩子都有这样的体会，当成长到十二三岁时，往往会产生与爸爸妈妈相抵触的情绪。孩子心里有什么话也不愿向爸爸妈妈说，对于爸爸妈妈的批评和劝导不像以前那样听话了，甚至会产生"不顺从"、"不耐烦"的情绪。

面对孩子的这种"逆反心理"，不少爸爸妈妈和教师情绪急躁，沉不住气，往往会采取粗暴的态度和压制的方法。而老师、爸爸妈妈越是恼火地训斥，越会使孩子产生反感的情绪，这样不但挽回不了爸爸妈妈、老师与孩子之间的关系，而且还会加剧孩子的逆反心理。

要注重培养孩子良好的性格

榜样魅力

秦晓莉，女，初中一年级学生，在班里担任中队长。据秦晓莉的妈妈反映，秦晓莉以前是比较乖巧听话的，学习成绩也一直都很不错。可是，最近她发现晓莉"越来越不听话"了，"主意多得很"，经常像故意跟爸爸妈妈"对着干"似的，而且倔强得很，不肯认错和服输。

曾经有一件事情令爸爸妈妈伤心不已：晓莉的一位同学过生日，准备邀请几个同学一起到"肯德基"庆贺一番。晓莉的爸爸、妈妈心里不太愿意女儿跟那几位同学交往，认为那几位同学不求上进，而且，一贯节俭的他们也无法接受小孩子采用这种方式过生日，因此坚决不允许晓莉去参加。晓莉则认为妈妈对同学有偏见，说爸爸妈妈"老土"，坚持要去参加同学的生日聚会。爸爸、妈妈见女儿不听劝告也很生气，威胁女儿说："你可以去，不过，去了就别想再进这个家门了。"没想到，女儿竟然说："我就去，我再也不愿意见到你们了。"

尽管晓莉最后没有去参加聚会，但她一直都在跟爸爸妈妈怄气。晓莉的妈妈看在眼里，急在心里，她不明白平时一贯听话的女儿怎么越来越不听话了。

晓莉的妈妈怀着忐忑不安的心情去请教教育专家，从专家那里得知：孩子现在正处于性格逆反期，因此才会有这些表现。专家提醒晓莉的妈妈这时候千万不要用爸爸妈妈的身份压迫孩子屈服，并教给了她许多对付逆反孩子的有效措施。回家之后，晓莉的妈妈依法而施，不久，晓莉和爸爸妈妈的关系便有了很大改善。

解决方法

孩子之所以产生逆反心理，处处和爸爸妈妈对着干，有很大一部分责任在于爸爸妈妈不当的教子方式以及不当的行为。一旦明白了逆反心理产生之源，爸爸妈妈就应该"正本清源"，以春风化雨般的态度和方式化解孩子心中的逆反。

有时候，叛逆行为是和年龄有关系的，是孩子成长阶段的"必修课"。孩子有轻微的叛逆行为，爸爸妈妈不用大惊小怪，不要认为孩子是学坏了，而应该像

以前一样关怀他、教育他。到了一定阶段（如孩子到了一定年龄），此种叛逆行为会逐渐消失的。

然而，一旦孩子逆反的程度超过了正常范围值，则应予以重视，通过剖析原因和巧妙的沟通、引导来消除或缓解孩子这种不正常心理。要做好这项工作，首先应当找出孩子产生逆反心理的原因。

（1）孩子逆反与家庭的关系

认真分析，你会发现，孩子逆反心理的形成与家庭有着很大关系：

①家庭教育方式不当。一般情况下，孩子并不会经常表现得很叛逆，但当孩子讲错一句话或办错了一件事，爸爸妈妈觉得不满意而对其大声指责或责骂时，孩子的心理会受到刺激，才会大声对抗，或以沉默表示反抗。这样，孩子便会逐渐形成逆反心理。而爸爸妈妈以专制的方式管教孩子是行不通的。

②孩子对爸爸妈妈的行为不满。许多时候，孩子对爸爸妈妈的偏心、言行不一等行为不满意，但又不敢对爸爸妈妈说出来，就以不听从大人的话等方式来发泄其不满。

③从小养成习惯。教育孩子要从小时候做起，千万不要认为孩子小而溺爱孩子，使孩子有了错误而不改正。孩子长大后，习惯已经养成，再改就晚了。

④家庭关系不和。如果爸爸妈妈关系紧张、经常吵架，孩子会厌恶爸爸妈妈的行为，但又无可奈何，只好逃避。

（2）爸爸妈妈帮助孩子消除逆反心理的方法

要消除孩子的逆反心理，爸爸妈妈应该从以下几方面入手：

①平等沟通。许多时候，爸爸妈妈要站在第三者的立场分析孩子叛逆的原因。

许多爸爸妈妈总觉得自己是对的，孩子应该听爸爸妈妈的。但是，孩子有自己的思维方式和处理问题的方式，所以爸爸妈妈应当放下架子，耐心听一听孩子自己的想法，从感情以及具体事件上与孩子达成一致，做一些适当的让步。

要注重培养孩子良好的性格

②以身作则。有些爸爸妈妈对孩子要求严格，但其自身行为却很随便，孩子觉得当爸爸妈妈的自身都没有做到，凭什么要求自己孩子去做？因此就不听管教了。所以，做爸爸妈妈的应当以身作则。

身教胜于言传，一旦爸爸妈妈行得端、做得正，孩子会受到爸爸妈妈的影响，自然而然地听从爸爸妈妈的教导。

③走进孩子的内心世界。当孩子因为兴趣而影响学习成绩时，爸爸妈妈大多会粗暴地加以制止，但往往会适得其反。要是爸爸妈妈先不动声色地观察孩子的兴趣，了解情况，譬如和孩子一起议论他们心里崇拜的偶像等，然后再做适当的提醒，做到有的放矢，当利害关系一目了然的时候，孩子也就能够接受劝告了。

其实，每个孩子都愿意同爸爸妈妈融洽相处，都想得到爸爸妈妈的理解和尊重。

④艺术地批评。有些爸爸妈妈发现孩子犯错误就一味地批评，这样就会刺伤孩子的自尊心而使其产生逆反的心理。要是爸爸妈妈先对孩子的优点给予肯定和表扬，再指出不足及错误之处，孩子的自尊心得到了满足就会乐意接受。

⑤循循善诱。有些问题，如早恋，爸爸妈妈应对孩子进行有情、有理、有据的说服、劝导，尊重孩子的感情和人格，让孩子自己去思考问题。同时，用具体事例改变孩子幼稚的理想化思维，用自己的冷静、理智换取孩子明智的选择。

14 孩子要改掉悲观情绪坏习惯

重视理由

乐观是一种积极的生活态度。当孩子学会用乐观积极的心态对待生活时，他的未来就会充满灿烂的阳光。乐观豁达也是孩子应具备的良好品质，爸爸妈妈应当知道，乐观的孩子一定会比悲观的同伴更易获得成功。

追根溯源

乐观是成功的催化剂，悲观是失败的孵化器。培养孩子的乐观精神就是在点燃孩子对未来、对成功的希望之火。

乐观的人总是认为自己命运不错，即使遇到一些挫折，他还是会深信自己能够扭转颓势，继续努力下去。他们相信自己有能力改善现状，即使处于不幸，他们还是认为自己能够避免不幸。

许多心理辅导工作者都认为，这样的生活态度与童年的快乐经历有关，特别是与爸爸妈妈的关爱和乐观的态度有关。

要想让孩子变得乐观一点，爸爸妈妈首先必须能够区分乐观和悲观这两种性质截然相反的思想情绪。根据专家的解释，两者之间的最大区别就是对有利和不利事件原因的解释。

乐观主义者认为，有利的、令人快乐的事情不仅总是永久的，而且是普遍的。他们能努力促使好事的发生，而一旦不利的事件发生了他们也能将其视为暂时的、不具普遍性的，对其发生的原因也能采取乐观豁达的态度。

而悲观主义者考虑的却恰恰相反：认为好事总是暂时的，坏事才是永远的；好事只是靠碰运气，偶然发生的，坏事才是必然的。在解释坏事发生的原因时，他们也常常犯错误是或是每件事情都责怪自己，或是全都诿过于他人。

悲观主义在性格上是"灾难性"的。在逆境中做最坏的打算是应该的，但在日常生活中就无须如此了。某个孩子因为没能加入篮球队，就大哭大闹，或故意夸大事情的严重程度，并且在感情上对夸大了的事情而非实际情况做出同步反应。当爸爸妈妈认同了孩子的悲观想法，往往会加重其悲观情绪。

用乐观豁达的心态对待生活很重要，这是孩子应当具备的良好品质。

身为爸爸妈妈，应当努力帮助孩子养成乐观的良好品质，快乐健康地成长。

要注重培养孩子良好的性格

榜样魅力

美国有一对兄弟,一个出奇的乐观,一个却非常悲观。

有一天,他们的爸爸妈妈希望兄弟俩的性格都能改变一些。于是,他们把那个乐观的孩子锁进了一间堆满马粪的屋子里,把悲观的孩子锁进了一间放满漂亮玩具的屋子里。

一个小时后,他们的爸爸妈妈走进悲观孩子的屋子时,发现他坐在一个角落里,一把鼻涕一把眼泪地在哭泣。原来,他不小心弄坏了玩具,怕爸爸妈妈会责骂自己。

当爸爸妈妈走进乐观孩子的屋子时,却发现孩子正在兴奋地用一把小铲子挖着马粪,把散乱的马粪铲得干干净净。看到爸爸妈妈来了,乐观的孩子高兴地叫道:"爸爸,这里有这么多马粪,附近肯定会有一匹漂亮的小马,我要给它清理出一块干净的地方来!"

这个乐观的孩子就是后来的美国总统里根。他从报童到好莱坞明星,再到州长,直至当上了美国总统。这中间,乐观的性格起到了很大作用。

解决方法

乐观向上的性格在青少年成长过程中的作用很大,这个道理爸爸妈妈一般都懂。可自己的孩子还没有形成这种性格,甚至已经有了悲观、孤僻、懦弱或冲动的不良性格,那么应当怎么办呢?

爸爸妈妈们可以采用以下4个方法:

(1)确立塑造孩子乐观性格的信心

孩子现有的性格是否属于悲观性格,爸爸妈妈应该有一个明确的认识,而且双方的认识应当一致。既然都认为已有的性格不好,应当改塑,就不必灰心丧气,更不能破罐子破摔,明白"性格是可以重塑的"道理,确立起建立乐观向上性格的信心。

（2）帮助孩子学会正确地进行自我分析

随着年龄的增长，孩子的自我意识越来越强，自我分析能力也随之产生。但是，孩子的年龄毕竟还小，自我分析能力弱，不能获得正确的结论。有了一点成绩，就沾沾自喜；遇到一点困难，又会垂头丧气。沾沾自喜一多，就容易产生高傲的性格；垂头丧气一多，又会养成悲观的性格。

（3）指导孩子从乐观性格认同中，决心重塑自己的性格

所谓"认同"，是指认定自己和某一对象具有或可以具有相同特征的心理过程。性格认同，就是认定自己和某人的性格一样，经过努力可以实现。爸爸妈妈在日常生活中经常会给孩子讲述先进人物、英雄人物、优秀学生的故事，可以讲述孩子身边的优秀中小学生的故事，还可以将孩子和具有乐观性格的孩子组织在一起，学习、读书、画画、弹琴等，激发孩子向乐观性格的认同，达到改塑性格的目的。

（4）引导孩子学会自我调节，及时排除不良情绪的干扰

在家庭中，爸爸妈妈应随时注意指导孩子自我排除心理障碍，学会自我调节自己的情绪，使悲观情绪、不良情感或其心理障碍及时得到化解，也就不会导致悲观性格的形成。比如，孩子有了苦闷，要让他尽量诉说，发泄其情绪，不要让他的委屈长期压在心头，更不要不问青红皂白地批评、斥责；还可以回避孩子敏感、忌讳的话题；或者转移孩子的思路，减轻心理负担，如此等等。因为爸爸妈妈对待孩子的态度往往是孩子乐观性格形成的重要因素。

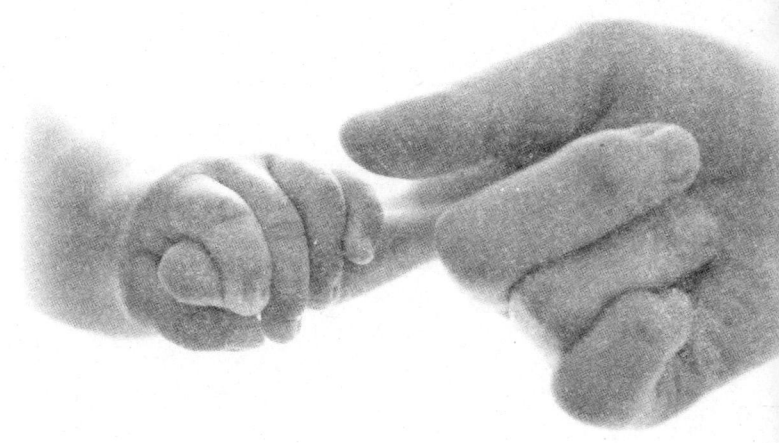

要重视孩子的心·理身体

引经据典

培养孩子健康的心理比培养孩子健康的身体更重要，孩子只有具备了健康的心理才能挑战未来，走向成功。

——〔美〕布鲁尔·卡特

理解孩子的心理，尊重孩子的想法，从孩子的兴趣、需要出发——这才是家庭教育和学校教育取得成功的法宝，也是使每个孩子身心健康的法宝。

——〔英〕卡尔·威特

要重视孩子的心理身体

知心话儿

爸爸妈妈们，你们好。

心理健康是孩子成长过程中父母关注的重要内容，也是孩子未来成功的基础。关注孩子的心理健康，为孩子的成长扫清心理障碍是所有爸爸妈妈义不容辞的责任。

现实生活充分说明：一个朝气蓬勃、对生活充满信心、乐观向上的人，其身体往往是健康的。而相反，一个消极悲观、抑郁、焦虑、对生活失去信心的人则容易患病、容易衰老。

因此，心理健康对生理健康具有重要影响，心理健康是生理健康的重要保证。

心理健康的人，一般会在情绪上表现出轻松、愉快、乐观，这些情绪不仅可以使人的记忆力增强、学习兴趣提高，而且也能使人的思维活跃。特别是在孩子学习知识的最佳时期，如果孩子长期处于良好的情绪之中，不但能精力充沛地去学习，取得良好的成绩，而且他的智力能够得到高度发展。而心理不健康的人所具有的焦虑、抑郁的情绪会导致人的认知错乱，反应迟缓、思维呆滞、记忆力下降。这不但影响孩子智力的正常发展，而且长此下去还会阻碍其智力的发展。

消除不良情绪，保持健康的心理状态是强化智力活动、促进智力发展的重要保障。

心理健康的孩子在受到不良刺激后，能够很快地调整过来，一般不会产生自卑、冷漠、孤僻、自负、多疑等不良的心理反应，不会形成人格上的缺陷。心理健康的青少年更能够顺利地度过青春发育期。

教育专家指出，少年时期是人身心发展的重要时期。一个健康的儿童，不仅要具有健壮的体质，还应具有健康的心理。世界卫生组织提出："健康不仅指没有疾病，而且包括体格、心理和社会适应能力的健康发展。"所以，注意孩子的心理卫生、预防心理疾病尤为重要。

我们把身心发展看成是一个整体，如果一个孩子有健康的体魄，但没有健康的心理品质，也仍是一个不"健全"的人。

心理健康不但能让孩子身体健康，还能让孩子对生活和学习充满热情、自信，并使孩子具有良好的人格特征，而实际上许多人格特征都反映了一个人的思想品德，例如热爱集体、助人为乐、富有同情心、正义感、公正无私等。

因此，要培养孩子良好的思想品德就必须使他们具备健康的心理。心理健康是健全孩子的体魄和人格的重要保证。

现代社会的复杂和竞争对人们的心理承受力提出了越来越高的要求，我们必须使心理承受能力的增长高于社会发展对它的要求，才能避免心理疾患产生、适应现代社会的发展。

孩子在生活和学习中常常会碰到老师的批评、同学的欺负、爸爸妈妈的训斥，更多的是遇到学习上的困难，对于一个心理健康的孩子来说，它们都不会使孩子产生不良、消极、自卑的心理。只有具备良好的心理承受能力，孩子在面对这些困难时才能从容地把压力转化为促进自己不断进取的动力。因此，孩子的心理健康与生理健康同等重要。

15　孩子有自卑心理要有办法

重视理由

自卑，是孩子对自己的不恰当认识，是一种自己瞧不起自己的消极心理。在自卑心理的作用下，孩子遇到困难、挫折时往往会出现焦虑、泄气、失望、颓丧的情感反应，从而阻碍孩子的健康成长。

追根溯源

青少年阶段，正是孩子学习功课、掌握知识的重要时期，如果此阶段孩子产

要重视孩子的心理身体

生自卑感，那么对孩子的健康成长是十分不利的。因此，爸爸妈妈从小培养孩子的自信心，使孩子克服自卑感。

孩子自卑感的产生有以下两个原因：一是由于目标定得过高而连遭挫折；二是与他人相比在某些方面存在劣势，以致造成不良的自我暗示等等。

自卑是一种性格上的缺陷，来源于心理学上的一种消极的自我暗示，表现为对自己能力和品质偏低的评价。有自卑感的人常常胆小、怯懦、孤独、沉默，不喜欢交际，缺乏知己，活动能力差，进取心不强，更多地考虑自我，对人不够热情，经常回避群体活动，缺乏自信心。自卑感强的人，是很难做出成绩来的。

自卑的孩子往往有如下表现：

①总感觉自己的能力、才智不如别人，什么都比别人差，做什么事都缺乏信心，担心做不好，怕被人耻笑。

②一旦学习成绩不好或下降，则处处贬低自己，孤立自己，不愿与人交往，总感觉别人看不起自己，过于压抑自己，悲观，失望，对什么都提不起兴趣，封闭自己，在自己的小天地里自受煎熬。

③情绪低落，抑郁，还伴有焦虑、失眠等。

要使孩子克服自卑感，爸爸妈妈自己首先应有自信心，否则就很难使孩子克服自卑感。爸爸妈妈要多教育孩子，让孩子知道任何人都有自己的优点和缺点，不管是身体方面还是其他方面，都要使孩子能够扬长避短。

爸爸妈妈可以多给孩子讲，许多人都有自己的缺陷，都会产生自卑感，关键要能够克服自卑感。

一个人如果做了自卑的俘虏，不仅会影响身心健康，还会使聪明才智和创造能力得不到充分发挥，使人觉得自己难有作为，生活没有意义。所以，自卑心理是一个重要的心理健康问题。

榜样魅力

洋洋出生于知识分子家庭,爸爸妈妈都是高级知识分子——大学里的教授。洋洋是独生女,因此爸爸妈妈把全部希望都寄托到了她身上,希望她能和他们一样有知识,甚至超过他们。于是,从洋洋很小的时候起,爸爸妈妈就给她制订了发展计划。当洋洋刚会咿呀学语时,爸爸妈妈就教她念英文。等长到三四岁时,洋洋每天的时间就被爸爸妈妈安排得满满的。如早晨起床要练声,上午学知识,下午学跳舞,晚上练琴。洋洋的爸妈希望洋洋成为一个全才,所以对各方面的要求都非常严格。

洋洋起初的确表现得很出色,不论是在幼儿园里还是在学校里,她都是一个活跃分子,老师同学们都很喜欢她。在德智体等方面,她都不会落于人后,但这样仍不能让她的爸爸妈妈满意,因为爸爸妈妈给洋洋定的标准是"永争"第一。每当洋洋拿着自己还认为满意的成绩单高高兴兴地回家时,得到的总是爸爸妈妈的训斥:"这道题怎么能错呢?这么简单,真是笨呀!"听到爸爸妈妈对自己的评价,洋洋伤心地低下了头。上小学一年级时,洋洋参加全市的歌咏比赛,拿了二等奖。

下台之后,她欣喜地向爸爸妈妈跑去,没想到面对的却是爸妈冰冷的面孔:"你看人家获一等奖的那个小朋友,嗓子多甜美,表情多自然,可比你强多了。你呀,真让我们失望。"可怜的小洋洋流下了委屈的泪水。在这样的教育方式下,小洋洋慢慢地变了。

渐渐地,小洋洋仿佛换了一个人,原先她是一个特别开朗、调皮、聪明可爱的孩子,而现在她总是一个人独处,很害羞、胆怯,不和小朋友们一起玩;上课从来不主动回答问题,就是老师把她叫起来,她的回答也是含含糊糊、犹犹豫豫,总是说她不行、她不知道,再也看不到小洋洋那充满自信、活泼可爱的样子了。

后来,洋洋的妈妈看到孩子越来越消沉,便请教教育专家该怎么办。专家向

要重视孩子的心理身体

她讲解自信对孩子成长的重要性,以及如何帮助孩子树立自信心的方法,她才恍然大悟,明白是自己一手造成了孩子的现状。亡羊补牢犹未晚也,在专家的指导下,她开始采取有效措施帮助洋洋克服自卑,培养自信。不久之后,自信的笑容又重回到洋洋的脸上。

解决方法

有一句教育名言这样说,要让每个孩子都抬起头来走路。"抬起头来"意味着对自己、对未来、对所要做的事情充满信心。任何一个人,当他昂首挺胸、大步前进的时候,在他的心里有诸多潜台词——"我能行!""我不比别人差!""我的目标一定能达到!""我是最棒的!""小小的挫折对我来说不算什么"……假如每一个小学生、中学生都有这样的心态,肯定能够不断进步,成为德智体全面发展的好学生。因此,激发孩子的自信,让孩子挺起自信的胸膛,是爸爸妈妈应该重视的问题。

那么,该怎样培养孩子自信的习惯呢?

(1)尊重孩子,帮助孩子建立良好的自我形象

自我形象就是自己对自己的看法与评估。由于孩子年幼,他们对自己的看法与评价一般先来自于成人对他的看法和评价。孩子自信心的形成与他们的爸爸妈妈有着密切关系,因此,爸爸妈妈需要尊重孩子,帮助孩子建立起良好的自我形象。

任何人都有自尊和被人尊重的需要,孩子也不例外。而自尊、被人尊重,是产生自信心的第一心理动力。孩子的自信首先来自于自尊,一个没有自尊的孩子是不可能有自信的。

尊重孩子不分时间和地点,也不分孩子是优点多还是缺点多。如果爸爸妈妈在孩子有成绩时就尊重他,在出现问题时就责怪他,任意褒贬,这就做错了;爸爸妈妈不妨用心理换位的方法想一想,自己有了缺点、错误时,希望别人怎样对

待自己。

在日常生活中,爸爸妈妈要把孩子当成与自己平等的人,有意识地让孩子参与一些家庭的事务,与孩子讨论一些家庭中的事情,让孩子感觉到自己的能力和爸爸妈妈对自己的信任。

尊重孩子,就不能对孩子说有辱人格、有伤自尊的语言。爸爸妈妈千万不要经常对孩子说:"你真没出息!""小孩子懂什么!""大人的事,小孩子知道什么?"这样,孩子就会觉得自己无法获得爸爸妈妈的信任,从而无法获得自信。尊重孩子,尤其不能随意辱骂、惩罚和殴打孩子,辱骂、惩罚和殴打是最伤害孩子自尊心的。请爸爸妈妈记住,千万不要为了自己的尊严而伤害孩子的自尊。

(2)告诉孩子"你能行"

缺乏自信的孩子由于长期处于这种状态,已经在心中建立了消极的自我预言,即"我是没用的""我很没信心"等,这种心理让孩子越来越不敢尝试新的事物、越来越没有信心。因此,爸爸妈妈在平时的生活中可以有意识地忽视孩子缺乏自信的表现,而在孩子表现出自信的时候及时给予积极的表扬和鼓励,让孩子淡化"我无能"的心理,树立起"我也行"的心理。

这方面不如别人,但是完全可能在其他方面超过别人。这时,爸爸妈妈还可以教孩子运用积极的自我暗示法进行自我激励,如"我一定能行的""我书法能学好,其他的肯定也能学好""我真是一个写作文高手呀"这些积极的自我暗示可以让孩子从对某件事的良好感觉中扩散出去,从而形成良好的自我感觉。

因此,爸爸妈妈要多鼓励孩子参加课外活动,让他们在学业之外培养其他兴趣与爱好,鼓励孩子参加社区义工活动,让他们多接触那些需要别人关爱和帮助的人群,这些都能增进孩子的自信心与自尊心。另外,培养孩子的自信心必须要与老师配合,让孩子在学校也能得到成功的机会,得到鼓励而不是贬抑。

(3)随时巩固孩子的自信

巩固孩子的信心是一个不间断的过程,当爸爸妈妈看到孩子因不断成功而树

要重视孩子的心理身体

立起信心时，千万不能以为大功告成了，要不断鼓励孩子，巩固其自信心。孩子只有在不断的鼓励中，通过自己不断的努力来树立起自信。

如果爸爸妈妈经常挑剔孩子，孩子刚刚形成的自信很快就会消失。有一个10岁的女孩，非常喜欢弹钢琴，弹的曲子非常优美，而且，她还每天坚持练习好几个小时。另一个孩子的妈妈见此情景，对女孩的自信和努力非常好奇，就问女孩的妈妈："你的孩子怎么如此自觉弹琴呀？而且，她看上去非常喜欢弹钢琴。"女孩的妈妈淡淡地笑了笑说："我虽然不懂音乐，但是我懂得欣赏自己的孩子，每当她练琴的时候，不论好坏，我总是对她说'孩子，你今天弹得更好了，比昨天进步了。'我是她最忠实的听众，孩子非常会弹琴给我听。"

由此可见，随时巩固孩子的自信是需要时间和耐心的。在这一过程中，爸爸妈妈要注意以下几个原则：第一，不要讽刺孩子，以免孩子受到不同程度的打击；第二，不要过分赞扬孩子，以免孩子产生骄傲情绪。只有随时、恰当的鼓励，才能不断提高孩子的自信。

（4）允许孩子犯错误

爸爸妈妈总是对孩子的错误非常在意，而事实上，犯错误对孩子来说是不可避免的。一个孩子如果不犯错误，他就永远不可能成长。

对于爸爸妈妈来说，怎样对待孩子的过失或者错误呢？几乎每一位教育专家都认为爸爸妈妈应当允许孩子犯错误。美国宾夕法尼亚心理学家莱顿说："讲述你自己曾经犯过的过失，承认过失，向孩子们解释为什么你会犯这个过失，告诉他们，你下次将会怎样用不同的方法去避免重犯。"美国家庭问题专家恩说："告诉孩子们，大胆尝试或出现过失都不要紧，一个人第一次做某件事无不期望做得完美无缺。而实际上，在相当多的情况下这是不可能的。"

心理学家塞奇斯对爸爸妈妈们说："从犯过失的痛苦中走出来，不要老是盯着孩子的过失不放，应该去赞扬孩子们尝试活动的努力和勇气。""把孩子最近的成果与他自己以前的成果相比较，而不是与别人相比较。如果孩子拥有一个充

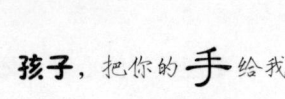

满爱的家庭,他们几乎可以从所有的过失中得到益处。"

因此,爸爸妈妈在日常生活中要用全面的眼光看待孩子,用发展的眼光看待孩子。有了这样的观念,就不会一叶障目,也不会因孩子一时表现欠佳而大发雷霆。

16　孩子抑郁解决方法

重视理由

抑郁是孩子的一种不良情绪,是由他们日常生活和学习中一些不良的情景或事件引起的,这种不良情绪能够造成孩子的悲伤或痛苦,消磨孩子的才华与斗志。

追根溯源

抑郁是一种情绪状态,它是一种忧愁和伤感的情绪体验。孩子的抑郁一般表现为情绪低落、心情悲观、郁郁寡欢、闷闷不乐、思维迟缓、反应迟钝等。抑郁的孩子在认识上表现出负性的自我评价;在动机上表现出对各种事物缺乏兴趣,依赖性很强;在躯体上会表现出明显的不适感,食欲下降或是食欲猛增,失眠或是过度嗜睡等。如果孩子过分抑郁,则会导致抑郁症,令许多爸爸妈妈为之苦恼。

抑郁是一种不愉快、以心情低落为主的不良情绪。

专家研究表明,大约四分之一的人一生中都曾有过抑郁的情况。中小学生的抑郁是他们在日常生活和学习中对一些不良的情景或事件的情绪反应,是一种不愉快、悲伤或精神痛苦的表现,可能是暂时的,也可能是持久稳定的。

专家认为,孩子抑郁症的高发期主要是进入中学之后,因为此时大多数孩子都开始步入青春期,而青春期又是心理学家公认的危险期或动荡期。由于孩子青

要重视孩子的心理身体

春期的心理不成熟和不稳定，这个时期的孩子还没有具备适当的能力和技巧去面对挫折，因此，抑郁情绪便成为这个时期孩子生长和发育的不良情绪，有的表现为心境多变、偏激或突然的情绪摇摆，有的表现为反抗行为，常招致爸爸妈妈和老师的反感，也有的表现为易生气、烦躁和不安、逃学、冒险、吸毒甚至有自杀的念头……总之，孩子的抑郁表现千姿百态，有的是成人常见的抑郁反应，也有的是情绪异常。

孩子的抑郁情绪主要是由两个方面原因造成的，即个体内部的性格特点和心理过程。

具体来讲，其主要有以下几个因素：第一，认知和评价因素。青少年时期，由于个体的心理发展还不够成熟，看问题容易片面和极端，常常不能系统、全面、客观地反映现实。有抑郁情绪的人对现实世界的认识和评价往往是偏离或歪曲的。第二，归因因素。有抑郁情绪倾向的人对失败或不利的情况做归因时，往往认为失败是自己造成的，原因是比较稳定的。第三，自主性因素。有抑郁倾向的人对自己的行为结果控制感低，因而自我评价低，这样就导致个人不敢开拓自己的行动范围，行为模式僵化，思维不开阔，其结果是无法得到自己预期的结果，于是进一步强化了消极的自我评价，时间一长便很容易导致恶性循环。

为了孩子能够顺利成长，爸爸妈妈要密切关注孩子的情绪和心理发展，决不能让抑郁成为孩子健康成长和发展的暗礁。

榜样魅力

6岁的乐乐已经上幼儿园大班了。一天，妈妈从幼儿园接乐乐回来时发现乐乐有些闷闷不乐。妈妈问道："乐乐，今天幼儿园有什么高兴的事呀？"

"今天一点都不好玩。"乐乐不高兴地回答。

"为什么呀，出了什么事吗？"妈妈问道。

"今天幼儿园来了一个新同学，他很会说话，老给同学讲搞笑的事情，同学

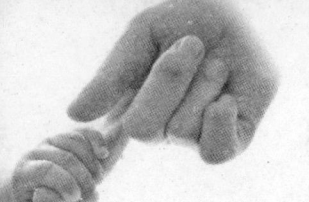

们都不理我了！"原来，乐乐今天在幼儿园里受到冷落了。

"那不是很有意思吗？以后，你每天都可以跟这样一个会说笑话的人玩了，你不高兴吗？"妈妈引导乐乐。

"可是，同学们都不理我了呀！"乐乐有些着急了。

"只要你和同学们一样与那位新同学玩，你们不是都可以玩得很开心吗？其他同学还是跟你一起玩的呀！是不是？"妈妈问道。

"嗯，好像是。"显然，乐乐同意了妈妈的看法。一路上，乐乐又恢复了往日的快乐。

解决方法

对于已经有了抑郁表现的孩子，教育专家认为下列方法有助于爸爸妈妈对孩子抑郁心理的矫治：

（1）教导孩子要理智调节自己的情绪

"人受困扰，不是由于发生的事实，而是由于对事实的观念。"这句至理名言说明了一个道理：让孩子感到抑郁的并不总是糟糕的事情，而常常是孩子对事物的消极认识。因此，当孩子情绪低落、抑郁的时候，爸爸妈妈需要冷静、理智地帮助孩子分析他们对事物的认识是否正确、考虑得是否周到。如果能帮助孩子主动调整自己的看法和态度，纠正认识上的偏差，用理智控制消极情绪，就可以使消极情绪减弱并最终消除。

（2）引导孩子转移调节

转移调节就是根据自己的要求，有意识地把自己的已有情绪转移到另一方面，使消极情绪得以缓解。在孩子心情低落的时候，爸爸妈妈可以寻找一些令孩子开心或是振奋的事情，比如和同学讲讲笑话、打打球，或是出去踏青等，让愉快的活动占据孩子的时间，让时间的推移来逐步消化他们心中的积郁，用积极的情绪来抵消消极的情绪。爸爸妈妈要教孩子千万不要一个人闷在自己的世界中，

要重视孩子的心理身体

陷入到"死胡同"。

（3）教导孩子学会适当地宣泄

台湾作家罗兰在《罗兰小语》中写道："情绪的波动对有些人可以发挥积极的作用。那是由于他们会在适当的时候发泄，也会在适当的时候控制，不使它们泛滥而淹没了别人，也不任它们淤塞而使自己崩溃。"由此可以看出，适当地宣泄情绪具有积极作用。情绪的宣泄有很多种方法，比如：倾诉、哭泣、高喊、运动等。适度的宣泄可以把不愉快的情绪释放出来，使心情平静。当孩子心中有烦恼和忧愁时，爸爸妈妈要教导孩子向老师、同学、爸爸妈妈以及兄弟姐妹诉说，也可以用写日记的方式进行倾诉；当其情绪低落时，也可以大哭一场；在自己什么事情也不想做的时候适当地运动，使自己精神振奋。但是，在宣泄自己情绪的同时要注意时间和场合，不要伤害到别人与自己。

（4）对孩子适时暗示

暗示是通过语言的刺激来纠正或改变人们的某种行为状态或情绪状态。爸爸妈妈可以通过自己的积极暗示来减少或是消除孩子的低落情绪。比如说，当他们情绪低落、抑郁的时候，爸爸妈妈应告诉他们："忧愁于事无补，还是面对现实吧。"在早上起床的时候告诉他们："新的一天开始了，昨天的忧伤已经过去，你要开开心心地度过今天。"这些都是很好的积极暗示，它们会悄然改变孩子的心境。

（5）对孩子进行目标激励

当抑郁情绪缠绕着孩子时，孩子什么事情也不想做，什么事情也不愿想，没有目标、没有方向，完全处于一种迷茫的状态。这时应该引导孩子为自己树立一个目标，最好是一个近期目标，使孩子有方向感，不会感到无事可做。爸爸妈妈应教导孩子在给自己树立目标的时候一定要实事求是，一定要树立起自己在近期内能够完成的目标。

如果用上面介绍的五种方法还不能解决问题的话，爸爸妈妈可以向孩子的老师、朋友或是向心理辅导老师求助，让孩子把烦恼和想法说出来，这样会帮助孩子更清楚地认识自己，能够帮助孩子成长。同时，听听别人的看法和建议，综合平衡一下，就不难找到方法，然后适时运用、对症下药，从而帮助孩子从"死胡同"里走出来。

17 孩子焦虑如何面对

重视理由

焦虑是孩子较常见的一种情绪障碍。焦虑总是和精神打击以及可能的威胁相联系，让孩子感到恐惧、烦躁、担心、紧张、不愉快甚至是痛苦，严重时还会伴有生理反应。过度的焦虑往往会严重影响到孩子的智力发展，并且容易诱发抑郁、孤僻、自卑等心理疾病。因此，当爸爸妈妈发现孩子的焦虑情绪后，应予以科学的引导，以便使孩子尽早摆脱困扰。

追根溯源

焦虑是一种很普遍的现象，几乎人人都有过焦虑的体验，但是许多人以为焦虑只是成人的"专利"，实际上孩子也有焦虑的时候。由于孩子年龄小，遇到突然发生的挫折和打击往往会承受不了，使幼小的心灵失去平衡，因此极易产生焦虑的情绪。在通常情况下，多数人的焦虑体验是暂时的，具有一定的防御作用，并不会对人体产生太大影响，但是当焦虑变得很严重并已逐渐影响到孩子的日常生活时，爸爸妈妈就要注意了。

焦虑的孩子对紧张压力异常敏感，他们不善于用语言及情感发泄来表达内心的焦虑情绪。有强烈焦虑体验的孩子，对外界事物比一般孩子敏感、多虑。他们常常是一些温顺、老实、守纪律的孩子，只是缺乏自信心，他们在爸爸妈妈心中是乖孩子，受到宠爱。他们平时克制自己的能力较强，对待事物认真、负责，

要重视孩子的心理身体

但是过分紧张，特别是对陌生环境、陌生事物更容易表现出焦虑的反应，惶恐不安。有的孩子对学习过度紧张，害怕考试成绩不好；有的到了新的学校，担心与同学处不好关系；还有的因为怕自己的缺点受到老师的批评，而不敢去上学等等。

一般来说，孩子的焦虑有以下类型：有因为神经系统发育不健全，对外界细微的变化过于敏感的素质性焦虑；由于突发事件使得孩子心理难以承受而整天担心害怕而产生的境遇性焦虑；由于与亲属特别是爸爸妈妈的分离而出现的心烦意乱，无心学习，甚至出现逃学、出走的分离性焦虑；由于爸爸妈妈对孩子期望过高，孩子害怕达不到爸爸妈妈预期的要求，担心受到责备而产生的期待性焦虑；还有由于家庭不和睦使孩子生活在矛盾重重的环境中从而产生的环境性焦虑。

无论孩子属于哪一类型的焦虑，都与爸爸妈妈不良的教育方法有关。有些爸爸妈妈对孩子百依百顺、过度呵护，当孩子走出家庭进入社会后就如温室的花朵，经不起风吹雨打，即使是一点不顺心的事也会使孩子产生过度的焦虑。有些爸爸妈妈"望子成龙，盼女成凤"心情过于急切，不考虑孩子的负荷能力，对儿童要求过高，甚至过度惩罚，这些都会使孩子产生身体不适，如"写不完作业，不许出去玩，不准看电视，做错一道题罚十道"等，以至于使孩子整天都处于紧张状态，从而出现很强的焦虑反应。

榜样魅力

张敏敏是一个上初中的女孩。在学习上，敏敏的各科成绩都较为理想，但就是怕考数学。为什么呢？因为初一年级第一次期中考试她就栽了跟头——数学只考了六十几分。从此之后，只要考数学，敏敏就吃不下饭、睡不好觉，生怕数学考不好。因此，每当考数学的时候她就十分紧张，尽管她一再告诫自己沉住气静心去答题，可就是紧张得头顶手心都有些冒汗。若有一点不顺利便觉得耳旁有千军万马一样混乱，种种不好的考试结果让她心惊胆战。每次数学卷子发下来之

后，虽然成绩较为理想，但考试时的状态实在是不好。其实，在上小学的时候，张敏敏的数学一直都名列前茅，只是因为初一那次期中考试的失误才变得像现在这样一考数学就紧张害怕。爸爸妈妈、老师告诉她不必这样压抑，而应适当放松，但就是不管用。

后来，张敏敏的爸爸带她去看了心理医生，心理医生听了敏敏的叙述后，告诉她这是一种反射性心理异常，通常在称为焦虑症。对于敏敏的情况，医生建议敏敏的爸爸平时多对敏敏进行有针对性的训练。比如，自己设计几张数学试卷，星期天就让敏敏像真正的考试那样考一下。在考试的时候，应尽量模拟学校考试的各种氛围。

后来，在老师的配合下，张敏敏班上的几个朋友一同参加了对敏敏考数学紧张的矫正训练，经过一段时间之后，她终于不再害怕考数学了。

解决方法

焦虑是青少年中较为常见的一种情绪障碍，这种情绪往往和精神打击以及将来的、可能的威胁或危险相联系，在主观上感到恐惧、烦躁、担心、紧张、不愉快甚至痛苦等难以自制，严重的时候还会伴有一定的生理反应。

那么，爸爸妈妈该如何帮助孩子预防焦虑呢？

（1）对孩子的期望与要求应合理

现在的孩子尤其是独生孩子，担负着好几代人的希望，爸爸妈妈难免会对孩子提出这样那样的要求，但是一旦要求失当，就会对孩子产生不良影响。所以，爸爸妈妈一定要注意提出的要求要顺应孩子的生理和心理特性。同时，应尊重孩子，不能苛求孩子，当孩子未达到要求时千万不要嘲讽挖苦，或者板着脸不搭理，这样会使孩子感到压抑，或是出于逆反心理而对抗，从而加重孩子的焦虑。爸爸妈妈应给孩子一定的自主权利，与孩子谈话时应平等商讨，如果孩子脾气倔强也要耐心教育，不要用命令、训斥的口气，甚至采用粗暴和强制的方法，须

要重视孩子的心理身体

知，任何与孩子心理和生理不适应的行为及方式都是错误而有害的。

（2）改善家庭环境

要防止儿童过度焦虑，作为爸爸妈妈，应尽量给其一个宽松的环境，切不可动辄就施高压搞处罚。爸爸妈妈有责任和义务提高自己对孩子的管理、教育能力，及时发现并解决孩子产生的问题。平时，应尽量每天抽出几分钟时间与孩子交心，一方面拉近爸爸妈妈与孩子的距离，另一方面增进感情。要把孩子培养成自信、豁达、活泼、开朗的人，而要做到这一点，家庭环境一定要整洁、朴实、有条理；家庭成员之间要和睦、民主，有意营造一个良好的生活环境和家庭氛围，这是让孩子远离焦虑、实现健康成长的一个重要条件。

（3）恰当地指导孩子

当孩子对某事表现出过强的焦虑时，爸爸妈妈应引导孩子讲出自己所担忧的事情，对孩子的痛苦表示同情，并尽量消除孩子的顾虑，帮助孩子控制不安与失败的心情。由于焦虑往往是和紧张的气氛相联系的，所以爸爸妈妈可以经常带孩子进行户外活动，或让孩子参加体育锻炼，这都有益于孩子保持乐观的情绪，消除焦虑的不良影响。任何恰当的指导，对孩子都是有益的。

（4）爸爸妈妈需要自我反省

孩子如果容易紧张、焦虑，爸爸妈妈需要自我反省：和孩子之间是否存在关系不良？和孩子的沟通怎么样？对孩子有没有过多的批评和指责？在教育理念和方法、技巧上需要做哪些调整与改变？如果爸爸妈妈自身难以调整，应该寻求专业人士的帮助。

（5）帮助孩子检测不合理的思维

如果孩子的个性气质容易紧张、焦虑和恐惧，爸爸妈妈应当引起重视，帮助孩子澄清认识。有些孩子的焦虑往往不是真实的困难造成了焦虑，而是不合理的消极思维和臆测夸大了困难，贬低了自己的能力。所以，帮助或者识别、监测不合理的思维和担忧，代之以合理思维，对于预防焦虑的发生很重要。

而对于胆小怯懦、优柔寡断的孩子，需要多给予鼓励和肯定，促使其尝试探索、冒险和犯错，不惧怕承担责任。如果自己无法帮助孩子，应当尽早寻求专业人士的帮助。

（6）敦促孩子加强体育锻炼

体育运动可以促进大脑内啡肽的分泌，增加愉悦感。另外，还可以促进血液循环，增加大脑的血氧含量，消除大脑疲劳。游泳、打羽毛球、踢足球、打篮球、跳绳均可。体育锻炼可以消除紧张和疲劳，提高孩子对紧张情境的心理承受能力，增进意志力。

（7）尝试音乐疗法

在家庭中，选择一些曲调比较舒缓、柔和、优美的音乐，如《春江花月夜》、《渔舟唱晚》、《步步高》、《喜洋洋》等古典名曲或莫扎特、舒伯特的音乐，经常播放，有助于调节并梳理情绪。

（8）调整孩子的食物结构

在孩子每天的膳食中，应当注意搭配足够的蛋白质、水和热量，特别是新鲜蔬菜和水果。研究已经证明：缺乏维生素可以造成疲劳，并且难以缓解，维生素B1、B6、B12和维生素E、C对活化脑细胞、增加脑细胞的能量供应和恢复脑功能起到重要作用，对消除压力造成的脑疲劳和失眠都有助益。

（9）对孩子采用行为调节法

行为调节的方法有很多，如深呼吸和心理放松疗法等。有效的行为调节方法无疑是焦虑症孩子的福音。

18 孩子恐惧怎么给予排解

重视理由

胆怯就是人们对某种事物或特定对象的恐惧、畏缩。胆怯现象在孩子的生活

要重视孩子的心理身体

中非常普遍。过度的胆怯心理不但会影响孩子正常的生活与学习,而且对孩子的成长也极其有害。

追根溯源

孩子胆小,对什么都感到害怕,原因是他有许多恐惧感。例如对陌生环境的恐惧、对痛楚的恐惧、对人的恐惧等。由于孩子被恐惧困扰,从而产生胆怯,久而久之便会形成软弱的性格。这些多源自大人对小孩子严密的保护,令孩子觉得自己很脆弱,需要依赖大人,一旦大人不在身边就会感到害怕。

哈佛大学的沃伦·谢利教授认为,要培养孩子的坚强、自信,给孩子战胜胆怯和软弱的勇气,就要消除他们内心的恐惧,时时细心观察孩子的不安情绪,及时给予安抚,并一一设法解除孩子的不安,给予适当的爱护。千万不要说恐吓的话,以企图令孩子害怕而不敢犯错。虽然这个方法可以收一时之效,但因此所带来的不良后果将会影响到孩子的一生。试想,一个胆小怕事的孩子如何能独立起来,去面对成长过程中的种种问题?

谢利教授还指出,令孩子胆小的另一个原因是以往失败的经验。所以,当他们偶尔失败时家长不要责骂,在可能的范围内应故意忽略他的过失,可以不追究的就不要追究。如果孩子因为失败而感到不安,必须加以安慰,用简单的话语向他解释失败是每一个人都有的经验,给其机会再尝试,帮助孩子找回信心。真要责备的时候,可以先说出他的优点,稍加称赞,再指出他的错处;若有成就,应加以称赞,建立起他对自己的信心。

此外,如果出现一个比他优秀的孩子,令他觉得自己不如人,也会因此而失去信心,在别人面前变得胆怯,不敢表现自己。这时候爸爸妈妈的鼓励是非常重要的,千万不要只顾称赞别人而忽略了自己孩子的感受。鼓励他向别人学习之余,更不可贬低他的价值和才能;恶意的批评,会使孩子变得消极。

不要因为孩子胆小而用恶言骂他,例如"胆小鬼""没有用""没出息"等字

眼，更不要当众斥责，让他在众人面前抬不起头来，这样最容易伤害到孩子的信心；相反，爸爸妈妈应体谅他、了解他的感受，向他表示自己对他的支持，教导他随时把恐惧说出来。如此，孩子才能知道他的问题所在，并予以适当的化解。爸爸妈妈的支持能使孩子觉得有依靠，可以壮大胆量。但是，爸爸妈妈对胆怯的孩子，只可以表示同情和谅解，并予以安慰、解释和引导，千万不可以强迫孩子去做他感到害怕的事，这样会使他压力更大而吃不消，以致产生更大的恐惧。

在孩子的成长过程中，为了要他成为一个勇敢的人，爸爸妈妈必须放开手脚，因为过分的保护会令孩子怯弱。

榜样魅力

有一次，罗娟娟因着凉患了感冒，吃了一些药后仍然不见效，后来还发起了高烧。妈妈赶忙去请大夫。大夫说，立刻需要打针，否则高烧有可能导致肺炎。说话时，大夫显得很平静，因为他天天要给无数个病人打针，而妈妈却有些担心，不由自主地皱紧了眉头。

虽然罗娟娟第一次听说打针这个词，但看到妈妈的紧张样子，再望一眼忙碌中的大夫在摆弄针头、药品，她的心猛地抽紧，哇哇地哭了起来。大夫将注射器准备好一针扎下去后，罗娟娟顿时哭得更厉害了。后来妈妈想了想，罗娟娟之所以害怕，大概是因为看见了自己担心的表情，因为自己的表情告诉她这是件很严重的事情。

妈妈想，如果罗娟娟连打针都害怕，怎么能成为一个勇敢的人呢？想到此处，也为自己当时过分的担心而感到脸红。于是，在罗娟娟第二次打针时，妈妈采取了另外一种态度。

第二天，大夫按约定的时间到了罗娟娟家。罗娟娟一见大夫进门就立刻躲进了自己的房间。大夫看到她的模样，一下子就笑了起来："喂，小机灵，不要害怕，我可不是个大坏蛋。"

要重视孩子的心理身体

"罗娟娟,快出来,大夫是来给你治病的。"罗娟娟对妈妈的话装作没有听见,仍然躲在房间里。

妈妈只好把大夫带进她的房间。

这一次,妈妈采取了非常平静的态度。

"罗娟娟,打针并不可怕,不是吗?昨天你刚打过,并没有什么呀?"

"可我害怕疼……疼……"

"没有什么好害怕的,妈妈在小时候打过无数次针,也没有受到什么损害。何况,为了治病忍受一点疼痛有什么关系呢?我相信你是个勇敢的孩子。"

罗娟娟一听到"勇敢"这个词,顿时就忘记了害怕。这一次,罗娟娟不但没有哭,还不停地与大夫说这说那。

解决方法

如何帮助孩子克服恐惧心理呢?有关专家向爸爸妈妈们提出了如下一些建议:

(1)帮助孩子树立战胜恐惧对象或环境的信心

孩子感到害怕时,爸爸妈妈不该嘲笑或处罚他们。如果孩子害怕一个人在房间里而不关灯睡觉,可以在他的床头上装一个灯的开关,让他掌握或明或暗的主动权,帮助他消除恐惧。

(2)说明理由

经常给孩子讲一些有趣的知识,有助于消除他们的恐惧心理。如有的孩童害怕蜜蜂,可耐心地向他解释蜜蜂是如何辛勤劳动、采花粉酿蜜的,只要人不惹它,它就不会蜇人。

(3)榜样塑造法

实验表明,榜样可以帮助儿童克服恐惧心理。因为儿童总是模仿爸爸妈妈

的，爸爸妈妈的果敢无疑是孩子最好的榜样。

（4）预防恐惧情绪的发生

假如孩子第一次上学感到害怕，那么开学前应带孩子去参观一下学校，让他对新的环境有所认识，从而加速适应。

帮助孩子克服恐惧情绪的方式、方法有很多，没有定式，不可拘泥，可以因人、因时、因地而采取最适宜的方式、方法。比如，画画可以帮助孩子克服恐惧心理，爸爸妈妈可以找机会让孩子画出他的恐惧以及怎样去战胜这些恐惧。孩子画得越有激情越好。爸爸妈妈可以让他把自己画成勇士，拿着大棒、长枪、大炮等，让他尽情向恐惧发泄，而爸爸妈妈则可夸奖孩子所取得的胜利。

爸爸妈妈还可以编排小话剧，让孩子通过表演来克服恐惧。在家里演小话剧时，道具应简单：两把椅子、一块幕布、几个娃娃。最好同孩子一起表演。如果他拒绝，就先让他当观众。最理想的方案是，孩子是唯一的演员，其他人都是观众。在表演中，让孩子说出他心目中最可怕的东西，而后是战胜它们的方法以及最后的胜利。

总之，要理解孩子、爱护孩子，用孩子乐意接受的方式方法，帮助他们在游戏、玩耍、生活起居中潜移默化地顺利克服恐惧的情绪。

19　孩子虚荣心强的解决方法

重视理由

虚荣心强的孩子在成长中经常会出现各种问题，如为了满足其虚荣心而经常说谎、情绪不稳定、不认真学习、缺乏意志力等。其中，虚荣心强对孩子来说无疑是一种可怕的不良心理。心理学家认为，虚荣心是以不适当的虚假方式来满足自尊的一种心理状态。虚荣心是为了取得荣誉和引起普遍注意而表现出来的一种不正常的社会情感。爸爸妈妈对虚荣心较重的孩子不能掉以轻心，而应当采取必

要重视孩子的心理身体

要的方法加以纠正。

追根溯源

虚荣心的产生与孩子满足自尊心的需要有一定关系。每个孩子都有受尊重的需要。一般来说，尊重的需要可以通过许多正当的手段来获得满足。可是，也有一些孩子在尊重的需要得不到满足，或者尊重的需要可能受到某些挫折时，便通过不适当的手段来获得满足，这就是虚荣。因此说，虚荣心是一种扭曲了的自尊心。

在汉语中，虚荣往往会与虚假、虚伪、撒谎、欺骗、浮躁、出风头等词语联袂出现。心理学认为，虚荣心是以不正当的方式保护自尊的一种心理状态。它是为了获得他人的尊重、关注、钦佩、羡慕、崇拜而表现出来的一种不恰当的社会情感。它不仅会伤害他人(包括自己最亲的人)，还会伤害自己。

虚荣也可能与懒惰有关，有些人有能力，也想取得好成绩，但不肯踏踏实实地学习、工作，吃不起苦，因而只好不择手段地去追求荣誉。

不良的社会风气也可能导致不少孩子的虚荣心，如当周围的许多人都在弄虚作假时，本来诚实的孩子也会抵挡不住诱惑而随波逐流。近年来，不少人在找工作时伪造荣誉证书、外语和计算机等级证书等，其中有其自身修养方面的原因，但社会上的腐败、浮夸风气和竞争机制的不健全，也在一定程度上起到了诱导性作用。

虚荣心与表演型人格障碍有着雷同之处。有表演型人格障碍的人情感外露、肤浅、夸张，性格戏剧化，追求剧场效应，受暗示性强，感情容易受到伤害，渴望他人的注意、赞扬。虽然他们的行为表现与虚荣心非常相似，但其属于心理障碍，需要接受心理治疗。

榜样魅力

据报载，某市曾发生过一起重大盗窃案，作案者是两名中学生。他们为了

追求物质享受，与别的同学攀比，在虚荣心的驱使下盗窃了一居民家中的46万元钱，然后乘船去上海，在短短的四天之内挥霍掉了所有的钱，平均每分钟花钱60元。他们购买最贵的衣服，到最高级的饭店吃饭，住最豪华的旅店，并且专门租了一辆车带他们四处享乐，真是奢侈至极。

这个案件中的作案者之一秦涛生活在农村，自幼丧父，靠母亲一个人干活儿养家。虽然家庭条件不好，但妈妈从来不让秦涛在吃穿上受委屈，凡是别的孩子有的，秦涛都会有。她觉得孩子已经缺少了父爱，如果在物质上再比别人差，那就太可怜了。所以，妈妈平时总是省吃俭用，对秦涛提出的要求从不拒绝。秦涛在小伙伴中间算是很气派的一个，他感到很满足。从小学到初中，秦涛的学习成绩一直都很好，在妈妈和老师眼里，秦涛是一个好孩子。

但是自从秦涛上了省城的高中后，情况却发生了很大的变化。高中的同学和他以前的同学家庭条件不一样。现在的同学们的爸爸妈妈都是高收入者，花钱如流水，穿的都是名牌，用的都是高档产品。相比之下，秦涛显得十分寒酸，以前的优越感再也没有了，秦涛的心理便严重失衡。他不甘心落于人后，于是他每次回家都向妈妈要很多钱，和同学们比吃比穿来满足他的虚荣心。起初妈妈还大方地给他，但后来妈妈实在承受不了，好几次都拒绝了他。秦涛见妈妈这个经济来源断了之后，就动了邪念："别人有的我为什么不能有，这不公平。"在这种想法的驱使下，秦涛开始偷同学的钱，几次偷盗都没被发现，这更增加了他的侥幸心理。在金钱的诱惑之下，他越陷越深，最后伙同另一少年作案，被公安机关抓获，受到了法律的制裁。

在身陷囹圄后，秦涛终于认识到是虚荣心害了自己，是追求荣耀的自我意识害了自己。秦涛从劳教所出来后，痛改前非，变成了一个勤奋进取、踏实有孝道的好孩子。同学和邻居也都改变了对他的看法，一提到他便纷纷竖起大拇指。

要重视孩子的心理身体

解决方法

爸爸妈妈纠正孩子的虚荣心应当采取如下方法：

（1）应以身作则，不要同别人攀比，以免孩子模仿

爸爸妈妈是孩子的第一任老师，他们的一言一行都会影响到孩子，因此，爸爸妈妈必须以身作则，为孩子树立榜样。爸爸妈妈首先要摆正自己的心态，不要同别人攀比，盲目追求物质享受。爸爸妈妈也不要总是给孩子买东西，习惯性地给孩子买各种礼物，因为如果形成习惯，孩子就会感觉他得到这些礼物是应当的，而且需要你不断给他买，他的虚荣心就会不断膨胀。

（2）要注意孩子心态的变化，多给孩子讲道理

有的爸爸妈妈为了孩子不受委屈往往会满足孩子的要求，还有的爸爸妈妈对孩子则采用先吼后打的办法，让孩子有理说不出。其实，最好的办法是多给孩子讲道理。爸爸妈妈应告诉孩子，与别人攀比、拥有名牌并不意味着拥有了较高的地位，只有依靠自己的努力取得成功才能获得别人的尊重。爸爸妈妈应教孩子根据自己的需要买东西，而不要为了同别人攀比买自己不需要的东西，让孩子学会理性消费，还可以把家中的收入支出讲给孩子听。

（3）要创造机会，让孩子通过自己的劳动获得想要的东西

如果孩子的要求是合理的，那么爸爸妈妈可以为孩子创造一些机会，让孩子靠自己的劳动挣来的钱购买所需要的东西。如让孩子做一些力所能及的事，分担一些家务，然后从中取得回报。一分劳动一分收获，一滴汗水一点回报，让孩子知道仅靠不停地向爸爸妈妈张口要这要那不仅不光彩，而且行不通。

（4）要客观地评价自己的孩子

作为爸爸妈妈不应该过分夸大孩子的优点，也不要掩盖孩子的缺点。对那些符合道德规范的行为，爸爸妈妈应给予表扬，但应适度。因为经常性的表扬会使孩子认为这些并不是他应该做的，一旦这样做了便能得到奖励。久而久之，孩子便养成了虚荣的坏习惯，而且越来越严重。对于孩子的缺点要及时指出，帮助他

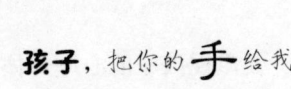

分析原因，并鼓励其逐渐克服。

20 如何对待孩子冷漠

重视理由

冷漠心态是人际交往的障碍。冷漠的孩子不可能保持积极愉快的情绪，与积极的情感背道而驰，冷漠的孩子缺乏同情心，久而久之，便会成为情感发展的障碍，长期发展下去就有可能转化为他的性格特征，危害其身心的健康发展。

追根溯源

冷漠，实质上是一种情感的萎缩。冷漠的背后是爱与被爱的缺乏。要想改变冷漠的心态就要让孩子从身边的小事开始，比如，每天多问候一声爸爸妈妈、多给朋友一个微笑、多为集体做一件好事、多看一眼今天明媚的阳光等。这样做，可以使孩子得到爱与热情所带来的充实与快乐。

冷漠的危害主要表现在以下几个方面：

（1）交往不畅

冷漠的心态使孩子不能深入到学校的集体生活中去，不能和老师、同学、同伴心灵相通，看不到集体生活的本质及真谛，看不到人的心灵深处那些高尚美好的东西，看不到真正的生活和真正的人生，看不到未来的希望与曙光，看不到挚友和知音，内心深处充满着孤寂、凄凉和空虚，从而阻碍其心灵的健康发展。

（2）易走极端

冷漠的心态容易使孩子压抑自己的热情和活泼的天性，造成心灵的麻木。冷漠的心态也容易使他们把自己从人与人之间互相依赖的密切联系中割裂开来，以"超脱"的"看透者"自居，以一种不以为然、讥讽、嘲笑的眼光看待一切，形成"事不关己，高高挂起"的人生态度，成为玩世不恭、消极混世的自怜者。

要重视孩子的心理身体

让孩子多接触大自然，如平时邀几个亲朋，到郊外去转一转，呼吸几口新鲜空气，这些都有利于将情感融入山水及田野之中，让自然之美来消除胸中的苦闷及抑郁。爸爸妈妈还可以通过引导孩子投入地欣赏艺术，忘却自身的苦恼，从而在心理上得到某种程度的放松。这些都是改变孩子冷漠心态的有效方法。

榜样魅力

坚持7年在"松堂临终关怀医院"安抚老人、为老人服务的女青年志愿者刘迟，是我国实施计划生育政策后的第一代独生子女。刘迟面容姣好，嘴甜、伶俐，是历任老师的爱徒、同学中的楷模大家庭里的宠儿。刘迟的母亲是药剂师，她深知这一代独生子女自私冷漠、缺乏责任感等弱点，害怕在受宠环境中长大的女儿会染上"娇骄"二气，工作后走不好人生的道路，因此给刘迟开出了这样的"药方"——"待人要宽容、厚道""吃亏是福""没有受不了的苦，只有享不了的福……"

大学时期的刘迟每周日回学校，母亲就有意让她多带些食品给同学，刘迟向母亲保证"即使是一个苹果也能做到分6份"。刘迟是打着"预防针"长大的。16岁的刘迟要去松堂医院当志愿者，跟母亲要钱给老人买东西，母亲半信半疑道：我给她的钱是否会全用在松堂？于是母亲跟踪了女儿。结果，疑虑消散。母亲默默地用绿豆糕、酸奶、香蕉、豌豆黄等食品替换下女儿的"瞎买"。周末，她提醒女儿"别忘了看爷爷奶奶"。

刘迟18岁生日时，母亲给女儿写了一封信："爱祖国爱人民的口号，是很具体的爱，爸爸妈妈支持你的选择。"

刘迟20岁时候，姥姥腰椎骨折，刘迟对爸爸妈妈说："你们忙你们的，我来。"令母亲感动的是，一个暑假，刘迟都一丝不苟地照顾姥姥、接屎接尿、擦身喂饭。母亲以专业的眼光观察做了4年志愿者的女儿，"动作规范熟练"。她试探地问女儿："不怕脏吗？""脏什么，姥姥不也是一把屎一把尿地把我带大的？"

母亲通过此事相信："敢给松堂老人穿寿衣的女儿对老人错不了。"刘迟母亲也由此发现治疗小公主小皇帝"先天缺陷"的特效药就是——助人为乐。

解决方法

关注孩子健康成长的爸爸妈妈们，应当十分警惕孩子冷漠心态的滋生与发展。那么，怎样才能融化孩子的冷漠心呢？下面的方法不妨一试：

（1）带领孩子到生活中去感受"热心"的暖流

书画家为拯救灾民的义卖书画活动，社会各界为"希望工程"的捐助活动，为美化校园、每人献上一盆花的活动……老师、爸爸妈妈应创造条件、提供机会，让孩子去参与这些活动。

（2）强化孩子的"热心"行为

当孩子扶起倒在地上的自行车，当孩子给上坡的三轮车助上一把力，当孩子把自己的新书送给贫困地区的友伴，当孩子为正在口渴的奶奶送上一杯茶……当孩子做出这些热心行为的时候，爸爸妈妈应当及时地给予表扬、鼓励。这样，在强化孩子热心行为的同时也就抑制了其"冷漠"心态的生长。

（3）最重要的是训练孩子的"同理心"

所谓同理心，是指能站在他人的立场上，从他人的角度去思考问题、体验情感，亦即能设身处地想他人之所想、急他人之所急、乐他人之所乐。例如，可以开展"假如我是……"的角色换位活动，使孩子理解、体验假想角色的内心感受，改变原来的冷漠态度。一位下岗职工的孩子正是通过"假如我是下岗的妈妈"的角色换位活动，体验到了妈妈的烦恼，认识到妈妈的不容易，从而改变了原来的做法，与妈妈的心贴得更近、更亲了。

要重视孩子的心理身体

21 孩子嫉妒心强的解决方法

重视理由

嫉妒是一种消极、有害的心理。它会破坏人际关系，伤害同学间的友好感情，甚至会由于攻击情绪的发泄而造成悲剧。嫉妒心强的孩子，在伤害别人的同时也在用别人的优点来折磨自己，使自己难以摆脱愤怒、沮丧、怨恨、自惭、自责等消极情绪，致使孩子情绪低落，丧失自信和前进的动力。

追根溯源

嫉妒是人类的一种普遍的情绪表现。嫉妒之心，人皆有之，即使是孩子也不例外。我们常常看到两三岁的孩子看到妈妈抱起别人家的孩子，就会很快跑过去闹着要求妈妈立即抱自己。虽说嫉妒是一种可以理解的正常情绪反应，但这并不意味着爸爸妈妈可以采取听之任之、放任不管的态度。因为经常的嫉妒反应情绪会演变为人格的一部分。另一方面，孩子嫉妒心过强也容易受外界的刺激而产生诸多不良情绪，不仅影响进步，而且对身心健康也极为不利。

大约从一岁半到两岁起，孩子的嫉妒心理就开始有了明显而具体的表现。起初，孩子的嫉妒大多与母亲有关。如果自己的母亲将注意力转移到别的孩子身上时，其就会以攻击的形式对别的孩子发泄嫉妒情绪。例如，当母亲去抱别家的孩子时他就会很快跑过去叩叩人家的头，或抓他的脚，想把那个孩子支开，甚至骑到他的身上等等。这是幼儿在家中常会出现的嫉妒表现。

在幼儿园，幼儿之间相互比较的机会相对地增加了，嫉妒的形式也会随之发生变化。比如，在幼儿园里，他常常偷偷地把老师喜欢的那些孩子的东西藏起来或搞坏。又如在幼儿园上课时，假若老师夸奖别的孩子，他便会大声喊叫："我也会啊……"这样的例子在幼儿园中并不少见。

孩子的嫉妒具有外露性。孩子嫉妒的与大人嫉妒的不同之处，主要是不能有效地控制自己的情感。大人在感到嫉妒时心中虽然不高兴，但还会尽量忍受，也不会形之于色；而孩子却会直接而坦率地表露情感而根本不考虑后果。自己很想要的玩具妈妈却不给买，因而深深痛恨持有那种玩具的孩子，有时其甚至会把人家的玩具弄坏。孩子的嫉妒有时还具有攻击性和破坏性。

处在青春期的孩子，至少面临着三方面的压力和挑战：一方面身体正在快速发育，特别是性方面的发育和成熟使他们积蓄了大量的能量，容易过度兴奋；一方面是学习上的任务很重，不得不面对激烈的竞争，心理压力普遍比较大；另一方面，随着年龄的增长，他们渴望对外部社会有更多的了解，人际交往也逐渐增多，各种各样的信息纷至沓来，这就使得他们需要处理的问题越来越多、越来越复杂。这三方面的压力常会交织在一起，矛盾此起彼伏，虽说生活的内容大大丰富，但也不再像幼儿园、小学时那样单纯容易了。而这时，他们的大脑神经机制并没有发育健全，调节能力还比较差，因此面对各种压力和刺激便很容易产生心理上的不平衡。青少年又不像成年人那样善于控制或掩饰自己，常常喜怒皆形于色，便显得情绪忽高忽低、特别不稳定了。

虽然情绪不稳定是青春期的心理特点，但是由于情绪的波动会给我们的生活带来一定影响，比如影响到我们与他人的关系、分散我们的学习注意力，长期的恶劣情绪还会使人生病，因此还要学会调节自己的情绪。

榜样魅力

张君自幼聪明伶俐，深受亲友和师长的喜爱。在一片称赞声中长大的他渐渐变得异常争强好胜，容不得别人有任何强于他的地方。

张君喜欢打扮，而且总要和同学们比，有一次，一名同学买了一件非常漂亮的T恤衫，别人称赞不已。这可使张君不高兴了，暗中嫉妒，背后说那名同学的坏话。考试时，别的同学成绩考得高一点他也嫉妒，背后议论别人是事先知道了

要重视孩子的心理身体

题或者是碰运气。

最让张君痛苦的是,他的对手舒可居然竞选学生会主席成功了!张君为此食不甘味、寝不成眠、妒火中烧。他在连续几个的晚上失眠之后,终于做出了决定:写一篇诋毁舒可的文章发到网上,文章的题目就叫"为谋主席职,竟献青春身"。

文章在网上传播开后,舒可的名誉受到极大损害,被迫放弃了校学生会主席一职。张君暗自庆幸,但不久,几个警察便出现在他的面前。

经过训导员的教导,张君终于认识到是嫉妒心害了自己,他通过电话向舒可道歉,并表示会悔改。后来,在心理医生的辅导下,张君终于从心中清除掉了"嫉妒"这颗"毒瘤"。

解决方法

要纠正孩子的嫉妒心理,爸爸妈妈们应当从以下几个方面着手:

(1)建立良好的环境

嫉妒心理和行为的产生虽有多种原因,但从根本上讲是孩子自身的消极因素和外部环境的消极因素相互影响、相互作用的结果。如果在家里,成人之间互相猜疑、互相看不起,或当着孩子的面议论、贬低别人,会在无形中影响到孩子的心理。因此,爸爸妈妈应当在家庭中为孩子建立一种团结友爱、互相尊重、谦逊容让的环境气氛,这是预防、纠正孩子嫉妒心理的重要基础。

(2)要正确评价孩子

孩子都有喜欢受到表扬和鼓励的心理。表扬得当,可以巩固其优点、增强其自信心,促进他不断进步。如果表扬不当或表扬过度,就会使孩子骄傲,进而看不起别人,认为只有自己好,别人都不如自己,甚至当有人说别人好,没说他好时表现得难以接受。这是因为孩子年龄小,自我意识刚刚开始萌芽,他还不会全面地看问题,不能正确地评价自己和别人。他对自己的评价是以成人对其评价为标准的,所以爸爸妈妈要正确评价自己的孩子,不能因疼爱和喜欢就对孩子的品

德、能力的评价随意拔高，过分赞赏，以免孩子对自己产生不正确的印象。爸爸妈妈还要适当地指出其长处和短处，使孩子明白人人都有长处和短处，小朋友之间要互相学习，帮助孩子正确评价自己。

（3）帮助孩子提高能力

爸爸妈妈如果发现孩子在某些方面不如别的孩子，不要当面指责孩子不如别人，而应具体帮助他提高这方面的能力。如果有条件，爸爸妈妈可以请一个能力强的孩子来帮助自己的孩子做好一件事情，这样不但可以提高孩子的能力，而且孩子之间真诚友好的帮助也是克服嫉妒心理的良方。

（4）对孩子进行谦逊美德的教育

通常，嫉妒较多地产生在有一定能力的孩子身上，孩子往往因为自己有能力但没有受到注意和表扬而对那些受到注意与表扬的小朋友产生嫉妒。所以，在纠正嫉妒心理的同时还必须对孩子进行谦逊美德的教育，让孩子懂得"谦虚使人进步，骄傲使人落后"的道理，让孩子明白即使别人没有称赞自己，自己的优点仍然存在，如果继续保持自己的长处，又虚心学习别人的长处，自己的才干就会更强，就会真正地长久得到大多数人的喜爱。

（5）引导孩子树立正确的竞争意识

有嫉妒心理的孩子一般都有争强好胜的性格。爸爸妈妈要引导、教育孩子用自己的努力和实际能力去同别人相比，竞争是为了找出差距，更快地进步和取长补短，不能用不正当、不光彩的手段去获取竞争的胜利，要把孩子的好胜心引向积极的方向。

22 怎样解决孩子的自私

重视理由

在家庭中，有些孩子由于受到爸爸妈妈的过度疼爱，好玩的、好吃的均由孩

要重视孩子的心理身体

子一人享用,久而久之,会在孩子幼小的心灵中产生一种"以自我为中心"的意识,认为一切都是我的,慢慢养成了孩子自私自利的不良心理习惯,形成骄横跋扈的性格。如果爸爸妈妈不能及时纠正,这种自私心理便会严重妨害到孩子的成长。

追根溯源

自私是一种不成熟的行为。自私的儿童过分关心自己,只注意自己的欢乐和幸福,很少考虑他人的感受,一切以满足自己为主。

孩子为什么会自私呢?许多爸爸妈妈会感到不解。其实,从人的发展阶段来看,婴儿期是以自我为中心的时期。这是动物进化过程中的一种生存本能反应。2~5岁的儿童正在发展从多种角度、多种立场考虑问题的能力。最初,他们在观察事物、考虑问题的时候还不能超出其实际看到的范围。他们没有认识到人们从各种不同的立场,以不同的方式在看待同一个事物,他们很少知道别人会有与其有不同的情感。因此,儿童在对待事物和他人的时候总是直接地联系到自己,一切以自我为中心。

自私产生的原因,一方面是儿童有天生的利己倾向。在儿童心理发展未达到成熟阶段的时期,儿童往往会单纯地确定"我即世界",这种自我中心感虽然会随时间和经历的推移而逐渐转向接纳他人、减少利己行为,但儿童却仍会固执己见,不能接受公正、正确的意见。于是,儿童衡量外界的标准便是是否有利于他,相应的行为也如此。另一方面是爸爸妈妈在儿童成长过程中的错误教育所造成的。其一是面对孩子的思想、行为反复无常、表里不一时,对孩子嘲讽、鄙视,使孩子产生畏惧心理,缩回到自己的小圈子里,结果必然会导致自私心态的产生。其二是过分宠爱,爸爸妈妈总怕孩子受一点苦、受一点委屈,对孩子过分的需求总是有求必应,容忍、迁就孩子的错误,这样会使孩子变得很自大,不关心他人的利益,一切以自己为中心。这就是因为爸爸妈妈的过分宠爱助长了孩子

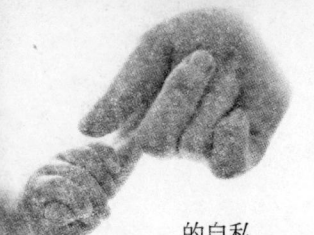

孩子,把你的手给我

的自私。

随着年龄的增长,儿童开始慢慢认识到除了自己以外还有别人的存在,在想到自己的同时必须要想到别人,这是一个很长的过程。爸爸妈妈的责任是训练儿童逐渐摆脱自我中心的束缚,逐步养成利他的行为。人类社会是比群体生活为特征的社会,它要求人们彼此之间必须要相互协调、关心和帮助。如果一个人总想到自己,就很容易变成一个自私、吝啬、冷酷残暴的人。

现在的孩子大都是独生子女,在家里,没有兄长伴他玩耍,没有弟妹要他照顾,好吃的食物爸爸妈妈都会留给他,图书、玩具也都为他个人所有。在这种环境中,如果爸爸妈妈不想方设法加以引导,只能使他们独占的意识膨胀,自我中心意识加强。再加上当今儿童普遍缺乏集体生活的体验,不会处理自己与他人的关系,因而往往就会表现出自私的一面。

因此,前苏联著名教育家苏霍姆林斯基一再指出:"要教育学生心目中有别人。""我们在教育上首先关心的是要让孩子体会到为母亲、为自己的同学而劳动的自豪感。见到她眼里闪烁着作为人的这种自豪感后,我才能说,现在,这个人身上的人性诞生了。"所以,爸爸妈妈在平时应当利用生活中的各种事情有针对性地教育孩子。例如,在孩子出外游戏时,爸爸妈妈要叮嘱其"不要调皮,小心汽车(这是教孩子注意自己)。""妈妈在家惦记着你(这是教孩子想到妈妈,想到自己的安全和妈妈也有联系)。"经常这样引导孩子想到别人,那么"别人怎么样"就会在他心目中留下深深的印记。

有时,为了避免孩子产生独霸和抢先的不良心理,爸爸妈妈应从吃喝这样的小事注意对孩子进行良好的品德教育。孩子假若在吃喝等日常生活上都目无他人,那么在别的事情上也会只想到自己而不关心他人。像前面提到的孩子吃独食的现象可能许多家庭都会碰到。爸爸妈妈要想纠正孩子的这个毛病,可以先从分食做起,即吃东西时家庭成员每人都有一份。即使为了保证孩子的营养让他多吃一点、别人少吃一点,也要让其知道,这不是他的特权——别人需要时,也有这

要重视孩子的心理身体

种权利。吃饭时,最好全家人一起吃,不可让孩子先上桌挑拣他爱吃的东西。平时应多注意培养孩子礼让长辈、礼让小朋友、礼让客人的好习惯。当孩子进行礼让时,应及时给予表扬和鼓励。

只要我们在平时注意加强对孩子的教育和引导,孩子在做事时就会想到别人,孩子的"利他行为"也就会增多。

榜样魅力

晨晨在家里是独生子,深受爸爸妈妈、爷爷奶奶的疼爱。从小时候起,家里所有的人都会不约而同地把好吃的、好玩的留给晨晨,晨晨逐渐地变得很"独"。曾经有一次,爸爸下班晚了,感到十分饥饿,便顺手拿起晨晨的饼干吃起来了。这些饼干已经买回来很久,晨晨根本就不喜欢吃。然而,晨晨看到后却不愿意了,让爸爸把饼干还给他,甚至伸手要到爸爸嘴里去抢,尽管妈妈一再表示第二天一定会给他买更多的饼干,但还是不能说服晨晨,他不仅哭闹,而且还躺在地上打滚,不依不饶的。最后,还是爸爸说带他去吃麦当劳才阻止了晨晨的哭闹。

晨晨对他的玩具更是丝毫不让别人碰。有一次,邻居家的小朋友金玲来玩耍,看到晨晨的电动火车非常好玩,便忍不住用手去摸摸,并且对晨晨说:"你的火车好神气呀!"他的眼神中无不流露出对那个小火车的喜爱,谁都能看出金玲是多么希望能玩一会儿。可是晨晨却很小气地将电动火车藏起来,并且对金玲说:"这个是我爸爸买来让我玩的,你回家让你爸爸给你买呀!"

晨晨的爸爸向专家请教后才明白:晨晨的表现就是我们日常所说的以自我为中心。

"以自我为中心"是孩子成长过程中出现的一种不正常心理现象,一味让孩子的这种思维方式发展下去,孩子就有可能变成一个自私自利的人,这种人在社会上是不受欢迎的,即使孩子的智商再高、能力再强,也会难以施展。在专家的

孩子，把你的手给我

指导下，晨晨爸爸对晨晨采取了有效的纠正措施，不久之后，晨晨身上这些自私的表现慢慢就消失了。

解决方法

在现实生活中，自私的孩子并不少见。自私虽然不是什么大毛病，但如果是一个什么都不愿与他人分享、独占意识很强的人，是很难与他人形成良好人际关系的。所以，从小克服孩子的自私，培养孩子与他人分享的意识很重要。为此，爸爸妈妈应当做到下面几点：

（1）不要溺爱孩子

孩子吃独食，不愿与他人分享，是与爸爸妈妈的溺爱密切相关的。很多爸爸妈妈出于对孩子的爱，把好吃的好玩的全部让给孩子，孩子偶尔想让爸爸妈妈分享，爸爸妈妈在感动之余却常会说："我们不吃，你自己吃吧。"而长此下去，就会强化孩子的独享意识，使他们理所当然地把好吃、好玩的东西据为己有。

（2）不能让孩子搞特殊化

在家庭生活中要形成一定的"公平"环境，这无疑对防止孩子滋长"独享"意识有积极的影响。爸爸妈妈要教育孩子既看到自己也要想到别人，知道自己与其他成员是平等的关系，自己有愿望，别人也一样有愿望，好东西应当大家分享，不能只顾及自己而不顾别人。

（3）让孩子明白分享不是失去而是互利

孩子之所以不愿与人分享，是因为他觉得"分享就是失去"。爸爸妈妈应当理解孩子这种难以割舍的"痛苦"，让孩子明白，分享其实不是失去，它是一种互利。分享体现了自己对别人的关心与帮助，自己与别人分享了，别人也会回报自己同样的关心与帮助，这样彼此关心、爱护、体贴，大家都会觉得温暖与快乐。

（4）对孩子进行分享行为的训练可以从婴儿期开始

要重视孩子的心理身体

如孩子拿着镜子，爸爸妈妈拿着匙，爸爸妈妈温柔而愉快地递给孩子匙，然后从他手中拿走镜子，通过这样反复进行交换，孩子可以慢慢变得互惠利他和信任。

（5）给孩子提供分享的实践机会

经常让孩子与小朋友开展生动有趣的活动。孩子与小朋友们共同活动，共同分享活动的快乐。另外，应常创造孩子为爸爸妈妈服务的机会，如家里买了水果、糕点时让孩子进行分配，如果孩子分配得合理就及时表扬强化。

(6)自己为孩子树立榜样

爸爸妈妈要做与人分享的模范，经常主动关心帮助他人，如帮助孤寡老人、给灾区人民捐衣送物等。

23　孩子请不要染上网瘾

重视理由

网络成瘾，作为一种心理症状困扰着成长中的孩子。它诱发了孩子的"情感冷漠症"，使他们对外界事物失去兴趣，社交圈缩小，沉溺于虚拟的网络世界而不能自拔。网络时代的爸爸妈妈必须要采取有效措施，防治孩子的上网成瘾症。

追根溯源

今天，互联网已渗透到人们生活中的每一个角落，在人们能够想象的领域中它几乎无所不在。通过它，人们可以和朋友保持联系、浏览信息、听音乐、结识新朋友等等。网络生活已成为青少年生活的一部分。网络改变了人们的生活，这是不容争辩的事实，可是，它在给人们带来极大便利的同时却出现了新问题——网络成瘾。

在网络成瘾的早期，患者首先会逐渐感受到上网的乐趣，然后上网时间会不

断延长，由此出现记忆力下降等不良情况。有些患者晚上起床解手时都会情不自禁地打开电脑到网络上"溜达溜达"。患者开始时是精神上的依赖、渴望上网，后来发展为躯体依赖，表现为每天起床后情绪低落、思维迟缓、头晕眼花、双手颤抖、疲乏无力和食欲不振等，上网之后的精神状态才能恢复至正常水平。

对于迷恋电脑的危害，美国早就有发现。美国医生曾经发出过警告：长时间使用电脑的人患精神病的机会较常人高出4倍。那些平均每天使用电脑4小时以上的人，容易变得情绪不稳、忧虑及沮丧。

心理学家还担心，在网络和电脑中成长起来的中学生会患上"情感冷漠症"，表现为对外界刺激缺乏相应的情感反应，对亲友冷淡，对周围的事物失去兴趣；面部表情呆板，内心体验缺乏，严重时对一切都漠不关心。由长期使用电脑而导致的情感冷漠与普通的冷漠还有所不同。一般的冷漠可能是由于精神疾病所致，而这种冷漠可以说是由电脑引起的，患者不是对所有东西失去兴趣，而是把这种兴趣都转移到了电脑世界之中。

孩子的情感冷漠是一种心理障碍，应当引起爸爸妈妈的重视。孩子一旦形成对电脑的心理依赖，便会出现一种类似上瘾的症状，对其他事物失去兴趣，社交圈缩小，沉溺在虚幻世界中而不能自拔。

这不仅会使孩子正常的学习和生活秩序受到干扰与破坏，而且还会严重影响到他们的健康成长。

榜样魅力

魏奕从小学三年级时起就开始跟着大孩子跑游戏机房，后来越玩越疯，家都不知道回了。好几次，他爸爸下了班就一家一家游戏机房去找他。后来没办法，打骂、训斥、看管各种手段都用上了，但是收效却不大。魏奕的爸爸妈妈一直都在苦苦思考着对策。后来他们分析，孩子迷恋游戏机，一开始是因为游戏机画面变幻莫测、奥妙无穷，能够满足孩子求新求异的心理，渐渐玩上了瘾，便欲罢不

要重视孩子的心理身体

能。对高科技产品产生兴趣并非坏事，关键是这种兴趣能否产生真正的价值。爸爸妈妈决定在引导其兴趣上做做尝试。

一天，爸爸给魏奕买回来一本《科技画报》，里面有介绍美国微软公司创始人比尔·盖茨发明电脑软件的故事，魏奕看得津津有味，他对这位电脑大王特别崇拜。

爸爸告诉他："美国有一种说法，计算机时代只有两种人——聪明人发明计算机，傻瓜使用计算机。你是想做傻瓜还是想做聪明人？"魏奕说："当然要做聪明人了。"

爸爸进一步开导他："你即使把游戏机里的'十八般武艺'都精通了，也不过是被游戏机牵着鼻子跑的'傻瓜'，而你要想做个设计计算机程序的聪明人，就要打好科学文化知识的基础，为将来研制高新科技产品做好准备。"

为了培养孩子追求科学的兴趣而不是仅仅玩游戏，爸爸妈妈带魏奕到区少科站报名参加了电脑兴趣班。在电脑兴趣班里，魏奕学到了很多知识，对他最有教益的是懂得了学电脑要有良好的数学和外语基础。从那以后，魏奕的学习自觉性提高多了很多。

目下，他除了读书外，业余兴趣就是钻研电脑知识，还在全市青少年电脑知识竞赛中得了二等奖呢。

解决方法

爸爸妈妈应该怎样预防和矫正孩子上网成瘾的行为呢？

其一，要帮助孩子正确看待上网聊天或游戏的作用。无论网络有多么真实，毕竟都不能代替真实的生活，它只是满足孩子在生活中无法得到满足的一些心理上的需求，不能因为上网而放弃一切。若有了这个理念作为孩子的指导，孩子上网时就会比较容易控制住自己。

其二，对于自我控制力比较差的孩子，爸爸妈妈可请求同学与老师协助管

理，通过综合性的多方面监督和控制逐渐使孩子消除"网瘾"。

其三，帮助孩子增加人际交往、培养多方面兴趣也是避免孩子上网成瘾的一个重要办法。人际间交往的增多、扩大兴趣范围，可以减少孩子对网络的依赖，避免其产生不上网就没有事做的感觉。

其四，教育孩子，让他自觉意识到长时间上网会对身体造成很大的危害，从而提高自我控制意识。医学专家经过观察证明：长期进行电脑操作易使眼睛疲劳而并发"电脑眼病综合症"，表现为视觉模糊、视力下降、眼睛干涩、发痒、灼热、疼痛和畏光等。为了防止这种眼病的发生，使用电脑一小时左右即应休息一会儿。而且长时间上网会伤害腕关节、颈椎和腰椎，影响到消化功能，因此控制上网时间是很有必要的。所有这些，爸爸妈妈都应让孩子有所了解及认识。

爸爸妈妈要提醒自己的孩子：当心网上用爱做幌子的"温柔陷阱"，切莫被一些谎言所迷惑，不发生"网恋"是最为保险的。

而孩子一旦沉迷于网恋，爸爸妈妈应当做好以下工作：

其一，面对孩子的"网恋"，爸爸妈妈们不必太紧张。可把它看作是孩子这个年龄所需要的一种游戏，不必谈"网恋"色变，要根据具体情况，解决具体问题。

其二，提醒孩子不要与"网友"草率见面，谎言往往是欺骗的华丽外衣，不小心便会落入"陷阱"中。

其三，爸爸妈妈的防范应当从"风起于青萍之末"开始，因为"网恋"中低级庸俗的打情骂俏也会污染孩子纯洁的心灵。

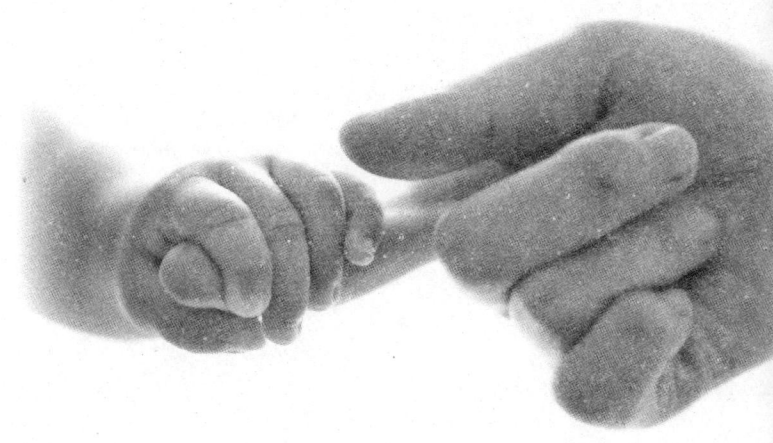

要重视孩子的道德品质

引经据典

　　美好的品德犹如名香,经愈久燃烧或压榨则香味愈浓,幸运往往使人显露恶德,而遭受厄运却最能显示人的美德。

——〔英〕弗兰西斯·培根

　　建筑人格长城的基础就是道德。唯有具有高尚品行的人,才能无愧地屹立于天地之间。

——〔中〕陶行知

要重视孩子的道德品质

知心话儿

爸爸妈妈们，你们好。

在孩子的成长过程中会遇到诸多问题，而孩子的品行问题便是其中突出的一个。我们在开办家教专题讲座的时候，许多爸爸妈妈都会问："孩子这么小，许多做人做事的大道理怎么给他讲明白啊？"我们往往会这样回答："孩子是善于模仿的，爸爸妈妈只要身端形正，孩子自然也会品行端正；孩子是任性顽皮的，爸爸妈妈要学会管理与引导，这样孩子才能养成良好的品行。"

道德品质对于一个人的成长和成才、塑造完美人格乃至建功立业都具有十分重要的作用。

良好的道德品质是一个人成长与成才的核心，同时也是人才成长的内在动力，是促进个人健康成长的精神力量。

在我国，经过长期的历史发展逐渐形成了"德才兼备"这个中华民族鉴赏和选拔人才的标准。人才学研究表明，与一般的人相比较，人才在社会责任感、献身精神、积极进取的精神、与人合作的精神、自觉性和自制力等方面要出色得多。这些精神都与人的道德品质有着内在联系。所以说，高尚的道德品质是个人成才的内在动力。

道德品质不仅是完美人格的构成要素，而且也是塑造完美人格的必要条件。我们这里所讲的人格是指人的地位与尊严、气质与风度、学识与才华、品质与品格的总和。其中的品质和品格主要是指道德品质。完美的人格在道德品质上表现为对己、对人两个方面——对自己要自尊、自爱、自立、自强，对他人要尊重、友爱、关心、帮助。具有高尚的情操、优秀的品质、坚强的意志和文明的行为，这是完美人格所不可缺少的构成要素。

今天的青少年是21世纪社会主义现代化建设事业的中坚力量，党和人民对青少年寄托着殷切希望。每一个青少年都希望自己在将来振兴中华的伟大事业中建功立业。而要实现这个抱负，除了应有真才实学和健康的体魄之外，还必须具备良好的道德品质。

有的爸爸妈妈认为，只有知识本领才是实实在在的，才值得大力去抓；道德人格是抽象的，无从着手，抓不抓都无所谓，因而对孩子的教育更多地注重才艺的培养而忽视了品格的影响。

由于现代社会竞争激烈，许多爸爸妈妈不免会认为培养孩子多学知识、好好念书，取得高学历后能有一份稳定工作，就是尽到了自己的责任。而教育专家则认为，这些爸爸妈妈的认识是很片面的，不利于孩子的真正成才。真正影响孩子一生的其实是品格教育，知识教育还在其次。很多成功的伟人身上都具有良好的品格，例如坚韧、诚实、负责任，这些品格不是读书就可以学到的，这同样说明一个人的成功不只在于会不会读书，更在于有没有良好的品格教育。

24 孩子要有好的道德意识

重视理由

良好的道德素质是孩子成才的基础，所以，爸爸妈妈们应重视对孩子道德行为的培养，因为具有良好的道德素质不仅会使孩子处处受人欢迎，还会为孩子将来的成功增加筹码。

追根溯源

古今中外，善育人者首重德，能成才者都以德为先。做人是立身之本，良好的道德品质是成才的基础。古人曰："终身大计，莫如树人。"爸爸妈妈都希望自己的子女能够成为栋梁之材，谁也不希望自己的子女成为亡命之徒、杀人犯、流氓。但是，如果做爸爸妈妈的不从小对子女进行品德教育，放松了对子女的道德品格要求，那么子女们很有可能步入歧途，事实就是这样残酷无情。研究和分

要重视孩子的道德品质

析不法之徒的成长过程固然有历史和社会的原因，但爸爸妈妈从小对他们品德教育、道德教育的不足仍是一个主要原因。

世界著名教育家贝戈尔博士指出："优良品格是个人思想和行动遵守社会道德品质的体现，是一个人人性中利他特性的表现，教孩子从小养成优良的品质将会使孩子受益终生。"

由于孩子的道德品质教育是一个长期的过程，而且体现在孩子日常生活的各个方面，因此单靠学校是远远不够的，还有赖于家庭，尤其是爸爸妈妈们的不懈努力。

所以，爸爸妈妈们必须要时刻注意对孩子进行品格教育，时刻都应以自身作为表率，在生活中注意自己的一言一行，通过以身作则将孩子塑造成为一个具有良好品格的人。

帮孩子养成优良的品格，就等于为孩子未来的成功打下了坚实基础。

榜样魅力

1937年，王选在上海出生，父亲王守其毕业于南洋大学(即现在的上海交通大学)铁路管理学专业，是个做事极其认真的人。

王选的爸爸妈妈一致认为，做事要先做人。一个人连人都做不好，还奢谈什么成就呢？因此他们为人正直诚实，对人宽厚、温良。

他们从不追名逐利，日子过得很俭朴，而对周边那些贫困的人则总是伸出援助之手。

亲戚邻居的孩子出国求学碰到经济困窘，他们总会拿出自己节省下来的钱加以帮助。

父亲要求王选与小朋友相处时要忍让，要和他们和睦友好，要与别人分享快乐——总之，要与人为善。

王选10岁时在南洋模范学校得了奖。当时在评选获奖人员时，好几个同学

都够资格,而获奖名额却只有一个,老师说获奖的同学不仅要成绩好,还得品德好。在同学中王选是最谦让礼貌的人,因此大家一致投票评上了他。这次评奖使他更加意识到做个好人的重要性,并终身都朝这方面努力着。

除了这些之外,王选后来还回忆说,父亲的伟大之处在于没有一味地让他读书,而是强调人品及其他各方面的教育,这不仅强健了他的体魄,而且还提升了其道德修养。少年时代的集体活动培养了他与人友好相处和谐合作的精神,使他成为同学们信任的学生干部,而这种身份又使他养成了虚心接受别人的批评、以身作则的工作作风。

正是这种工作作风与高尚的人格使他成长为一位很好的科技带头人,团结同事们一起工作,为国家做出了极大贡献。

解决方法

从小培养孩子的道德品质,爸爸妈妈可以从以下几个方面入手:

(1)使孩子形成正确的道德认识

孩子对道德现象的认识十分浅薄和幼稚,对人的道德评价往往会以成人的评价作为依据,所以爸爸妈妈对周围现象和行为的评价应是非分清、善恶分明,给孩子打下爱憎分明的烙印。同伴间玩耍常会出现哭闹的现象,有的爸爸妈妈会问清原因,帮助孩子正确解决彼此之间的纠纷。而有的爸爸妈妈见自己的孩子哭,不问青红皂白就对孩子说:"就知道哭,你没长手,别人打你你不能打他?真没出息!"这种错误评价将会使孩子的行为出现扭曲。爸爸妈妈可以利用童话和游戏帮助孩子形成正确的道德认识,如让孩子装扮社会生活中的警察、营业员、医生等角色,帮助孩子纠正与角色身份不相称的行为。

(2)丰富孩子的道德情感

要利用电影、电视、儿童读物中的优秀榜样引起孩子情感上的共鸣,做到"以情育情"。还要经常运用孩子周围生活中具体的事例感染他们,做到"以境

要重视孩子的道德品质

育情"，如参观现代化工厂、亲朋好友的新住房等，让孩子了解家庭和家乡的变化；带孩子游览名胜古迹，激发孩子爱祖国、爱家乡的情感。

（3）训练孩子的道德行为

孩子的情感易冲动而不稳定，且自制力和持久性较差，所以他们的道德认识常常会与道德行为相脱节，爸爸妈妈应加强对孩子具体道德行为的指导、督促和检查。

爸爸妈妈应对孩子正确的行为不断强化，及时肯定与鼓励孩子的正确行为，纠正其错误行为，而且应创造机会让孩子做一些力所能及的事，如分苹果、招待客人、将自己的玩具给小朋友玩、洗自己的手帕等，在具体情境中让良好的行为经常重复发生，从而形成习惯。

（4）在生活中教育孩子"表里如一"

爸爸妈妈们不仅应为孩子穿上漂亮的衣服，更应当帮他们"穿上"文明语言的"衣裳"。美不美不能只看外表，还要看是不是和内心一致。作为爸爸妈妈，要训练孩子"表里如一"。

（5）通过观察身边的事情积极正面地引导孩子

在孩子生活的过程中，要让他们善于观察自己周围发生的事。比如当孩子在公园中看到别人把果皮都放在果箱里时，问孩子为什么要这样做、自己应该怎样做？再如在公共汽车上看到别人为自己让座位时应让孩子表示感谢，并鼓励其学习。父母也可以在孩子看到不良现象时帮助其分析对错，告诉他这种现象为什么不对，这样会更有说服力，从对比中悟出是非对错的标准，更能提高其辨别能力。

25　孩子要讲诚信

重视理由

一个人能够取得多大成就，很大程度上依赖于其品格的高低。诚信是个人品

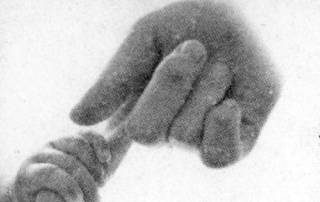

格的基石,其他优秀的品德素质多数都建立在诚信的基础之上。

爸爸妈妈帮孩子养成诚信的品格,等于为孩子未来的成功铺垫了基石。

追根溯源

诚信是人性一切优点的基础,世界上才华横溢的人并不罕见,但是,才华出众的人就值得信赖吗?只有诚信的人才值得信赖。诚信这种品质比其他的任何品质都更能赢得尊重和尊敬,更能取信于人。诚信是立身之本,是一个人最宝贵的财产,它能让孩子保持正直,挺直脊梁、光明磊落地做人,还能给孩子以力量和耐力。

孩子是否诚信在很大程度上要取决于爸爸妈妈的教育。如果孩子经常出现言行不一、不履行诺言的行为,爸爸妈妈就应该多从儿童的认识发展上去找原因,不要把孩子的这种行为看成是道德败坏而一味对其打骂。如果爸爸妈妈从小就注意对孩子进行诚信的教育,孩子是可以养成诚信的品格的。

"人无信不立",为了培养孩子的诚信品格,在日常生活中,爸爸妈妈对其一定要诚信,要说话算话。有位母亲经常会警告孩子,如果撒谎,就用针把他的嘴缝起来。有人问这位母亲:"如果孩子真的撒谎了,你真会缝上他的嘴吗?"显然,这位妈妈对孩子说的话本身就是不现实的,用这种方式来教导孩子也是非常不可取的。

要纠正孩子不诚信的毛病,爸爸妈妈首先应做到言行一致。孩子的模仿能力很强,很容易受到某种行为的暗示。如果爸爸妈妈言行不一、不履行承诺,孩子就会受到暗示并跟着模仿。例如,爸爸妈妈如果答应了孩子星期天带其到公园去玩,就一定要去。如果临时有事,也要先考虑事情重不重要,若不重要就应坚守诺言;如果事情确实比较重要,则一定要向孩子说明情况,并争取以后补上去公园的活动。而且,应该尽量避免这种推迟或失约的事情发生,这样才能取信于孩子。

要重视孩子的道德品质

在日常生活中,许多爸爸妈妈为了诱导孩子做某件事总是轻易对孩子许诺,但是事后却没有兑现。孩子的希望落空后,就会发现爸爸妈妈在欺骗自己,他就会从爸爸妈妈身上得到一些经验,那就是不守信的许诺是允许的,大人的言行也经常不一致,说谎是允许的,等等。而一旦这些经验转化为孩子不讲诚信的行为,爸爸妈妈恐怕就要后悔莫及了。

诚信是人的立身之本,爸爸妈妈应当加强对孩子的诚信品质教育,从小就教育孩子守信用、负责任。要告诉孩子,一个言而无信的人在社会上是难以立足的。

榜样魅力

宋庆龄从小就是个诚实的孩子。有一次,爸爸妈妈要带全家去朋友家做客,其他孩子都穿戴整齐准备出发了,只有宋庆龄仍然坐在钢琴面前不停地弹着琴。

母亲喊道:"孩子们,我们快走吧!"

宋庆龄不由自主地站了起来,但很快又坐了下去。父亲问道:"孩子,你怎么了?"

宋庆龄有些着急地说:"今天我不能去伯伯家了。"

"为什么不能去,孩子?"妈妈问道。

"爸爸,妈妈,我昨天答应了小珍,她今天来我们家,我要教她叠花。"宋庆龄说。

"我还以为什么重要的事呢!下次再教她吧!"父亲说。

"不行,小珍来我家会扑空的。"宋庆龄叫了起来。

"要不,你回来后到小珍家去解释一下,向小珍道个歉,明天再教她也没关系。"妈妈出了个主意。

"不行,妈妈!您不是经常教育我要信守诺言吗?我答应了别人的事情,怎么可以随意改变呢?"宋庆龄坚定地摇着头。

"哦,我明白了,我们的庆龄是一个守信用的孩子,"妈妈会心地笑了,"那就让庆龄留下来吧!"

于是,爸爸妈妈带着其他孩子去做客了,而他们回家后却见宋庆龄一个人在家里。"庆龄,你的朋友小珍呢?"父亲问道。

"小珍没有来,可能她临时有什么事吧。"小庆龄平静地回答。

妈妈心疼地问:"小珍没有来啊?那我们的庆龄不是很寂寞吗?"

宋庆龄却回答:"不,妈妈,虽然小珍没有来,但是我仍然很高兴,因为我信守了诺言。"可见,宋庆龄爸爸妈妈的教育是成功的。

解决方法

孩子的诚信意识和他受到的后天环境影响及教育有着直接关系。因此,作为爸爸妈妈,首先应该创造一个宽松、愉快、民主、和谐的家庭氛围。因为只有家庭成员之间诚实真挚的态度才会使孩子感到自己被爱护和受关心,他才能够信赖成人,许下的诺言才会积极遵守。具体来讲,培养孩子养成诚信的道德素养,爸爸妈妈可以从以下几个方面入手:

(1)爸爸妈妈要以身作则,树立诚实做人的榜样

孩子好模仿,他们时时刻刻都在观察模仿成人的行为,因此,为培养孩子诚实做人,做爸爸妈妈的就要为其做出好榜样。如果要求孩子讲诚信,爸爸妈妈就不能答应孩子干某事而找理由不干;如果要求孩子不说假话,爸爸妈妈就不能哄骗孩子。不然,孩子是难以形成良好的诚信品格的。

(2)满足孩子合理的要求和愿望

"人之初,性本善。"年幼的孩子是非常纯真的,爸爸妈妈可以通过满足孩子合理的要求及愿望的方法同孩子建立并保持真诚与互相信任的关系,如适时地给孩子添置玩具、图书及彩笔等,让孩子意识到自己需要的东西只要是合理而又是家庭力所能及的,是会得到满足的。这样可以避免孩子因需要不能满足而借别

要重视孩子的道德品质

人的东西不还。

对于孩子提出的合理要求如一时无法满足,爸爸妈妈则必须要向孩子说明理由。如果对他们的愿望与要求不分青红皂白地一律不予理睬或一味拒绝,就很容易使他们养成不讲诚信的恶习。

（3）同孩子建立真诚和相互信任的关系

爸爸妈妈同孩子建立真诚和信任的关系,是培养孩子良好道德素养的一个重要条件。然而,有的爸爸妈妈在孩子面前常常会言而无信。例如,孩子在哭闹时,爸爸妈妈常用许诺来哄孩子："别哭了,待会儿爸爸妈妈给你买支冲锋枪。"尽管这样说了,但爸爸妈妈并没想到兑现,而孩子却信以为真,满怀希望地等待着。如果一次次许诺都不过是一张张空头支票,孩子的一次次希望都成了泡影,久而久之,孩子不仅会失去对爸爸妈妈的信任,慢慢地也就学会不讲诚信。

爸爸妈妈对孩子必须言而有信、以诚相待,这样孩子才会信任爸爸妈妈,有什么事、有什么想法都愿意告诉爸爸妈妈。

26 而孩子撒谎怎么办

重视理由

爸爸妈妈们,孩子有撒谎的毛病,无论是恶意的撒谎还是善意的撒谎,都是不好的。如果养成了习惯,就会害了孩子一生,所以爸爸妈妈一定要帮孩子纠正这种不好的毛病。

追根溯源

很多爸爸妈妈都认为,孩子小小的谎言没有什么危害性,甚至还觉得他们很可爱。其实,这样的危害是很大的。撒谎一旦形成了习惯,就会为孩子今后的发

展埋下成罪恶的隐患。而当这种习惯形成后再去改变它，就十分困难了。

撒谎腐蚀人与人之间的亲密关系，损坏互相信任的美德，说谎也意味着不尊重被骗的对象。与经常撒谎的人在一起生活几乎是不可想象的。

孩子在2~3岁时，认知和语言能力的发育都不成熟，还不能看出自己的言行之间有什么直接关系。对于他们来说，行为远比语言重要，而语言都是模糊的，有多重含义的。

一般来说，从4岁起孩子们便会开始明白，故意说谎而误导别人是不对的。事实上，这时候或稍大一点的孩子对事实的崇拜几乎达到了狂热的程度，如果发现爸爸妈妈、兄弟姐妹或朋友说谎骗自己，他们会非常愤怒。一句特别的话，其真实与否远比说话者的意图重要得多。

随着年龄的增长，大多数孩子的情商也会相应提高，而诚实的性格却不然。5岁时92%的孩子认为说谎永远不对，75%的人说自己从未说过谎。而11岁时，只有28%的人认为说谎永远不对，没有人宣称自己从未说过谎。随着年龄的增长，孩子们逐渐开始区分谎言的类型和轻重程度。为了逃避惩罚而说谎是最坏的，比如"我丢了钟表，所以上午没法不迟到"等等。为了不伤害某人的感情而说谎就不那么坏，比如"我喜欢你的新衣服，它使你看上去更漂亮"等。而为了帮助别人而说的利他主义的谎言，已经被看作是可以原谅的、高尚的，比如"红红把身上弄脏了，是我的责任。是我让他走那条很泥泞的街道的，我以为那是条捷径。"

孩子不诚实有多种原因，有的可以理解，有的很难理解。幼年的孩子说谎一般是为了免受惩罚、得到自己想要的东西或让同伴羡慕。少年说谎更多是为了保护隐私、考验权威、避免受窘。

虽然说谎在人的成长过程中是不可避免的，但是如果孩子习惯性地说谎或对关系重大的事情也不说实话那就成问题了。正如一位儿童心理学家所描写的：对重要问题撒谎，使爸爸妈妈处理起来更困难，而撒谎成为一个问题就更严重了。撒谎腐蚀了人与人之间的亲密关系，使彼此间滋长了不信任，损坏了互相信任的

要重视孩子的道德品质

关系。

孩子也经常有些其他的反社会行为，如偷盗、诈骗和横行霸道等等。其原因在于，不讲真话的孩子一般与不诚实的孩子为伍，形成一个小圈子，进而认为在圈外说谎也是可以接受的，这些不讲真话的孩子往往会成为牺牲品。当我们发现孩子说谎时，便会不自觉地认为这就是其性格，因而总觉得他会干出其他反社会的行为。许多时候，爸爸妈妈的这些不自觉想法往往会成为孩子自我实现的预告，孩子便是按照大人的这些坏"期望"长大的。

研究表明，经常说谎的孩子往往出自爸爸妈妈经常说谎的家庭。另外，管教不多，甚至厌弃子女的家庭培养出来的孩子也容易变得不诚实。

尽管人人都承认自己说过谎，但爸爸妈妈应当意识到直接或间接说谎会对孩子产生什么影响。当然，对孩子撒谎永远不会有正当理由，这并不是说你应该把所有的事情都告诉孩子们，有许多事情是他们不必知道的，比如你的隐私或远远超出孩子理解能力的事情。即便如此，如果孩子偏要问你，也应该照直对他们说，完全没必要编瞎话。爸爸妈妈应当在家里不断谈论诚实的重要性。为了保证使诚实成为孩子道德的一部分，可以让他们读一些强调其重要性的书籍，这对鼓励孩子的诚实正直也是很有益的。

欺骗是一种习惯性行为，在课堂上撒谎的学生将来就会对同事、上司或妻子、丈夫撒谎，设想一下，如果一个国家不珍视诚实，把品德看作无足轻重的小事，那么我们的社会将变得多么可怕！所以，爸爸妈妈们要把教育孩子品质的重心放在怎样培养孩子的优良品行上。

榜样魅力

列宁，俄国十月革命的领导人，第一个社会主义国家的创始人。

列宁从小就性格开朗、活泼好动，所以常常会把家里的东西弄坏。他8岁的时候，母亲带其到姑妈阿尼亚家中做客。活泼好动的小列宁一不小心，便把姑妈

的一只花瓶打碎了，只是当时没有人看见。

很快，姑妈便发现了碎花瓶，便问孩子们："是谁把花瓶打破了？"孩子们都说："不是我。"

小列宁因为是在姑妈家做客，怕说出实话来会遭到姑妈的责备，所以他也跟着大家大声回答："不——是——我！"

可是，小列宁的表情却没有逃过母亲的眼睛，母亲断定花瓶就是小列宁打碎的。因为小列宁特别淘气，在家里经常会发生类似的事情，但是，每一次小列宁都会主动承认错误，从不撒谎。

列宁的妈妈在想：这不是一件小事，该怎样对待小列宁撒谎这件事呢？当然，直接揭穿这件事并且严厉地处罚他是最省事的办法，但是列宁的妈妈并没有这样做，她要想办法教育列宁犯错误后勇于承认，做一个诚实的好孩子。

于是，她装出相信儿子的样子，在很长的时间内一直都没有提起过这件事，但是她却利用给列宁讲故事的机会，专讲各种各样诚实守信的题材，这样做的目的只有一个——等待着儿子的良心深处萌发出对自己错误行为的羞愧感。

从此以后，列宁的妈妈明显地感觉到，列宁不如以前活泼了，似乎是有什么郁闷的事在折磨着他。

这天晚上，妈妈又像往常一样，一边抚摸着小列宁的头，一边给他讲故事。不料，小列宁突然哽噎地大哭起来，伤心地告诉妈妈："我撒了谎，并且欺骗了阿尼亚姑妈，姑妈家的花瓶是我打碎的，但是我没有承认是我干的。"听着儿子羞愧难受的述说，妈妈耐心地劝慰他，说："好孩子，你是好样的，这没什么，勇于悔过就是好孩子，赶快给阿尼亚姑妈写封信，向她承认错误，姑妈一定会原谅你的。"

于是，在妈妈的帮助下，小列宁给姑妈写了一封信，向姑妈承认了自己的错误，表示花瓶是自己打碎的，并恳请姑妈原谅。

没过几天，小列宁便收到了阿尼亚姑妈的回信。在信中，姑妈不但表示已原

要重视孩子的道德品质

谅了小列宁，还称赞小列宁是个诚实懂事的好孩子。

小列宁得到了姑妈的原谅后自然十分高兴，又像以前一样活泼开心了。他还悄悄地对妈妈说："做诚实的人真好，心里踏实，也不用有思想负担了。"妈妈看着儿子开心地笑了。

解决方法

爸爸妈妈一定要认识到：孩子说谎并不可怕，可怕的是面对孩子的谎言爸爸妈妈听之任之、任其发展。但是，爸爸妈妈想要阻止孩子说谎、培养孩子诚实的品质的确是件不容易的事。

阻止孩子说谎，培养孩子诚实的经验主要有以下几点：

（1）要澄清孩子的谎言

当警告孩子不要说谎时，爸爸妈妈不要恐吓孩子，不能对其说"如果你说谎就把你的舌头割下来"。孩子说谎了，爸爸妈妈当然不会真的割掉他的舌头，这会使孩子认为爸爸妈妈的警告本身就是谎言。

在面对爱幻想的孩子时，爸爸妈妈所扮演的角色很重要。爸爸妈妈既不应阻止孩子发挥其想象力，又要帮助孩子分辨什么是现实、什么是幻想。

孩子的想象转化成谎言，有时仅是一步之遥，这就需要做爸爸妈妈的正确引导。孩子拥有想象力是天性，但如果爸爸妈妈对其想象力一味地赞许，就有可能使其发展成谎言，而爸爸妈妈如果一味反对孩子的想象力又会扼杀孩子的智力发育。所以，爸爸妈妈必须调整教育方法，及时循循善诱地更正孩子不当的想象。

（2）要树立良好的榜样

对于说谎的孩子，威胁或强迫他承认自己的谎言都不是正确的方法，爸爸妈妈最好能用一定的时间，冷静、严肃地与孩子进行交谈。孩子承认错误以后，爸爸妈妈一定要称赞孩子的诚实表现，要说一些类似这样的话："我虽然不满你做错了事，但幸好你说出了真相，我实在是很欣赏你的诚实。"

爸爸妈妈是孩子最早的老师，爸爸妈妈的言行影响着孩子的成长。所以，爸爸妈妈不要在孩子面前说谎，即使是善意的欺骗也要杜绝。诚实，是做人之本。爸爸妈妈要做到不论对人对事都真心诚意，这样孩子才能坦诚做人。

（3）要找出孩子说谎的原因

如果孩子到了能够分辨是非的年龄仍然说谎，爸爸妈妈就应当找出原因来。

孩子说谎的原因，许多心理学家都给出了答案。概括起来有如下几种：

①为了免受处罚。大多数爸爸妈妈都认为，孩子主要是因为不知道撒谎的严重后果才说谎的。事实上，孩子说谎有时是因为说了真话反而会受到惩罚。

②出于无奈。许多爸爸妈妈可能无法想象，孩子撒谎有时是因为爸爸妈妈逼的。

爸爸妈妈应当知道孩子也有沉默的权利。许多成年人在处理一些棘手的问题时经常会保持沉默，如果非要逼孩子说出真相，那么孩子就只能说谎了。鉴于这种情况，可以给孩子一定的缓冲，等大家都心平气和了再让孩子主动把事情的真相说出来。

③为了讨爸爸妈妈欢心。著名发展心理学家皮亚杰博士发现，4岁以下的孩子判断自己的言行是否正确的标准通常是看爸爸妈妈脸上的表情。为了不让爸爸妈妈生气，他们最本能的反应就是不承认自己所做过的错事。

（4）给孩子安全感

大多数孩子说谎都是因为需要安全，如果爸爸妈妈能够给孩子以安全感，孩子就会诚实起来。

（5）减少孩子的心理压力

爸爸妈妈对孩子过高的期望会给孩子增加压力，从而导致孩子说谎。因此，爸爸妈妈对孩子的期望值应合理，不要奢望他们做出超出自身能力的事来。爸爸妈妈要以宽容之心对待孩子，要经常与孩子倾心交流，消除孩子的心理障碍，做孩子的知心朋友。

要重视孩子的道德品质

孩子思想单纯，做错了事以后怕受惩罚，往往会采取说谎或转嫁责任的方式逃避惩罚，久而久之就会养成爱撒谎的不良恶习。要让孩子养成良好的道德品质，做优秀的人，不是一朝一夕就能实现的，应不断引导孩子做一些善事，让善良在他们心中永存。

总之，面对孩子的谎言要去分析、研究，找出孩子说谎的原因来对症下药，进行正确的引导和教育。所有的爸爸妈妈都望子成龙，虽然不可能每个孩子都能成为杰出青年，但却有可能让他们做一个人格健全的人。诚实，是培养孩子健全人格的方法之一。

27 孩子要有责任心

重视理由

一个没有责任感、没有价值观的孩子，因为找不到自己的生命在社会中的地位与重要性，便会感到迷惘，进而失去进取的动力，并容易为其他一些物质性的、轻浮的事物所吸引而沉溺其中。因此，爸爸妈妈们要重视培养孩子的责任心。

追根溯源

大多数的爸爸妈妈经常会对孩子这样讲："现在生活好了，我们不需要你为家操一点心，只要你做个好学生，将来有所作为，我们再苦再累也心甘情愿。"

其实，爸爸妈妈们不让孩子为家操一点心实际上就是剥夺了孩子的责任心，而没有责任心的孩子将来又怎么能有所作为呢？

在生活水平日益提高的条件下，一些对孩子成长十分必要的教育却被忽视了。在以往比较艰苦的环境中，孩子们更多地参与家庭的生活筹划，帮助爸爸妈妈持家守业、照顾兄弟姐妹，这使他们知道爸爸妈妈谋生之不易，自己必须要为

爸爸妈妈承担一部分责任，尽自己的义务照顾弟妹，省吃俭用为家里减少生活负担……看到爸爸妈妈为照顾一家人的生活而辛苦劳作，便会感到自己肩上的责任，希望有一天能够为爸爸妈妈解忧去烦。这一切都会使孩子从小看到自己生活的意义，看到自己的行为能给他人带来影响，感到自己是为人所属、是有用处的，从此产生出自豪感和责任心。随着孩子年龄的增长与社会接触面的扩大，这种责任心与自豪感的内容也会增长、扩大，不仅仅局限于自己的小家庭。从小家庭中培养出来的这种感觉，是增长未来责任感的基础，没有了这种基础，对社会对人类的责任感与使命感更不知从何而来。

我们今天的新一代，享受着前所未有的物质条件，独生子女的优越生活条件使他们以自我为中心的倾向进一步加重。虽然我们不断教育孩子，他们的成长关系着国家的命运、民族的长盛不衰，要为祖国而学，为人类进步而学，但由于没有目标来鼓舞、激励他们，这些长远的目标就显得空洞而缺乏实际意义。这就需要爸爸妈妈与社会教育工作者一同找出途径与手段，来弥补孩子在新的社会环境中成长所缺乏的重要一课，找出对孩子们健康成长有根本意义的家庭及社会因素。

这是一件不容易的事情，因为我们做爸爸妈妈的同样面临着新的社会环境对自己的挑战，许多东西是我们所不熟悉甚至没有见过的。随着社会的进步，我们的观念也需不断变化，而在以往的传统教育不可能找到现成答案，要靠我们不断地探索、研究、借鉴与学习。

在美国，从幼儿园开始，孩子们就轮流担任老师的助手，帮助老师组织各种活动，以锻炼他们的责任感和能力，孩子们都很愿意参与，并为自己日渐增长的能力感到自豪。

做爸爸妈妈的应该向孩子敞开交流的大门，向孩子讲一讲成年人的苦恼、家事的繁琐、工作的困惑，使孩子从小就懂得爸爸妈妈之不易、生活之艰辛，产生为爸爸妈妈分担忧虑的念头。爸爸妈妈也应捕捉住孩子的心愿，对他们理解与分

要重视孩子的道德品质

忧的愿望表示欣赏,并且为有这样懂事的孩子感到骄傲。

聆听孩子的意见,采纳他们任何有价值的建议,欣赏孩子任何帮助爸爸妈妈和家庭的举动,这些都能激发孩子的责任心以及对家庭有所助益的自豪感。让孩子对爸爸妈妈的工作经历及家庭的日常事物进行了解与分析,也是孩子洞察世事、了解生活的好途径。爸爸妈妈应当锻炼他们分析、判断与处理事物的能力,为孩子将来走上社会打好基础。

榜样魅力

著名教育家茨格拉夫人曾说过:"必须教育孩子懂得他们不同的一举一动能产生不同的后果,那么随着时间的推移,孩子们一定会变得很有责任感的。"

一位外国的妈妈带着8岁的女儿到中国山东的一户人家里来做客。女主人对外国友人的到来非常重视,特别学习了西餐的做法。她对外国母女说:"今天我做西餐给你们吃,你们尝尝中国人做的西餐味道好不好。"

8岁的女孩听女主人要给她们做西餐,心想:中国人做西餐肯定不好吃。于是,当女主人问她吃不吃的时候,小女孩坚定地回答:"我不吃。"

等女主人把西餐端上来的时候,小女孩一眼就看到了漂亮的冰淇淋。这么好看的冰淇淋味道肯定很好!小女孩有点迫不及待地对妈妈说:"妈妈,我要吃冰淇淋。"

女主人很高兴小女孩能够喜欢自己的冰淇淋,就高兴地把冰淇淋端到小女孩面前,说:"来,吃吧!"

谁知,女孩的妈妈严肃地对女主人说:"不行,我女儿说过她不吃西餐,她得为自己所说过的话负责,今天她不能吃冰淇淋!"

女儿着急地哭起来:"妈妈,我就想吃冰淇淋!"但是,女孩的妈妈根本就不为所动,只是对女儿淡淡地说:"你得为自己负责。"

女主人看着这个场面,觉得女孩的妈妈也太认真了,就说:"给她吃吧,孩

121

子总是这样的。"

女孩的妈妈正色地对女主人说:"亲爱的,我们要培养孩子的责任心。"结果,无论女孩怎么哭闹,妈妈就是不同意让她吃冰淇淋。

解决方法

教孩子担负起责任的现实目的是帮孩子根据他人的需求做出决定,而不是基于自我的需求。

通常我们同情别人时,出于为别人考虑并且不图报酬的想法,我们会觉得自己干得不错。在孩子面前,我们必须要说明这个事实。

培养孩子的责任心可以遵循以下几条原则:

(1)对别人的东西表现出责任心

责任心包括许多方面,其中之一是孩子怎样对待别人的东西。

"负起责任"的另一方面,是当孩子犯错误时要勇于承认。父母要告诉孩子,只要犯错的人知道怎样改过,他也就不会怕面对新事物,不会怕与陌生人见面。

(2)尊重他人的时间

在我们如今的社会中,迟到似乎很盛行。当我们准时出现在别人面前时,正显示出了自己的责任心——尊重他人的时间,并且尊重自己。

绝大多数人都知道成人总是很难准时的,但即便是四五岁的孩子也应当知道迟到意味着什么——它意味着对他人不尊敬,并且使自己变得不可信赖。

爸爸妈妈应在日常生活中教导孩子守时。

(3)选择表扬和建议

表扬会带来肯定的、积极的行为举止。表扬应该是具体的而不是笼统的。"今天,我希望你准时做好准备。昨晚,我看到你收拾好校服了。"这种表扬比"今天早上你真是一个好孩子"具体多了。表扬应针对值得表扬的事,并且需发

要重视孩子的道德品质

自内心。我们要避免那些空洞的表扬，即为某些孩子不能控制的事情去堆砌恭维之辞。

表扬会激励孩子的责任心，使孩子懂得与他人合作、尊重他人。然而，这却是许多爸爸妈妈做得最少的事。当孩子违反规则时，爸爸妈妈不时会批评、贬低孩子。其实，孩子也需要爸爸妈妈对其给予尊重，当孩子改正错误时爸爸妈妈不应仅仅是停止批评，还要说"谢谢你"或者是"这样很好"，给孩子以适当的赞扬与激励。

28　孩子要有爱心

重视理由

爱是人间最伟大的一种道德，爱心是人类最美好的一种情操。做爸爸妈妈的，在重视知识教育的同时更应重视爱心教育。

追根溯源

你想让你的孩子具有乐观而又积极的心态吗？你想让你的孩子成为一个幸福的人吗？你想让你的孩子成为一个朋友遍天下、事业成功的人吗？天下所有的爸爸妈妈对上述问题的回答一定都是肯定的。那么，怎样才能实现这些愿望呢？这里有一条实现目标的重要途径，那就是从小培养孩子的爱心。

美国著名教育家赫·斯宾塞指出，爱心是美德的基础，也是美德最直接的表现。

富有爱心的人，很少计较个人的得失，只是一味地不停付出，并不奢求太多的回报。然而，世间自有公道，付出总有回报。他们往往会在不经意间得到曾经被他们爱与关怀的人的感激之情，哪怕只是一张小小的贺卡他们也能备感欢欣。所以，在他们的生活中，几乎每一天都是乐观而积极的。

乐观可以产生豁达、宽容和谦虚的品质，这是不证自明的道理。层层发展下去，拥有爱心的人又岂能不幸福呢？

如果一个人富有爱心，其就会主动去关心帮助他人，从而易于消除人与人之间的隔阂。

一个富有爱心的人必然也是一个朋友遍天下的人，不但不会因此而烦恼、苦闷和不愉快，而且还有助于自己事业的发展与成功。

榜样魅力

有个同学名叫赵敏超，他生来就双腿残疾，平时靠轮椅行走，行动十分不便。在四年级的新学期，因为搬家，他转到了育新小学四（3）班。他担心自己不能适应新的环境。

开学的第一天，赵敏超来到教室，看到的是一张张笑脸。班里为他开了欢迎会，还宣布成立一个护送小组，每天负责接送他上下学。同学们说："我们要让赵敏超在新的集体里愉快地生活。"赵敏超觉得心里热乎乎的。

从那以后，赵敏超每天上学、放学都有同学护送，课间有同学陪伴他，帮助他上厕所。

春天到了，同学们谈论着春游的事，赵敏超却呆一旁不吭声。班长徐阳一眼就看出了他的心事，安慰他说："赵敏超，你放心，我们春游时绝对不会丢下你的。"

春游这天，同学们轮流推着赵敏超。赵敏超和大家一起欣赏着春天的美景，心情特别舒畅。开始做军事游戏了，赵敏超说："你们都去吧，我在山脚下给你们看管东西，看你们做游戏，我也一样高兴。"同学们向他投去了感谢的目光。

同学们的爱温暖了赵敏超的心，他在新的集体中愉快地生活、幸福地成长着。

要重视孩子的道德品质

解决方法

要想使孩子的心灵溢满友爱，并且让这种健康的心理伴随孩子一生，做爸爸妈妈的不妨尝试一下这些手段：

（1）身教重于言教

爸爸妈妈的行为传达出自己的价值观，孩子的言谈举止透露出他们日常生活所受的熏陶。这些不仅影响到孩子，更可能会延伸到他们的下一代。事实上，爸爸妈妈的爱就像链子一样承袭着上一代，也紧系着下一代。

（2）让家成为孩子的乐园

让孩子明白在家也可以玩得很尽兴，这是很重要的。很多孩子总觉得家里以外的地方才好玩，其实，只要父母正确引导孩子，家也可以成为孩子的乐园。当孩子感受到家的温暖、笑声、趣味以及和家人间亲密的关系后，他们便会愿意多和爸爸妈妈相处，并将这段回忆永存于他们心中。当孩子到了青少年阶段，他们会比较愿意和爸爸妈妈说说心里话，从家中寻求帮助，应对自己遇到的问题。当他们自组家庭以后，也会晓得如何建立起新的家庭关系，如何对家庭成员充满友爱。长此以往，孩子就会把自己心中浓浓的爱意传递给与自己相处的每一个人。

（3）让孩子在合作中奉献爱心

在日常生活中，每个家人都互相影响着彼此。这些影响，可以是每个人良好行为的基础，好比爸爸妈妈是孩子的模范、家庭是社会的模范等。从许多方面来说，孩子的言行会受到邻居、学校、生活场所和其他团体等的影响，事实上，学会如何与他人合作将使孩子踏入社会后能在大环境中更好地与人相处，能和别人一起达成共同的目标。孩子越能将自己融入到小组活动中，越会受邻居、朋友、同事的欢迎。

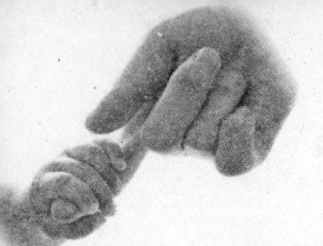

孩子，把你的手给我

29 孩子要宽容他人

重视理由

宽容别人等于善待自己，宽容是化解矛盾的良药，宽容是利人利己的法宝，宽容是成就事业的基础。培养孩子宽容的美德，等于为孩子未来的成功拓展了道路；培养孩子宽容的美德，等于为孩子明天的幸福奠定了基础。

追根溯源

善良是人的天性使然，而真正要达到善良的境界则需要来自人性当中方方面面的支撑，在这方方面面、或大或小的因素中，宽容无疑是善良天性的灵魂，没有了宽容，善良则无从谈起。

然而，宽容不仅仅包括对一时一事的忍受与接纳，更为重要的是宽容之心应上升到一种对自然界的包容与承受，否则宽容之心便依然会停留在"小我"的程度上而无法达到"大我"之境界，也不会成为孩子善良本性的支撑。

宽容是一个基本的道德美德，能帮助孩子们相互尊敬、接受差异。具有宽容品格的孩子即使不同意别人的观点和信仰也有维持同别人彼此尊重的能力。因为具有这种能力，孩子们就不会狭隘与偏执。因此，孩子们长大成人以后会有办法使得我们的社会更加多元与和谐。

孩子们与时俱增的宽容能帮助他们排除歧视、偏见、陈规和仇恨，学会更多地尊重别人。

宽容是一种道德美德，能帮助孩子减少仇恨、暴力和偏执，同时还能引导孩子以善良、尊重和理解来对待别人。即使自己对别人的信仰或行为不敢苟同，孩子也能够认识到所有的人都值得受到热爱和尊重。

著名作家托马斯·利考钠曾说过，作为道德美德的宽容有两个方面：

要重视孩子的道德品质

第一个方面是尊重，尊严是每个人不可剥夺的权利，包括他们做出道德选择的良心自由，只要他们不侵犯其他人的权利。宽容的美德要求不要将自己的观点强加于别人身上。宽容能使人们与最深层次的差异共处，即使人们继续辩论这些差异。

第二个方面是欣赏人类丰富的差异，欣赏来自于各种背景、人种、宗教和国家的人们许多正面的品质和贡献。想要孩子们在家里、学校、社会上能够了解其他有趣、有用和有益的思想方法和生活方式，并且从这类接触中受益，最起码应使孩子们理解人类的差异以及每个家庭的差异，认识到每个个人都是独一无二的。以这个意义上讲，宽容就是要在所有人身上找到美好的东西。

孩子们不是生来就充满着满腹仇恨的，歧视、偏见以及陈规是学来的或因为缺乏足够的了解而产生的。近年来，许多产生偏执的观念已经渗透进孩子们的文化中，而且对他们宽容的发展起着反作用。做爸爸妈妈的必须重视这个问题，千万不要忽视对孩子宽容心的培养。一个没有宽容心的孩子将很难融入社会大家庭与人们和睦相处，共同发展。

学会宽容会让孩子更好地适应社会，且容易被社会所接纳。而事实上，就个人的心理素质而言，宽容还是一种个人修养水平的体现，这点对孩子将来的成功具有非常重要的意义。

培养孩子养成严以律己、宽以待人的作风，会使孩子的一生受益无穷，也会使孩子的明天更美好。因为孩子年幼，经历有限，他们遇到了一些事往往都是生平第一次，怎么处理、是否处理得恰当对他们今后的行为具有示范性性质。爸爸妈妈必须要十分注意，不使忌妒、报复等不健康心理侵袭孩子幼小的心灵。

榜样魅力

下面就是一个对孩子进行宽容教育的很好事例：

有一次考试，卷子发下来后，小奇发现老师在算分数时将一道题的分数漏掉

了，没有加进去，因此他少得了2分，本来可以排第三名，现在却成了第五名。他很生气，并对爸爸诉说心中对老师粗心大意的不满。爸爸听后对小奇说："老师有那么多试卷要批改，丢了2分有什么关系。你不是已经把那道题做对了吗？实际上你已经得到了那2分。老师有没有算进去，这并不影响你对知识的掌握。而至于名次并不重要，所以不必斤斤计较。以后有的是机会，你下次考好了，不仅可以得第三第四名，还可以得第一名呢，你说是不是这样呀？"小奇听了爸爸的教导后便心平气和地去做作业了，下一次考试他果真拿了个满分，得了第一名。

小奇的父亲就是这样，通过实例，抓住适当的时机，帮助孩子能够宽容与平静地对待他人的过失，这种收获比那2分重要得多。

小奇的母亲同样很重视对孩子的宽容教育。有一次，一名同学不小心弄坏了小奇的铅笔盒，小奇很生气，不再与那个同学说话。后来妈妈知道了这件事，便对他说："这样的事难免发生，你不是也曾把隔壁小玲的泥娃娃摔掉了一只耳朵吗？那都不是有意的。同学弄坏了你的铅笔盒，不要计较，自己动手修理一下，不是照样可以用吗？"经过妈妈的教育，小奇转怒为喜，懂得了宽容的道理，并与那名同学和好如初。从这个故事中我们可以看出：爸爸妈妈一方面要用宽以待人、严于律己的原则处事待人，给孩子以潜移默化的影响；同时也要让孩子知道，每一个人都难免有做错事的时候，所以人人都应当学会宽容与谅解，能够宽容谅解别人是一种美德。

解决方法

针对孩子没有宽容心的缺点，爸爸妈妈可以用以下方法加以教育：

（1）爸爸妈妈要注意自身的修养

爸爸妈妈自身具备的品德一般都能在孩子身上找到影子。因此，爸爸妈妈首先要为孩子创造一个良好的家庭环境，一个整天吵闹不休的家庭是很难培养出一

要重视孩子的道德品质

个具有宽容心的孩子的。爸爸妈妈对他人的关爱、平等、谦虚等处世原则和行为是对孩子最好的直观而生动的教育，会在潜移默化中培养孩子尊重别人、爱护别人的品格，从而让孩子拥有一颗宽容之心。

（2）教孩子设身处地为对方着想

爸爸妈妈不妨教孩子讲一讲假若让自己处在对方的位置上会怎样想、怎样行动呢？这样也可以培养孩子的宽容心。

简而言之，爸爸妈妈要培养孩子宽容待人的美德，就必须从日常生活、学习中加以注意，抓住每一件可资教育的事情，不断对孩子进行宽容待人的引导和教育，逐渐使宽容的理念融入他们的品格之中。

30　孩子要不懒惰

重视理由

勤奋永远都是成才的钥匙，永远是成才的第一推动力。具备了勤奋这种可贵的品质，你就等于拥有了成功的一半。所以，爸爸妈妈们一定要纠正孩子身上懒惰的恶习，培养孩子勤奋的美德。

追根溯源

知识的获得需要人们的钻研、练习、集中注意力、修改和纠正错误。坚定、持久、勤奋是学习所必备的优良品质，而勤奋努力则是其中最重要的品质。

应让孩子了解尽最大的努力学习，比其所能达到的等级或者获得的分数更为重要。要让每个孩子都尽其所能，尽他们的最大努力。当然，并不是每个人都能获得高分，但这种方式会使所有孩子都受益。这就要求爸爸妈妈们在孩子的学习过程中加以督促引导，使他们自觉养成勤奋刻苦的品德。

勤奋是成就任何事业的必备条件之一。近年来，不断出现出身于贫困山区及

农村的孩子在高考中取得高分而被著名大学录取的事例。北京宏志班学生成绩普遍良好，在该班级中也不乏家境贫寒、成绩优异的学生。这些孩子未必就比城里的孩子聪明，而他们能享受到的外部条件、家庭辅导条件、学校的教学质量等一般来说较之大城市的学生也差得很远，但他们却取得了优秀成绩，这充分凸显出勤奋的作用。

榜样魅力

在剑桥读书的孟雪莹就是一个靠勤奋获得成功的例子。孟雪莹是一个勤奋的女孩，她最看不起那些守株待兔、凡事总想不劳而获的人。在她小的时候，爸爸妈妈就用"头悬梁，锥刺骨"的勤奋读书故事来教育她，她听得特别认真。上学以后，她每天早晨六点半起床，在庭院里早读半小时，七点钟吃完饭上课，十一点半放学回家，中午午睡一小时，晚上六点半就去上晚自习，一般都会自习到十一点半才上床睡觉。她的饮食起居都很有规律，而且始终保持着这样的规律。由于在教室里上自习一方面有老师的辅导，另一方面大家在一块学习也比较有气氛，所以孟雪莹每天晚上都坚持去学校上自习，有时候即使身体状况不好仍执意要去上自习。孟雪莹小小的年纪就对勤奋有着自己的看法，读高中时，她在日记本里这样写道：

理想好立，目标好定，但难的是实现目标的过程。人多多少少都有点惰性，在目标确定时信誓旦旦，但真正实施目标的时候却只是3分钟热情……学习的确是一件苦差事，作为一名学生，每天早上月亮还在天上时我们就得背着书包去上课，晚上月亮都已经挂在天上的时候我们才能往家返。所以说，我们事实上是一群很难见到太阳的人。在高强度的学习压力下，只有锻炼好自己的毅力、刻苦勤奋，才能在成功的路途上迈出坚实的步伐。

孟雪莹在日记中是这样写的，在实践中也是这样做的。有一次她患了重感冒，还在发烧，可晚上她还要坚持去上自习。鉴于她身体的情况，爸爸妈妈不同

要重视孩子的道德品质

意她去,但是她摆出一副很洒脱的样子,说自己的感冒已经好多了,所以一定要去上自习。上完自习回来,在上床休息之前,她还一再嘱咐妈妈第二天早晨六点半如果她还没有起床的话就务必叫她起床,因为自己还没有背书。这些小事情虽然琐碎,但就是这样的小事才真正能够体现一个人刻苦勤奋的优良品质。孟雪莹后来成功地走进剑桥大学,为人羡慕,其实那光环的背后都是极其普通的勤奋刻苦的琐碎小事。正如孟雪莹自己在日记中说的:"成功的取得更大程度上是依赖于在实现理想的过程中谁付出的勤奋和汗水多一些,谁的毅力更强一些,谁坚持得更久一些。"

解决方法

怎样才能在孩子身上培养出这种勤奋努力的品质呢?专家对此提出了以下建议:

(1)从爸爸妈妈自身开始

爸爸妈妈的言行一致是极其重要的。爸爸妈妈想在孩子身上培养某种品质,首先应从自身开始。让孩子看到爸爸妈妈努力工作的情景,那对培养孩子的勤奋品质会非常有利。

(2)对孩子的勤奋努力给予关注和承认

爸爸妈妈可以抓住适当时机,通过言辞承认孩子的努力、耐力和勤奋。其范围可从一句简单的"我喜欢你努力"到对他们所做的预习、许诺和忍耐力进行详尽的评论。爸爸妈妈也可在孩子按标准完成了一项任务后加以肯定与主动赞扬。通常我们还要将对完成一项任务和做好一项工作所确立的标准告诉孩子,例如,"我更喜欢你津津有味地去做这件事"这句话倾向于强调勤奋与投入,而讲"仅仅把这项工作完成"则不存在这种倾向。

(3)指出勤奋努力是孩子获得成果的因素

尊重一个为学习而拼搏的孩子,就意味着对"勤奋"这一品质的评价高于成

绩本身。崇尚勤奋品质的家庭，会有区分地考虑到每个孩子的优点，而不是将他们相互比较，当然也不会根据成绩去比较他们。每个孩子的能力有所不同，最重要的是使每个孩子都能取得进步，这些进步就要依靠每个孩子自身的努力。这也就意味着，作为爸爸妈妈应当对成绩报告单上的分数所隐含的努力予以更多的关注，并且承担起培养和支持孩子做事时所需的坚韧品质的职责。

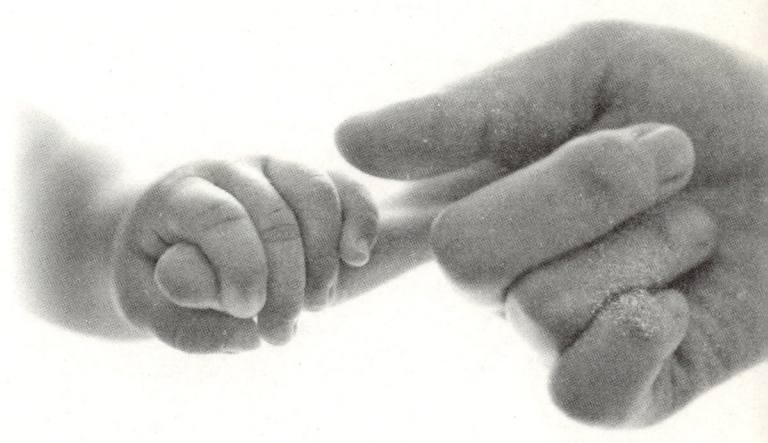

要让孩子学会自立自强

引经据典

　　自强是人成才的前提,唯有懂得自强的人才能在人生中节节胜利;自立是人成才的根基,唯有能够自立的人才会在事业上连攀高峰。

——〔中〕林语堂

　　具有独立意识和自强意识的年轻人是有力量的,因为,这两种东西是推动一个人改造自我命运的动力之源。

——〔日〕池田大作

要让孩子学会自立自强

爸爸妈妈们,你们好!

我们常常听到许多爸爸妈妈抱怨说:"我的孩子怎么自立性这么差?为何他什么事都依赖于我呢?"每当听到这样的抱怨,我们都会微微一笑,然后反问:"你的孩子为什么总是过分依赖呢?"而往往在这时,那些爸爸妈妈会被反问得张口结舌。

其实,答案很简单,那是因为:爸爸妈妈过于限制孩子,而没有给予孩子自立自强的机会。

为什么要培养孩子的自立自强呢?

因为自立自强是孩子成才的根基。

我们几乎从每一个人身上都可以看到自立自强教育对其的深刻影响。

打一个比方,一座坚实的摩天大厦要有一个坚固的地基,而对于优质的楼宇来说,仅仅有一个深且坚的地基还远远不够,还要有好的规划、好的施工队、好的建材,否则其将是一个"豆腐渣"工程。

这个比方也适用于在自立自强教育下孩子性格的形成,地基就好比是性格中的先天成分,我们暂且称它为本性。个体即是楼宇,楼宇的建设就是一个人性格发展的过程。

自立自强教育下良好的个性品质不仅要有一个好的基础,还要有后天的不断发展与建设,要有一个适宜的环境孩子才能走向成功,孩子的个性品质才能不断完善。一个人的性格是在先天因素和后天环境因素的交互作用下逐渐发展形成的。风行于欧美各国的自立自强教育理念告诉我们:爸爸妈妈其实不需要付出太多的时间和精力就可以培养出成功的孩子来;无论贫富,无论受教育水平的高低,都可以成为成功的爸爸妈妈!

自立自强教育的目的是开发受教育者的智力体能并完善其人格。自强自立教育的内容是从孩子的实际情况出发,调动起孩子内在的学习积极性并发掘出其潜能。自立自强教育的目标是使教育的对象成为主体,让受教育者自身掌握主动

权，使其在发展的过程中拥有无穷的力量和智慧。

对自立自强教育起辅助作用的人，在学校为老师，在家庭为爸爸妈妈，但在中国，目前自立自强教育的工作大部分都落到了爸爸妈妈身上。

所以，爸爸妈妈们一定要重视对孩子的自立自强教育，因为自立自强是孩子成才的根基，培养孩子的自立自强精神等于是为孩子未来的成功打下了基础。下面我们来共同探讨一下如何对孩子大胆放飞，如何培养其自立自强的精神。

31 孩子不要过分依赖

重视理由

爸爸妈妈们要明白：不管孩子现在有多么弱小，但终有一日要成为能够在社会上立足的人。因此，爸爸妈妈们应该付出全部的爱去帮助孩子克服过分依赖他人的心理，尝试融入到这个世界，全力支持孩子去学习其不懂的东西。

追根溯源

爸爸妈妈对孩子的过分保护会使孩子失去做事的自信心，久而久之，孩子会产生强烈的依赖心理，并认为自己不能做什么，没有能力。所以，明智的爸爸妈妈对自己的孩子不会"事事"都关心，虽然这样看上去是冷漠的，甚至有些"残酷"，但这样做对孩子的成长是有好处的。

要知道，日常生活中的意外伤害是随时随地都存在的，遇到磕磕碰碰的事情也是不可避免的，对孩子来说，不应当总是逃避各种危险，而应该学会去面对、去忍受，因为长大之后的生活环境需要忍受的东西更多，从小培养孩子的自信和自立能力是为了他日后更好地工作、生活。

爸爸妈妈不必事事包办，许多事情孩子自己完全可以做得很好，应该让孩子去尝试新鲜事物，应该放心地让他们自己去做，让孩子们认识到"我能行"，这

要让孩子学会自立自强

才是最重要的。

日本教育家真锅博先生认为,让孩子去做从未接触过的事情所代表的意义是非常深远的。

他说:"让孩子接触从不知晓的事物不仅可以增加体验或知识,而且借此机会还可培养孩子的持久力或忍耐力,养成面对困难与挑战的坚毅个性。"

有不少爸爸妈妈在让孩子做从未做过的事情时都会因不安而将步骤全部告诉孩子。这样的做法虽然是想让孩子有新的体验,但把过程说得太详细,这种体验就丧失了其原本应具有的意义。

从这一点来看,真锅博先生的主张就非常正确,其只给出最初的提示,但会省略详细的步骤问题。孩子即使感到困难,也会自行发现问题,进而靠自己的力量去解决问题。有些看似简单的事情也会有预料不到的困难,而那种发现问题后的惊疑往往可以促使孩子向新的事物挑战。

因此,对于过分依赖的孩子,爸爸妈妈们一定要认识到让孩子勇于尝试的重要性,并让孩子在对新事物的接触中发现世界的乐趣,从而改掉过分依赖的毛病,走向独立。

榜样魅力

美国的爸爸妈妈很看重在孩子幼小的心灵中建立起自立自主之心,他们从小就会鼓励孩子做一些他想做的事。凯丽是这样帮助他的儿子汤姆的:汤姆两岁时就知道主动帮助凯丽收拾桌子了。每当家中的客人看到他手中拿起一个盘子的时候,他们总会说:"汤姆,小心,不要把它打碎了。"在这样的情况下,凯丽会对好心的客人说:"没什么,汤姆会把它们收拾好的。"

好心的客人不知道,如果凯丽不允许儿子去碰那些盘子,或许凯丽会永远保住那个盘子,但一声"不允许"会在儿子的心中留下一个阴影,可能会阻碍他某种能力的发展。

当汤姆尝试自己穿衣服的时候，经常会把衣服穿反，而凯丽夫妇从来都没有嘲笑或责骂过他。凯丽不会让汤姆觉得自己无能，而是耐心地教他。

凯丽还鼓励汤姆自己收拾房间，即使他的"动作"很糟糕，凯丽也会夸奖他一番。房间收拾得是否整洁并不重要，对于汤姆来说，他认真在做，这就足够。美国的爸爸妈妈从不娇纵孩子，不主动替孩子做事，其目的之一就是培养孩子从"要我干"到"我要干"的转变，增强他们独立做事的能力。

解决方法

有许多孩子表现得离不开父母，样样事情都依赖父母。造成这种情况的原因主要是家长的教育方法不正确。有的过分保护孩子，事事都由家长包办代替——要吃饭，就有人给他盛、端、喂；要穿衣，就有人给他穿、戴、套。有的家长还无原则地满足孩子的无理要求等。

其实，家长对孩子的过分保护和孩子对父母的过分依赖将会影响到孩子心理的健康发展，也将影响到他未来的生活，甚至影响到其成长成才。

对于这类孩子，家长的正确教养态度和方法应该是：

（1）满足孩子基本的依赖需要，但不要完全支配、控制孩子

孩子对父母有依赖感，父母充分地关心、爱护孩子并适当地给予他们满足是必要的，这样能使孩子在心理上有安全感。但父母绝对不要无原则地迁就孩子并满足孩子的要求。既要对孩子提出与其年龄相适应的合理要求，又要避免给孩子规定得太多、太死，更不要过分地挑剔孩子的行为使他左右不是。

（2）鼓励孩子自己选择活动，对正当合理的要重视

父母要给孩子一定的自由度，孩子能决定的事尽量让孩子自己决定。对于孩子向大人提出的非正当合理要求应做出及时、亲切的反应，不要模棱两可或粗暴拒绝，更不要无原则地答应，要让孩子明确家长不支持的理由。对孩子表现出来的独立行为要肯定、支持。这样孩子就会慢慢从"依赖"向"独立"转化了。

要让孩子学会自立自强

（3）让孩子做力所能及的事情，培养孩子动手的习惯

让孩子从小事做起，参加家庭劳动，在劳动中培养孩子的自理能力，从而使其变得独立。不过，在培养孩子动手能力的时候应按照孩子年龄、能力的发展程度对其提出适当的要求。能力要渐渐培养，循序渐进的教育方法可使孩子在遇到问题时避免因过多的挫败感而导致自信心的丧失。当孩子看到自己独立完成了许多事后，他们的自信心和责任感便会增强，从而减少对父母的依赖心理。

（4）运用一定的策略改变孩子已形成的依赖心理

父母一旦发现孩子有依赖性，就必须及时地给予纠治。首先应了解孩子依赖心理形成的原因，以此为基础，使用一定的策略也是非常必要的。

32 孩子要有自制力

重视理由

爸爸妈妈们应当从孩子小时候起就用外在的约束力帮助他培养自我管束、自我控制的能力。要求孩子负责任，让孩子学到如何控制自己冲动的能力，这会对孩子的终生都有益处。

追根溯源

小孩子经常会出现种种无理取闹的情况，他们常常会为一点小事而大发脾气，挑三拣四，大吵大闹，常有种不公平感；他们明明知道一些事不该做，却还是会去做；经常告状，不讲道理……孩子的这些问题让爸爸妈妈感到非常头疼。

像这样爱无理取闹的孩子在生活中比比皆是。无理取闹其实是儿童缺乏自制力的一种表现。自制力是指能够控制自己、支配自己，并自觉地调节自己行为的能力，它表现为既善于促使自己去完成应当完成的任务，又善于控制自己的不良行为。

孩子，把你的手给我

人们经常会为自己一时的情绪、兴趣、欲望所支配而失去理性，造成本不该有的损失，从而最终输掉自己。让孩子学会控制自我、支配自我并自觉调节自我的行为，即让孩子既能够自觉地完成理所应当完成的任务，又能够抵制不良行为是十分必要的。爸爸妈妈在管教孩子的过程中应注重把对孩子外在的约束力转化为他们内心的自我控制能力，这样孩子们今后才能真正独立走入社会，求得很好的生存。

孩子的自制力主要是靠后天的教育培养起来的。当今的独生子女经常会无理取闹主要是由于爸爸妈妈的不当教育方式造成的。孩子几乎生下来就会察言观色，监护人最初的无条件妥协是造成孩子无理取闹的起始原因，祖父母的溺爱和袒护更是助长了孩子无理取闹的气焰。

无理取闹的坏习惯一旦养成，孩子就很难控制自己的行为和愿望，往往想做什么就做什么，出现种种"越轨"的行为，这将严重影响到孩子今后的发展。

榜样魅力

下面是一个爸爸成功教会孩子自制的故事。

有一个脾气非常暴躁的男孩，他的爸爸为了帮助其控制自己的情绪和行为，想出了一个办法。

这天，爸爸把他叫到一面墙壁面前，对他说："孩子，爸爸知道你脾气不太好，这也不是你所希望的。但是，骂人、脾气不好会影响到别人。这样吧，从今天开始，你感到自己要发火的时候就在这面墙壁上贴个图标。"然后，爸爸给了小男孩一叠图标。

一周后，墙壁上果然贴了许多图标。一天晚上，爸爸指着墙壁上的图标对男孩说："孩子，你看到自己的坏脾气了吗？"男孩不好意思地低下了头。爸爸说："从现在开始，如果你一天不发脾气，你就从墙壁上撕下一个图标。"

第一天，男孩坚持不住还是发了火。第二天，男孩居然真的没发火。在这周

要让孩子学会自立自强

内,男孩居然有3天没发火。一个月后,墙壁上的图标都被撕掉了。

那天晚上,爸爸又把儿子叫到墙壁前,对儿子说:"孩子,现在你已经学会控制自己的脾气了,这非常好。你看看,以前你发脾气的图标虽然被撕下来了,但是图标的痕迹还在。这说明你每次发完脾气之后,不管是给他人还是给自己都带来了不可磨灭的伤害。"

男孩惭愧地笑了笑。从此以后,男孩就很少再发脾气了。

解决方法

既然自制力对孩子的成长成才如此重要,那么,爸爸妈妈们应该怎样培养孩子的自制力呢?教育专家向爸爸妈妈们提出了如下建议:

(1)坚决制止孩子的不礼貌和不良行为

爸爸妈妈有必要让孩子知道,自己的爸爸妈妈既是友善随和的,又是有权制止他的无理取闹行为的。爸爸妈妈不能一贯纵容孩子,这样孩子将不会有满足感。

适当地拒绝孩子,会使孩子懂得与人相处时要讲道理,不能为所欲为。被宠坏了的孩子,即使是在自己家里也不会感到幸福。

被宠坏的孩子一旦进入社会,肯定会感到与他人格格不入,他们会发现没有人愿意与自己相处,因为别人都不喜欢他无理取闹、自私自利。爸爸妈妈们如能坚持因人施教,孩子就能逐渐学会控制自己、约束自己。

(2)坚持说理,帮助孩子正确评价自己

爸爸妈妈在纠正孩子无理取闹的坏习惯时一定要坚持说理,既要告诉孩子"不能这样做,要那样做",又要让他知道"为什么不能这样做,要那样做",为孩子建立起一套行之有效、持之以恒的行为准则,作为孩子评价、判断自己行为的依据,以此来约束自己的行为。只有让孩子了解到行为准则的意义,他才会心悦诚服地遵守并执行,自觉地控制不符合规范的行为,而爸爸妈妈简单的训斥

与体罚是不能真正起到教育孩子的作用的。

（3）对孩子的物质条件适当地"剥夺"

丰富的物质条件容易使孩子挑三拣四。我们经常会看到家庭条件好的孩子往往不听话，而条件不好的孩子却很懂事。因此，对孩子的物质条件适当"剥夺"可能会有利于改正孩子无理取闹的坏习惯。比如，吃东西的时候给什么就吃什么，如果不愿意吃就挨饿；不该买的玩具一定不给买，孩子怎么闹也不答应。爸爸妈妈应意识到，孩子的习惯是从小培养起来的，在小事上也要坚持原则，不能妥协。

（4）对孩子的无理取闹置之不理

孩子的无理取闹一般都会发生在爸爸妈妈不满足他的某种需要的情况下，尽管爸爸妈妈给孩子讲了一大堆道理，但孩子根本就听不进去。这时爸爸妈妈可以对孩子采取置之不理的态度，让孩子尽情哭闹，一定不要妥协。过一会儿，孩子就会感到自己这样做根本就解决不了什么问题，于是就会自行停止。如果爸爸妈妈始终坚持这样做，孩子就会逐渐改掉无理取闹的坏习惯。

（5）为孩子树立榜样

孩子特别善于模仿，情绪极易受感染。因此，爸爸妈妈可利用生活中、电视剧中的"好孩子"形象来教育孩子，充分发挥榜样的作用。

爸爸妈妈应当通过各种方式让孩子明白，懂事的孩子让人喜欢，而无理取闹的孩子让人讨厌，使孩子的行为向好的方向发展。

（6）帮助孩子控制自己的情绪

近年来，心理学研究发现，有些孩子的无理取闹是因为情绪发育不健全造成的。儿童大脑中枢神经系统的神经纤维髓鞘化尚未完善，表现为兴奋比较容易泛化，兴奋强于抑制，反应不精确，所以外界较小的刺激都极易引起儿童的兴奋而难以自制。对于这样的孩子，爸爸妈妈可以通过心理训练的方式来改善其感觉系统，使他们的情绪发展与心理素质发展相协调。

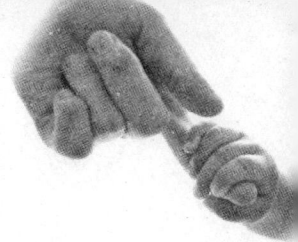

要让孩子学会自立自强

33 孩子不应该自我意识薄弱

重视理由

自我意识是孩子走向明天的一把心灵钥匙,是帮助孩子成功的人生支柱,所以,爸爸妈妈都应注意积极培养孩子的自我意识。

追根溯源

爸爸妈妈们一定要了解孩子的"自我意识"。

孩子的自我意识是孩子对于自己以及和周围事物的关系的一种认识、情感及意向。

自我意识强的孩子总是会把自己作为认识的对象,把作为主体的自己从客体中区分出来,对自己的身体状况、心理状况、思想状况以及自己与他人的关系等进行认识、评价,在此基础上形成一定的自我意象,并影响自己的行为。也就是说,自我意识是孩子认识自己和对待自己的统一,是对自己的认识、对自己的态度、对自己行为的调节的综合性表现。

与自我意识有相互联系、相互作用的内容是:

①自我认识。包括自我观察、自我感觉、自我知觉、自我评价等,其中自我评价是核心内容。

②自我情感。包括自我体验、自我态度、自我意象等,其中自我意象是核心内容。

③自我管理。包括自我监督、自我教育、自我暗示、自我激励、自我强化、自我设计、自我控制、自我完善等。自我管理是整个自我意识中的核心内容。自我意识的本质在于孩子对自己行为的管理和选择。

比如说,如果孩子认为自己是一个失败的人,就会在内心的"荧光屏"上看

到一个垂头丧气的自我，听到"我没出息""我没本事"之类的声音，感受到沮丧、自卑、无奈等——而孩子在现实生活中便"注定"会失败。

如果孩子认为自己是一个成功的人，其便会在内心的"荧光屏"上见到一个不断进取、敢于经受挫折和承受压力的自我，听到"我能行""我很了不起"之类的声音，感受到喜悦、自尊、卓越等——而自己在现实生活中便"注定"会成功。

消极的自我意识会使人失败，积极的自我意识会使人成功。具有积极自我意识的孩子能积极地认识自己、积极地评价自己、积极地对待自己、积极地管理自己、积极地发展自己，使自己的潜能得到发挥，使自己的价值得以实现。

"积极性"对于孩子来讲至关重要。人不是棋盘上的棋子，别人动一下你就走一步，那样被动的话自我意识又从何而来？所以，决不要让孩子形成这样一种观念，即"做事、学习是为了爸爸妈妈和老师"，而是从小就要让孩子明白"今天我所做的一切，都是为了我的明天"，也就是说要让孩子有一个从"要我干"到"我要干"的思想转变。

榜样魅力

古希腊哲学家苏格拉底有句名言："认识你自己！"爸爸妈妈在孩子的成长过程中应当帮助其认识自己。当很多孩子面临选择时，常常不知自己到底喜欢什么。2003年北京市高考理科状元萧萧考上了北京大学，但是她在考上北大之前却经历过一段戏剧化的学习生涯。

萧萧从小就有数学天赋，考上了奥林匹克学校。进入奥校后，萧萧平时非常喜欢看武侠小说，而且也很贪玩，因此受到了老师的批评。萧萧一气之下便要转学。

妈妈在遇到这种重大问题时不替女儿做主，而是让女儿自己决定。她对萧萧说："你可想好了，这可是你自己辛辛苦苦考进去的，你想好了转学，就可以转

要让孩子学会自立自强

学。"

萧萧就自己做主转学了。转学以后,萧萧更加迷恋武侠小说,经常在上数学课时也看,结果成绩退步了。妈妈找萧萧谈话,她对萧萧说:"你将来打算怎么发展呢?"

萧萧志向坚定地对妈妈说:"我将来要考北大附中。"

妈妈说:"你要上北大附中,这是一个很好的志向选择,但是,上北大附中数学不好是不行的。现在,你只有进了数学奥校才有可能考上北大附中。"

萧萧想了想,说:"那我就再考进奥校吧。"

后来,萧萧通过努力又考奥校,以后又考上北大附中,最终考上了北大。在萧萧做这些选择的过程中,妈妈一点都没有干涉过她,所有决定都是萧萧自己做出的。但是,妈妈却在这个过程当中帮助萧萧正确认识到了自己的优势和劣势,从而使萧萧更好地做出了选择。

解决方法

孩子意识到"自我"的存在和能力,就迫切地要求表现自己,产生了强烈的"我自己来"的愿望。他们开始试图摆脱成人的帮助而做自己想做的事,他们要自己吃饭、自己玩、自己做事,反对大人对他们的干涉。叫孩子吃饭,孩子不听,继续玩自己的玩具,因为他现在想玩而不想吃饭。孩子还会故意做一些破坏性的行为,比如摆积木,刚刚摆好,便用手一推,"哗"的一声倒了,你若帮他再摆,他仍会故伎重演,直到最后把积木扔到地上才善罢甘休。家长让他别去踩水坑,因为水会弄湿鞋子,可他偏偏要去踩水,根本就不理会鞋子脏不脏,只觉得这样好玩。这些都是孩子"自我意识"的表现。

人要独立地走向社会就必须拥有自主独立的能力,因此从小就应培养孩子的自我意识,培养其自主、自立、自强的精神,以及认知和实践能力。自我意识的发展本身也是个人对自身的一种反思,正是这种反思使人不断地找到自我、超越

自我、实现自我。

爸爸妈妈过度的指挥和要求带来的往往是孩子的反抗和敌对情绪，而诚恳地交谈带来的却是合作。爸爸妈妈只有把孩子当成宝贵财富而不是一件物品，要求他们参与而不是指挥要求他们干这、干那时，孩子们才会感到获得了尊重与信任。

34 孩子要有生活自理能力好习惯

重视理由

爸爸妈妈们，让孩子学会生活自理不仅是锻炼孩子的自立自强，更是孩子成长的需要。你们想一想，如果一个人连自己的生活都不会打理，还何谈成才立业呢？因此，培养孩子的生活自理能力就是为孩子未来的成功铺平道路。

追根溯源

在现实生活中，许多爸爸妈妈都非常重视孩子的智力教育，望子成龙心切，但却往往忽视了孩子生活自立能力的培养。爸爸妈妈什么家务也不让孩子干，甚至上了小学的孩子连吃饭、穿衣还由爸爸妈妈包办，结果造成孩子对爸爸妈妈、家庭、环境的过度依赖，有些小学生连基本的生活处理能力也没有，成为家庭中所谓的"小皇帝"。究其原因，主要是爸爸妈妈的过度关心所致。事事为孩子包办，势必会隔断孩子同周围环境的接触，其结果是，孩子们应当具有的自我探索性活动都变成了爸爸妈妈精心照料下的被支配性活动。如果孩子缺乏独立的尝试机会，他们就会变得事事处处依赖爸爸妈妈去获得每一项新的经验。爸爸妈妈的一系列替代活动，会使孩子逐渐丧失掉自我。有的爸爸妈妈每天都会详细盘问孩子班上发生的一切，从而给孩子种种"指导"，甚至在班内同哪个孩子玩不同哪个孩子玩都由爸爸妈妈决定。孩子在生活、学习中处处靠爸爸妈妈的保护进行选

要让孩子学会自立自强

择,靠爸爸妈妈的力量去参加各种社会活动,久而久之,孩子便会丧失独立性和克服困难的意志与能力。显而易见,这对孩子未来的发展极为不利。

榜样魅力

爸爸妈妈的言行会给孩子们留下深刻的印象,使他们明白只有依靠艰苦的劳动才能改变与创造生活。同时,也会形成他们善于待人接物、团结助人的高尚品行。

怀特·戴维·艾森豪威尔(1890年—1969年),美国第三十四任总统。艾森豪威尔靠自己的努力考入西点军校,并以优异的成绩毕业。

在服役期间,艾森豪威尔就显露出了卓越的军事才能,因此他受到赏识而步步高升,1941年还是上校,到1945年便已是五星上将了。"二战"胜利后,杜鲁门总统任命他为陆军总长。1948年艾森豪威尔退役,担任哥伦比亚大学校长一职。1952年竞选美国总统获胜,1956年连任。

艾森豪威尔的父亲戴维·雅科布·艾森豪威尔一生艰难,后来做了一家煤气公司的经理,情况才稍有好转。母亲艾达·伊丽莎白·斯托弗则是个虔诚的教徒。

艾森豪威尔从小受爸爸妈妈的教育和影响,形成了百折不挠、奋勇向前、勇于同困难作斗争的精神品质。所以,他在任何时候、任何环境中都能保持一个强者的形象。

艾森豪威尔的爸爸妈妈曾经两次受骗,经济遭受过巨大损失,但母亲每次只是微微一笑,然后又投入到工作中。

艾森豪威尔的爸爸妈妈相亲相爱,在艾森豪威尔的记忆中他们没有吵过架,美满和谐的家庭生活对艾森豪威尔产生了良好的影响。

艾森豪威尔的爸爸妈妈从不溺爱孩子,而是根据他们所信奉的宗教"河上兄弟"派的传统严格教育孩子。他们教给孩子各种文化知识,培养孩子做家务的习惯,包括做饭、打扫卫生等。

孩子，把你的手给我

艾森豪威尔家的住宅旁有一块空地，在春天，全家人都会在那里种些蔬菜。等到收获时，几个孩子就用小车把菜运到城里去卖，用所得的钱购买衣服和生活用品。

一次，艾森豪威尔的弟弟染上了猩红热，家里顿时变得紧张起来。妈妈向艾森豪威尔交代了一件"大事"，就是给全家人做饭。

艾森豪威尔小小年纪哪里会做饭，况且此前他根本就没做过饭。但是他想，许多事情都是逼出来的，母亲把这件事交给自己了，就应下定决心把饭做好。因为弟弟得的是传染病，所以父亲和兄弟挤着住在楼下，妈妈则和邻居一位大妈一起照看弟弟。两个哥哥在外面做工，所以烧水做饭的事情自然而然就落艾森豪威尔头上了。

刚开始，母亲手把手地教他怎么切菜怎么生火，母亲会每天吩咐他做什么饭，每到吃饭之前艾森豪威尔都会在厨房里忙活一阵子，还真的能行！或许是从来没有做过饭的缘故吧，他感到做饭还有几分新鲜有趣，所以做得极其认真仔细。由于没做过饭，所以手艺不精，他做的饭菜常常会让家里人吃得直皱眉头，还叫嚷着难以下咽。

但后来，他越做越熟练，还摸索出了一道拿手好菜——做一种汤，家里人都非常喜欢喝。艾森豪威尔真是高兴极了。

解决方法

在发达国家，父母普遍重视从小培养孩子的自理能力和自强精神。之所以如此，是因为市场经济社会要求其社会成员必须具备这种能力和精神。

年轻的爸爸妈妈们为了孩子的未来、为了下一代的明天，请将孩子从"怀抱"中放下来，在日常生活中多给孩子一些生活自理自立的锻炼机会吧。而要培养孩子的生活自理能力，爸爸妈妈须注意如下几个方面：

（1）要善于培养孩子的主动性和独立性

要让孩子学会自立自强

在家庭生活中,应当注意教育孩子自觉、主动、独立地调节自己的行为,而不是事事都依靠爸爸妈妈的督促、管理。应当教育孩子明确自己活动的目的和任务,逐步培养孩子学会自觉地计划并检查自己的学习及活动,爸爸妈妈切不可包办代替。由于小学阶段的孩子自我调节、控制行为的能力还很差,所以,单单用讲道理的方式培养孩子的独立性还不够,必须要把抽象的道理和具体生动的事实结合起来,方能收到良好的效果。

(2)多让孩子参加劳动,特别是服务性劳动

应当放手让孩子参加自我服务劳动,让其学会照料自己的生活,诸如穿衣、系鞋带、梳头、洗脸、吃饭、整理书包、收拾房间等,爸爸妈妈尽量不要替孩子做。如果爸爸妈妈在生活方面过分照管,不仅不利于孩子独立性、自主性的发展,而且还很容易使其养成诸如懒惰、依从等不良品质。爸爸妈妈还应当让孩子经常参加一些家务劳动,如帮爸爸妈妈洗菜、购买物品、打扫卫生等,这是培养孩子生活自理能力的一种有效手段。除此之外,爸爸妈妈还应当鼓励孩子积极参加学校的值日劳动和一些公益性劳动,爸爸妈妈决不可代替孩子完成这些活动。让孩子参加自我服务劳动,自己动手来满足一些个人的需要,不仅能够培养孩子的生活自理能力,而且还有助于使其养成尊敬爸爸妈妈的良好习惯,对培养孩子的集体荣誉感、责任心也大有帮助。正如苏霍姆林斯基所指出的那样:经常化的"自我服务劳动能使劳动变为人人都负担的平等的普遍义务",能使孩子"感受到,通过自我服务的劳动,能使生活变得更美好、更快乐、更可爱"。

(3)培养孩子良好的时间观念

在日常生活中,相当多的小学生都有办事磨磨蹭蹭的坏习惯,效率观念和时间观念很差。爸爸妈妈应教育孩子有效利用时间,让其学会对时间的统筹安排,并学会利用好零碎时间并发挥时间的综合效应,教育孩子理解时间在生活中的意义,使其从小在心中就打下"时间就是生命"的深刻烙印。爸爸妈妈还应注意让孩子养成今日事情今日完成、珍惜时间、节约时间、遵守时间、合理安排时间的

好习惯。

（4）爸爸妈妈要做孩子的表率

由于小学生自我判断的能力还很有限，他们喜欢模仿他人的行为，而不会考虑某种行为是否正确、适当。所以，爸爸妈妈应为孩子提供良好的榜样，以身作则，言传身教，给孩子树立一个可供他们学习的范例，使孩子在潜移默化中养成生活自理的好习惯。

当然，培养孩子的生活自理能力不能过急，应循序渐进，要随着孩子年龄的增长逐步提出孩子力所能及的要求，不要让孩子做超出其能力范围的事。

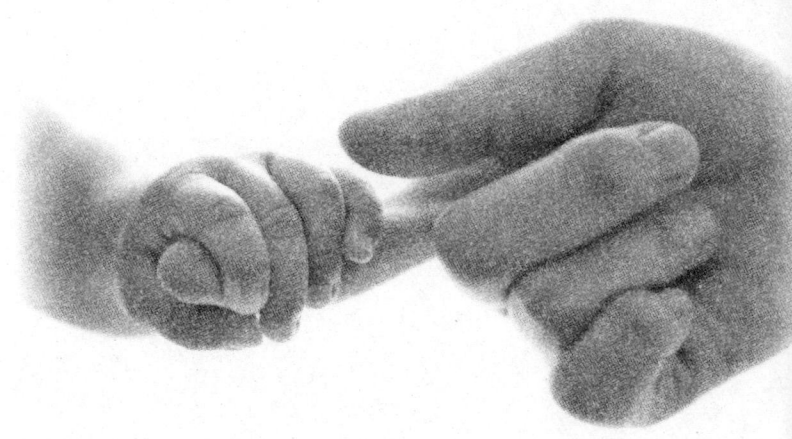

要培养孩子的阅读兴趣

引经据典

　　书籍,是打开知识世界的一扇门。只有懂得阅读和学会阅读的人,才能够在知识的海洋中自由地翱翔。

——〔法〕雨果

　　书是一种奇妙的东西,那里面藏着作者的灵魂,把书打开,这个灵魂便解放出来,便会神秘地与你交谈。

——〔俄〕高尔基

要培养孩子的阅读兴趣

知心话儿

爸爸妈妈们，你们好！

多读书、读好书、会读书的孩子，往往会为今后的人生积累丰富的知识基础。所以，爸爸妈妈应当下工夫指导孩子掌握阅读的方法和技巧，使孩子学会读书。教会了孩子阅读的艺术，就等于送给了孩子一套驾驭知识的法宝。

会读书的孩子能抓住要领，掌握知识的精髓；而不会读书的孩子则不仅容易流于形式，而且因为不能够领会、理解应该掌握的知识，对要学的东西毫无头绪，最终产生对读书的厌倦。那么，爸爸妈妈应当如何指导孩子读书呢？

首先应教会孩子有选择地读书。孩子如果不了解读书的诀窍，他们往往拿起书就从第一页的第一行起一个字一个字地读下去。然而，有些书籍的前几页往往是索然乏味的漫长叙述。因此，孩子很容易刚开始阅读就产生厌倦。

其实，任何一本书都不可能处处精彩，即使那本书是自己所喜欢的也未必从头到尾都合乎自己的口味。这个人认为有意思并迫切需要的部分，也许换上另一个人就会认为是多余的叙述。

因此，爸爸妈妈应指导孩子先看目录，然后选择对自己有用的部分加以阅读。即使是从头到尾阅读，也应有粗读、细读之分，精彩的、重要的部分甚至要反复读，必要时还要画重点、做摘录、记笔记、写阅读心得。一般来说，诗词或有深度的文章都要逐字逐句地细心咀嚼。而如果是讨论某一个问题或评论，就不必逐字逐句去阅读。有些书籍虽然厚达几百页，但作者真正想说的却只占其中的几十页。如果读这些内容就可以了解作者的论点，就不必去阅读其余冗长的叙述了。

另外，应教会孩子明白所读书籍的主要意思是什么。大部分书籍，只要阅读序文就可以了解其主题和作者的态度。因此，在阅读正文之前可以先阅读序文，有时并不需要阅读全文，只要把绪论、本论、结论的重要部分各翻数页，就可以了解到全书的主旨了。有些书籍可以先浏览目录，选择有趣的部分来读。读完了

一本书并不能算是完全的读书，即使是把文字全都看过了，如果没有把握内容，仍然是不完全的读书。真正的读书，并非是按部就班地读，只要能够真正把握自己所需要的部分，完全可以不去翻阅自己所不需要的部分。

最后，要让孩子消化阅读得到的知识。有些人误以为读书必须要记忆，若不记忆就不能算是读书，这种观念最容易使孩子视读书为畏途。因为孩子本身需要记忆的东西已经很多，再要求他们读什么都记住显然不切实际，这只能使他们把阅读看成是一种压力，而不是乐趣。

其实，凡是专心阅读的书籍即使未曾记忆，也必然可以变成人们精神上的营养而被吸收。

35 孩子要培养阅读能力

重视理由

兴趣是阅读的原动力。孩子只有对阅读有兴趣了，才能喜爱读书。爸爸妈妈若要让孩子对读书产生浓厚兴趣，就需要启蒙开发，利用各种形式进行引导，以此激发出孩子的阅读兴趣。

追根溯源

拥有良好的阅读习惯能够增加孩子的知识、增进孩子的专注力、更能让孩子有创造及思考的空间。父母非常希望孩子能喜欢读书，但是却时常会碰到一些问题——"如如看书不到3分钟就跑走了""小宝都不喜欢看我买的书""小华不喜欢看书，只爱玩积木"等等。

孩子为什么不喜欢读书呢？儿童教育专家指出主要有如下原因：

（1）儿童阅读面临的挑战

与大众传媒的广泛接触，读写时代与视听时代的冲突。家里整天开着电视

要培养孩子的阅读兴趣

机,每天花上3个小时看电视的儿童都不喜欢看书,即使看,也多是看连环画、日本卡通漫画。事实上,动感的电视节目的确比图书更具吸引力。相当多的成年人看不懂卡通,孩子们却一看即懂一懂即迷,这究竟是怎么回事呢?原因也明摆着,成年人在读写的时代长大,孩子在视听的时代长大,文化的传播方式与接受方式都发生了历史性变化。

过去是孩子不了解大人,大人很神秘;今天倒过来了,是大人不了解孩子,孩子很神秘。近些年来,图书更是多了一个竞争者——计算机。很多爸爸妈妈都认为计算机是孩子一个重要的学习、谋生媒介,认为应该很早就让孩子学。计算机的互动程序也很容易吸引小孩。但孩子若迷上了打怪兽等计算机游戏机而不懂得控制时间,也是不会有任何益处的。

(2)家长的教育方式不当

有些爸爸妈妈时常会无意中打击孩子的读书积极性。最常见的是孩子在书店想买书,父母却挑战孩子:"这本书很多字,你识几个字""没有字的书你才看""买了你会看吗?家里那本你还没看""这么贵的书!你还要买几本?"

面对孩子不喜欢读书的问题,爸爸妈妈应主动培养儿童的阅读兴趣,鼓励孩子多到图书馆,爸爸妈妈要以身作则,让孩子留意到爸爸妈妈阅读的习惯,并为孩子选择合适的电视节目,而电视节目亦应与读物互相联系。爸爸妈妈亦应定个时间表,适当分配阅读及看电视的时间。

爸爸妈妈应对孩子的读本表示兴趣,并多加留意孩子阅读什么刊物。爸爸妈妈也应尝试与孩子一起讨论及交流阅读的心得,借此加强与孩子的沟通。在为孩子选择读物时,切勿忽视读物的创作性。报章上的漫画及一切书信的往来亦是趣味性的读物。

只要爸爸妈妈认真查找原因,对症下药采取一定的对策,孩子就一定会改正不喜欢读书的坏毛病。

孩子，把你的手给我

榜样魅力

1849年9月27日，巴甫洛夫出生于俄国中部地区一个名叫略桑的镇上。他的祖父和曾祖父都是当地的贫农。巴甫洛夫的父亲菲奥特尔·德米特里耶维奇·巴甫洛夫是一个贫穷教区的教士，母亲叫瓦尔瓦娜·伊万诺娃。由于收入微薄，这个多子女的家庭生活十分清苦。为了维持一家人的生计，父亲除了尽心公务外还会时常去干些农活。母亲则有时去富人家当佣人，有时替人家做饭。

巴甫洛夫家境虽然穷困，但他父亲为人正直、讨厌媚上、性格开朗、勤于读书，严格要求自己和子女。在家里，父亲似乎对孩子们显得过分严格，但他的威严并不是搞爸爸妈妈专制，而是实行一套特殊的严格教育方法，使孩子们坚强、正直、勤劳，有文化教养。

巴甫洛夫的双亲有一个共同的观点：再穷，也要让孩子读书。巴甫洛夫一到上学的年龄，爸爸妈妈就将他送进了当地的教会学校。读完小学，又读中学。中学未毕业，家里就支持他上大学了。为了支付巴甫洛夫的读书费用，一家人过着"吃不求精，以饱为好；穿不求新，以暖为好"的俭朴生活，处处厉行节约。

巴甫洛夫的父亲有一个嗜好，那就是非常喜欢读书。生活上的开支他近乎"吝啬"，但却常常舍得花钱买回一些新出版的书籍杂志阅读。在他卧室内的书架上，经常会摆满各种远非宗教神学内容的书刊，其中有各种自然科学著作，也有在俄国民主主义者车尔尼雪夫斯基等人领导下编辑的革命刊物《现代人》、《俄罗斯评论》等。为此，父亲曾被当地教徒教士们指责为"自由思想家"。父亲的这种嗜好和家庭的文化氛围，自然为孩子们创造了一个良好的学习环境。巴甫洛夫的父亲自己经常看书，也经常要求巴甫洛夫看书，并且要求他每本书至少应读两遍，读书后要能提出问题、思考答案。

在父亲的教育影响下，幼年的巴甫洛夫养成了爱读书、注意观察事物和动脑筋思考问题的好习惯。他常常会花几个小时蹲在蚂蚁洞穴旁边仔细观察蚂蚁的活动。为了探究蚂蚁洞穴的秘密，他时常会掀开蚂蚁洞穴上面的大石头，扒开洞

要培养孩子的阅读兴趣

穴,累得满头大汗也要看个究竟。他见到蚂蚁能搬动比自己身体大出好几倍的土块或昆虫尸体甚为惊奇,便会思考这样一个问题:蚂蚁身体那么小、腿脚那么细,为什么有这么大力气呢?虽然他得不到答案,但在他幼小的心灵中已经产生了一种探索自然奥秘的愿望和兴趣。

十三四岁时,巴甫洛夫在家里已经广泛阅读了俄国革命思想家赫尔岑、别林斯基、比萨列夫、车尔尼雪夫斯基等人的著作和许多其他方面的书刊,他的知识大增、眼界大开,思想发生了很大变化,开始怀疑宗教神学而崇尚民主和科学。在学校,他用书上的道理说服同学,不受宗教课本的影响;在家里,他提出许多事实说服父亲,帮助父亲也站在民主与科学一边。巴甫洛夫后来回忆说:"从我记事的时候起,便竭力为提高智慧和道德而奔忙。我读了多少书啊!"

15岁那年,巴甫洛夫在父亲的书架上看到一本名为《日常生活的生理学》的小册子,作者虽是一位不出名并早已被人遗忘的英国生理学家路易斯,但这本通俗读物中的内容却深深地吸引了巴甫洛夫,激起了少年巴甫洛夫对生理学的极大兴趣。从此,巴甫洛夫便与生理学结下了不解之缘,他将那本小册子谨慎地保存了一生。可以说,对那本通俗生理学小册子的阅读成了巴甫洛夫一生的转折点。父亲的书架不断给巴甫洛夫以知识营养,成了他智慧的一个重要源泉。巴甫洛夫在回忆自己的人生道路时说:"在上世纪60年代书刊的影响下,我们的思想趣味都转向了自然科学。"

解决方法

爸爸妈妈帮助孩子纠正不爱阅读书籍的坏习惯,可从以下几方面入手:

(1)爸爸妈妈首先要有阅读习惯

爸爸妈妈的阅读习惯对孩子是一种潜移默化的影响,因为孩子会不断地询问:"书里到底有什么有趣的故事?"如果爸爸妈妈不读书,却想让孩子读,孩子就会说:"你们都不看书,凭什么要让我看?"

（2）关掉电视，给孩子书籍

种种迹象表明，电视是让孩子们冷落文字的罪魁。据一些美国学者的调查显示，如今一个20岁左右的人，至少已经花了2万小时在看电视方面。可见，电视已经疯狂掠夺了孩子宝贵的阅读时间。电视总是扮演着这样一种角色——企图主宰人们的思想，人们有意无意就会被它牵着鼻子走。它虽然给了人们感官上的愉悦，却无情地消耗了人们宝贵的时间。

（3）让孩子们在阅读书籍的过程中感受到文字的魅力

网络尽管模糊了时空的疆界，让我们的生活更加便捷，但是，对文字的疏远必然会让我们失去欣赏文字所蕴藏着的深沉魅力的机会。电子产品和书籍的最大不同在于：电子阅读物缺少一种富有质感的触摸感，而书本阅读物却具有一种令人备感踏实的亲和力。当你静心阅读，以平和的心态在字里行间徜徉，你就能发现自己已经不知不觉走进了一片迷人的宫殿，那里面的奇幻会令你流连忘返。

（4）和孩子一起制订阅读计划，指导孩子阅读经典

孩子的阅读习惯应从识字开始，随着孩子识字能力的增强，爸爸妈妈就需要有意识地指导孩子阅读，在全面了解孩子的阅读兴趣的基础上和孩子一起制订阅读计划。古今中外的文学经典，自然是孩子阅读的首选。让孩子们的心灵与大师们交流、碰撞，让他们深切地感受到文字里所蕴藏着的瑰宝。

没有什么能比阅读经典更能使孩子汲取人类智慧的精华了，没有什么比阅读更能丰富孩子的精神世界了。这些经典著作无疑将引发孩子对阅读的浓厚兴趣。

36 孩子要学会正确阅读方法

重视理由

正确的阅读方法是求知的金钥匙，能够帮助孩子推开知识的大门；正确的阅读方法是学习的推进器，能够帮助孩子提高吸收知识的效率。因此，让孩子掌握

要培养孩子的阅读兴趣

正确阅读方法是爸爸妈妈们义不容辞的责任。

追根溯源

知识是孩子成长中最为丰富的精神营养,而阅读则是他们获取这种精神营养最为便捷的途径。因此,每个爸爸妈妈都应重视孩子阅读兴趣的培养。

对于孩子来说,学习知识的最主要途径就是读书。凡是成绩优秀的孩子,大多数都非常喜爱读书,而那些成绩很差甚至厌学的孩子则基本上都不喜爱读书。因此,爸爸妈妈要想使自己的孩子成为学习的佼佼者,就必须从小培养孩子阅读的兴趣。对于厌学的孩子,要想促使其转变学习态度,培养他们的阅读兴趣也是有效手段。

阅读有许多方法,爸爸妈妈应该让孩子掌握一些基本的阅读方法。

精读和略读是最基本的阅读方法。

精读比较注重理解与领会,要求孩子善于分析相关的内容。在精读的过程当中,爸爸妈妈可要求孩子大声朗读,而且要求孩子不可少读一个字、不可多读一个字、不可错读一个字,也不可颠倒字词的次序。这对孩子是一个很好的训练,当然,爸爸妈妈一定要表现出对孩子朗读的欣赏,鼓励孩子多多进行朗读。

略读则注重快速地抓住文章的主要内容和某些关键部分。对于孩子要学习的科目,应该运用精读的方法,反复钻研文章;而其他的书籍则可以采用略读的方法,让孩子扩大知识面就行了。

叶圣陶先生常常说,"书先看序文,是一种好习惯",因为"序文的性质常常是全书的提要或批评,先看一遍,至少对于全书有个概括的印象或衡量的标准;然后再读全书,就不至于茫无头绪了"。不管是精读还是略读,先看序都是一种良好的阅读方法。

爸爸妈妈也可以有选择性地为孩子挑选一些古文或古诗词来背诵。当然,对于孩子来说,这些书最好是加注释的、比较通俗的。如果孩子能够背诵下来,对

他以后会有很大的帮助。比如"人有悲欢离合,月有阴晴圆缺,此事古难全",这类经典的句子也许孩子一时间无法理解,但是他记住以后就可以反复品味了。

榜样魅力

朱尔斯·包尔德特是比利时的著名科学家,因进行细菌学研究的突出成绩而获得了1919年诺贝尔生理学和医学奖。

1870年6月13日,朱尔斯·包尔德特出生于布鲁塞尔西南的索格尼市一个富裕的知识分子家庭。他的父亲爱好读书,也喜欢藏书。他爸爸妈妈认为,一个没有藏书的家庭就好似是一个没有灵魂的躯体。所以,他的爸爸妈妈购买了许多书籍,连同祖父留下来的书籍,他家就像一个小图书馆。

包尔德特家的每一个房间都放有书架,书架上的书都摆得满满的。这种家庭生活环境,使包尔德特小时候就特别喜欢读书,常常会达到入迷的程度。家里人都管他叫"小书迷"。

爸爸妈妈看到儿子喜爱读书,非常高兴。他们非常关心包尔德特的学习,只要是儿子需要的书,无论价钱有多贵,爸爸妈妈都舍得花钱给他买。要是发现包尔德特认为好的书,本市买不到,爸爸妈妈一定会托人到的其他地方去买,甚至不惜托人到国外去买。每逢重大节日或家里人喜庆的日子,爸爸妈妈总是要给他一些钱。包尔德特从小就懂得,这些钱不是用来买糖果,也不是买新衣服的,他总是拿这些钱去买回一些新出版的书籍,比充实家里的书库。

包尔德特在读书学习中逐渐成长为了英俊少年,他爱好阅读的兴趣也随着年龄的增长而变得更加浓厚。在往返首都和索格尼的公共汽车上,乘客们常常可以看到他坐在车子上的角落里专心致志地看书。有时也有一些漂亮的姑娘故意去挑逗他,但他也从不为之所动。姑娘们因此笑他是"木头人"。由于看书入了迷,他常常到了站也不知道下车,总是要服务员提醒他才恍然大悟。

但后来,他却发现自己读书的效果并不好。这是为什么呢?他去请教父亲。

要培养孩子的阅读兴趣

父亲告诉他这是因为阅读方法不正确,并告诉给他一些正确有效的读书方法。从此之后,他的读书效果果然大大提升了。

经过十多年的勤奋努力,包尔德特掌握知识的进度已大大超过他的同龄人。当别人还在布鲁塞尔各中学念书的时候,他已经是布鲁塞尔大学医学院里的高才生了。22岁那年,包尔德特取得了医学博士学位,长辈们都亲切地称他为"娃娃博士"。

高尔基说过:"书籍是人类进步的阶梯。"爸爸妈妈对孩子进行智力投资,最有效的投资是购置书籍。包尔德特后来的成功应当说得益于爸爸妈妈在他小时候所创造的读书环境及条件。

解决方法

让孩子掌握良好的阅读方法,教育专家给爸爸妈妈们的建议是:

(1)先扶后放

孩子阅读能力的发展经历了从低到高的过程,需要爸爸妈妈教给他们基本的阅读方法,帮助他们培养良好阅读习惯,引导他们进入阅读的"大门"。训练阅读能力的目标最终是使其成为独立的高效率读者,但这并不能一蹴而就。在训练开始之际,爸爸妈妈应当通过示范、提醒、启发等方式"扶"他们一把,随着孩子对基本方法的掌握及阅读水平的提高,爸爸妈妈则应当减少帮助与干预,慢慢地放手。

(2)先易后难

根据孩子的实际水平选择恰当的材料,由易到难是极重要的。一般而言,阅读材料中的生字词不超过字词总数的5%。在体裁上,学龄前的孩子应以童话故事、短小的诗词为主,小学生阅读材料应以记叙文为主,简单的说明文、论说文为辅,意义明了、朗朗上口的短诗、儿童诗也可以。在文体上,童话、传奇、民间小故事也是为小学生喜欢的。另外也可以让孩子多看看报纸上的短新闻。

（3）先单篇短章，后读整本书

有时爸爸妈妈抱怨孩子阅读没有常性，一本书读了个开头就搁下了，而其实，让孩子硬着头皮攻读"大部头"原本就是不恰当的。"大部头"信息量大，其中的关系错综复杂，要求读者有较好的记忆力、连贯能力，否则读到后头忘了前头，始终是一团乱麻。而孩子抽象思维能力刚刚发展，即便坚持读完"大部头"也免不了糊里糊涂、不知所云。所以，应让孩子读单篇短章，再视具体情况指导孩子读简本巨著或"大部头"中的某些章节。

（4）先精读后略读

精读侧重于阅读理解、领悟与分析，而略读则侧重于快速地捕捉某些信息。精读与略读都是最终应当掌握的阅读方法。不过，由于孩子阅读能力有待提高，而且其任务侧重于获得坚实的基础，所以精读的训练在先。精读训练基本过关，才可以进行略读训练。

（5）多多益善

"韩信点兵，多多益善"。孩子阅读能力的提高确实需要在大量的阅读实践中完成。相当一部分爸爸妈妈倾向于孩子读好课本、读好老师发的阅读材料就行了，而反对孩子读小说、杂志等"闲书"，认为这是不务正业。殊不知，许多"闲书"并不"闲"，而是开阔孩子视野、锻炼孩子思维、提高孩子阅读能力的良好"课本"。

37 孩子要正确选择图书

重视理由

孩子读的书，要适合孩子的特点，爸爸妈妈不但要准备足够数量的书满足孩子的愿望，还要照顾到不同性别、不同年龄的孩子对不同内容图书的选择。爸爸妈妈要帮助他们理解书中的内容，启发孩子们思考，帮助他们掌握知识。

要培养孩子的阅读兴趣

追根溯源

成长中的青少年对书籍有着一种本能的渴望,他们渴望了解外面大千世界的精彩,获取社会发展变化的前沿信息,感受人类历史的深邃。

然而,谈及当今孩子的阅读状况,却让人感到非常担忧。孩子在读课外书时有太大的盲目性和随意性,而且读书的目的甚至带有功利色彩。孩子在有限的阅读时间里是如何读书的呢?调查发现,现在很少有学生孜孜以求地去读一本课外书,读书就是看热闹、图好玩、一目十行、走马观花,热衷于那些猎奇的、情节曲折的、富于幻想的卡通书和故事书。就连大学生也是如此。《光明日报》在高校做的调查结果表明,应用类书籍占据了学生课外阅读时间的一半以上(所谓应用型书籍,大致是指英语、计算机、经济、法律等方面的考试用书)。应用类书籍成为高校最流行的书籍的根本原因在于:发展需要——就业形势紧张,多一张证书就多一份保障。

其实,读书的效用是很难说清的,"有用的书"也许能给孩子一些即时的辅导与功利,"无用的,我却喜欢的书"在给孩子带来愉悦的同时也许会带来终身的影响。因此,别小瞧暂时"无用"的书,也许它将发挥出潜移默化的作用。有统计资料表明,当前学科的门类已达2000多种,科学知识的增长率在10%以上;另一方面,知识老化的速度也在加快。正如福特公司首席专家路易斯·罗斯所说,"在知识经济时代,对你的职业而言,知识就像鲜奶贴着有效日期……如果时间到了,你还不更新知识,你的职业生涯会很快到达有效期。"其实,阅读行为说白了没有对错之分,读什么、怎么读、每个人各有不同。对于真正的读书人而言,"爱"远比"应该"重要。而"爱"是不能强迫的,也是不能替代的,在真爱面前,任何"谆谆教导"都显得有些荒唐。读书人往往不需要说教,他们宁可像游牧民族一样在草原上漫游,碰到什么是什么,逮住一本读一本。但有一点是肯定的,那就是契合他自己胃口的书。读哲学和历史著作能够提高思维的质量,读科普著作有利于把科学的道理与人文精神结合起来,读高品位的书则有助于形成高品位的价值判断和选择标准。

读书犹如采金，有人沙里淘金，读破万卷，小康罢了；有人则点石成金，随手翻翻，便成巨富。二者的区别就在于"会读书"。读书并不意味着必须要被书完全"同化"，因为并非每本书都值得你去"吸收"。爱读书的人常有这样的体验，在读书以前希望每一本书都是一个意外，然而在读了后才知道每本书都值得怀疑。

读书要选择"好书"，那"好书"又是什么样的呢？

"好书"是相对来说的，所谓"一千个读者就有一千个哈姆雷特"，对每一个读者而言，"好书"应该是能激起人的思索和共鸣的书。有人认为，一个人平日读什么书会在听觉中形成一种韵律，当他写作的时候就会不由自主地跟着这一韵律走。可见"好书"对人的影响真是大，大到读者会将自己"埋没"，大到决定其写作的档次。读"好书"，要学会在与书保持距离的时候同时保持一种平等，即把自己放在与书的作者平等的位置上，否则，它会使读者在读书中失去自我。

榜样魅力

桥本龙太郎曾是日本的政治领袖和当今世界政坛的风云人物。

1937年7月29日，桥本龙太郎出生在日本东京都涩谷区，3岁时生母去世，7岁时父亲再婚。

提起桥本龙太郎的父亲桥本龙伍来，不少熟人都会由衷地感叹："真不愧是一个令人钦佩的血性汉子。"如果没有这样一位父亲，也就不会有今日的桥本龙太郎。

桥本龙伍出生于明治三十九年（1906年），是当时"大日本"啤酒公司常务董事桥本卯太郎的第五个男孩。桥本龙伍从小即聪颖好学，深得爸爸妈妈喜爱，然而天有不测风云，人有旦夕祸福，正当桥本龙伍上到小学三年级的时候不幸患

要培养孩子的阅读兴趣

了腰椎骨结核，也称结核性骨关节炎。从此，幼小活泼的他便开始饱受疾病的折磨，他像一只小鹰被折断了渴望翱翔云天的翅膀。

之后桥本龙伍在床上整整躺了11年，而11年的时间对一生只有几十年的人来说却显得那么漫长，何况这11年正是人最宝贵的青春年华呢？

从此，桥本龙伍便拿起了久违的课本。不管病情怎样发展，也不管怎样眼看着病人走进医院，不久却被蒙上白布抬出去，龙伍心里都极为平静。一本又一本的书被他认真地阅读过，知识开始像一剂良药汩汩地注入他原本脆弱的心田，治愈了心理上的创伤。

通过读书学习，桥本龙伍重新找到了生活的乐趣，他发现在这里还有一片充满诱惑的天地。

但是只知胡乱地阅读，缺乏系统的学习是不行的，这只能使人的思想观念变成一堆乱麻，开始时饶有兴趣，事后却毫无所得。于是，在病房中龙伍便开始设计自己的人生之路，他意识到，终日躺在病床上百无聊赖地读书不是一个人的活法，必须要对自己有清醒的认识与把握。于是，龙伍拿起中学的课本系统地学习文化知识，他克服常人无法想象的困难自学完了初中的所有课程。

卧病期间，龙伍最大的爱好便是读书，实际上也只能是读书。读书从此成为了他的一种生活方式。这种方式不仅使他能接受到大量知识，最重要的是使他树立起了对生活的信心，即使是在剧烈的病痛中，只要有阅读，他就能够体验到一种发自内心的愉悦。从此，无论是政务繁忙还是在家赋闲，书籍都成为他永远的伴侣。

龙伍决心把自己的良好阅读习惯传给儿子。从小，龙伍就给儿子买回大量的儿童书籍，但他很少有空亲自教儿子读书。他认为，做爸爸妈妈的花上大量时间强迫儿子听自己苦口婆心的讲解是不应该的，重要的是对儿子实现"要我读书"转变为"我要读书"的观念转变。"要我读书"是带有爸爸妈妈强迫性质的，而"我要读书"则是自主自为的一种求知欲、一种不带强迫的强烈愿望。实现这种

转变，爸爸妈妈也不需鞭策督促儿子的学习，这时爸爸妈妈只要对孩子的阅读起一些导向作用，不使小孩的阅读误入歧途就行了。

龙伍认为，一定要帮孩子选择合适的书籍。因为孩子读了不合适的或者坏书就会影响其成长，只有合适的、精心选择的读物才会成为孩子的营养。龙伍还认为：有许多爸爸妈妈经常会斥责孩子不好好读书、不安心学习，这种望子成龙、望女成凤的心情是可以理解的，而他们自己呢？则可能是一个文盲，或者成年后根本就书不沾手，甚至于讨厌求知，他们总是说自己忙，实际上在某种程度上是为逃避读书准备的一个借口，严格要求孩子读书，而自己却很少读书，这不令人可笑至极么？

龙伍的读书习惯熏陶着儿子，他的人格力量也鼓舞着儿子。同时，龙伍在家里创造了一种浓厚的读书氛围，每天晚餐后的时间常常是全家人开始阅读的时间。虽然内容不同，但习惯却是一致的，阅读完之后，在空闲的时间，父子俩便在一起聊起当天所读的内容，龙太郎这时总是毫无顾忌地把自己的体会说出来。

只要学好学校里的课程，龙伍总是鼓励孩子尽量多涉猎一些课外书籍，这对学校学习不是一种妨碍，而是一种促进与拓展。

就这样，读书也成了龙太郎的爱好之一。有一位"麻立会"后援会的成员在谈到龙太郎时说："他在麻布中学时代的学习成绩只能算中等，但却是出了名的'书呆子'。他拼命地读书并不是为了提高学习成绩，而是博览群书。"

桥本一生对于读书都从不松懈，无论多忙，他每月都要读上10~15本，而且尤其喜欢可以让大脑得到休息的漫画类书籍。有时候睡觉前，他还要看一些与眼前工作无关的"杂书"，吸取各方面的"营养"。

解决方法

爸爸妈妈可以让儿童多接触不同方面的读物，如报纸、杂志甚至是街头标语广告、商品包装等等。通过这些文字读物，儿童会懂得：语言文字在我们生活中

要培养孩子的阅读兴趣

的每一方面都是非常重要的。

小孩子常常喜欢反复地听同一个故事，爸爸妈妈不要对此表现出不耐烦。掌握有关的表达方法，进行重复性阅读，可以巩固、增加儿童的词汇量，加强其对故事的理解。

在选择图书方面，有关专家这样建议：

3岁以前的婴幼儿总是喜欢一些简单的图片，或者听那些他们熟悉的事物方面的故事。形体和色彩对儿童具有强烈的吸引力。

3～6岁的学龄前儿童总是喜欢配有彩色图画的小故事、科幻故事、诗歌，也十分喜欢关于动物或日常生活方面的童话。那些短小、生动、易背诵的诗句对他们来说特别有用。

6～9岁的儿童对于书籍开始有自己的兴趣和偏好，应尽量让他们自己去选择。当然，爸爸妈妈对孩子挑选书籍的引导也是很重要的。

9岁以上的儿童，则喜欢一些幽默小品、民间故事、长诗、古典名著简写本以及侦探故事等等。

只有适合孩子心理的图书，他们才愿意听、愿意看、愿意读。培养和激发孩子的阅读习惯，爸爸妈妈一定要针对不同年龄孩子的心理特征帮助其选择好书。

38　孩子要去掉不良阅读习惯

重视理由

爸爸妈妈要想帮助孩子在阅读的初期获得进步，那么期待、关注并庆贺他们的每一个进步，都是至关重要的。孩子阅读的好习惯往往是通过一点一滴的细节小事引导、训练、培养而成的。

孩子，把你的手给我

追根溯源

书籍是人类进步的阶梯，读书是人类获取知识的重要手段。12～16岁是青少年阅读的重要阶段，通过读书不仅可以使青少年加深对教材的理解，拓宽青少年的知识面和视野，而且也可以提高他们从不同角度分析和解决问题的能力。这不仅是目前，也是将来一切职业的要求。但读书毕竟不是一种天生的习性，爸爸妈妈应注意引导青少年读书的兴趣，培养他们良好的阅读习惯。

文学素质，是人的素质的重要组成部分。孩子在成长的过程中同时需要三个"世界"的丰富与成熟：生活世界、知识世界、心灵世界。生活世界，爸爸妈妈可以教，也可以在实践中积累。科学世界，可以在课堂上学，也可以在动手中探究。心灵世界，则常常由文学来教会他们。文学评判什么是美、什么是高尚，使孩子的心灵得以净化并日趋成熟。

有专家指出，要想在语言文字上过关，其阅读量应该在2000万字以上，在这其中，文学作品占有很大的比例。值得注意的是，大部分孩子的阅读趣味都停留在武侠、言情之类，而对文学名著还未引起应有的关注。

枯燥的说教无疑是苍白无力的。每一位爸爸妈妈都要以身作则，首先成为爱读书的人。家庭，应该为孩子读好书创造浓浓的文化氛围。且不说浩渺的外国名著，也不提现代、当代中国文学的丰富多彩，单是我们大中华的古典诗文，其博厚就让全世界的读者叹为观止。浅显的、明白的，孩子可能一读就懂了；较深入的，孩子可以一时读不懂也不要紧，爸爸妈妈应鼓励他多读几遍，边读边想，让他慢慢去体味、慢慢去领悟，一旦有了感悟，就如同获得了打开文学宝库大门的钥匙。

阅读一旦成为习惯，就可以使人的思想神采飞扬。一位诺贝尔奖获得者曾说过，他每天黎明即起，看书学习，几十个春秋，已成习惯。简简单单的一句话，破解了成功者的奥秘：想学而有成，一个重要的法宝就是让看书学习成为习惯。

孩子的阅读兴趣和阅读习惯在很大程度上来自于爸爸妈妈的影响。有一个调

要培养孩子的阅读兴趣

查显示,爸爸妈妈的阅读兴趣和阅读习惯,在被调查的学习成绩好中差三级学生中存在着非常显著的差异。如爸爸妈妈阅读报刊杂志一项,优秀生组的比例会大大高于后进生组。所以,爸爸妈妈平时也要多注意学习,提高自己,不要只要求孩子,应在家庭中创造一种良好的文化氛围,与孩子共同提高。生长在一个鄙视知识、缺乏学习风气的家庭环境中,是很难使孩子养成自觉读书的习惯的。一位妈妈说过,对孩子的教育可以简单到"从自身做起"这样一句话。

俄国教育家苏霍姆林斯基经过多年的研究证明:正确的阅读方式和大量的阅读实践能直接促进人的大脑发展,有些小时候聪明伶俐的儿童,随着年龄的增长,反应会越来越迟钝,很重要的一个原因就是小时候没有养成正确的阅读方式和良好的读书习惯。美国伊诺斯大学的研究者德·多金教授对205名各方面比较出色的儿童进行调查,结果表明,这些儿童都在学龄前就已经具备了相对独立的阅读能力。

培养孩子读书的习惯对于孩子独立思考和自我教育能力的发展有着极其重要的意义,是少年儿童开发智力、发展能力的重要手段,也是家庭教育工作中非常重要的内容,真正爱孩子的爸爸妈妈都应当对孩子进行耐心细致的训练和培养,使孩子养成这一终身都会受益的习惯。

榜样魅力

日本著名物理学家汤川秀树出生于东京,并且他的童年、少年和大学时代也都是在那里度过的。他的父亲小川卓治,是当时著名的知识分子。

父亲虽然专攻地质科学,但同时却有多方面的兴趣爱好,汤川秀树从小就受到了良好的教育和影响。汤川秀树在回忆中谈到父亲时说:"虽然我父亲学的专业是地质地理学,但他是一个有多方面兴趣的人,其中包括考古学、汉学、艺术、剑术及棋艺等等。因此,不仅是他的书房,而且我们家的储藏室和起居室到处都摆满了书……在这样的气氛中,我自然而然就养成了对书籍的爱好,并且什

么书都读。"

小川卓治自己在家里总是手不释卷。为了使孩子不但对书籍有一种爱好，而且能将这种爱好形成一种读书的习惯，他管教孩子的学习严格得有些近乎"武士道精神"。他禁止汤川秀树和兄弟姐妹们去游戏和娱乐，他认为游戏、娱乐是在浪费时间，应当将这些时间用到读书上。

由于父亲的提倡和影响，汤川秀树从小就养成了每天读书、有空必读书的习惯。他家里藏书丰富，从日本和西方的古典作品，到法国和德国的小说，以及俄国屠格涅夫、托尔斯泰的书，他都读过。小川卓治还非常重视孩子的外语学习，常常鼓励子女在外语的学习上多下工夫。因此，汤川秀树除了读日文译作和著作外，还养成了读英、德文学作品的习惯。

汤川秀树还认为，读外文版的文学作品对提高自己的外语能力很有帮助，因为文学作品的语言特别丰富。到中学毕业时，他已经学会了英、德两种语言，这大大方便了他以后的学习和科学研究工作。

1926年，19岁的汤川秀树考入京都大学的物理系攻读物理专业，并选择了新生的量子力学作为自己的研究题目。由于当时日本不大重视基础科学，全校都没有专门研究量子力学的人，日本没有量子力学的教科书，校内亦没有懂得这个理论、能开这门课的人。为了掌握这门最新的重要理论物理课程，汤川秀树决定自学。从大学二年级起，他所有业余时间都是在图书馆里度过的。

不过，他不看书架上的旧书，而只热衷于新出版的外国杂志，特别是德文的期刊。因为他了解到，量子力学的发源地是德国，量子力学的创立者也主要是德国人。由于他有长期自己读书掌握知识的锻炼，有广泛扎实的知识功底，中学时就有很好的英、德文基础，他果然闯过了量子力学的自学关。除了自学外，汤川秀树还和同班同学朝永振一郎（1965年获得诺贝尔物理学奖）互相帮助、共同探讨，使难题得到解决，也加深了对这门学科的理解。

经过10年的努力，汤川秀树终于在物理科学前沿取得了卓越成绩。1934

要培养孩子的阅读兴趣

年,他提出了著名的"介子理论",预言了介子的存在。3年之后,介子就被美国科学家安德森在宇宙线中发现。为此,汤川秀树获得了1949年诺贝尔物理学奖,为日本人第一次争得了这项科学殊荣。

解决方法

培养良好的阅读习惯包括:

(1)爱惜图书

保持图书的整洁。不撕书,不折页。鼓励孩子保存看过的图书。

(2)鼓励孩子自己选择读物

同孩子讨论哪些是适合他们看的读物、哪些是他们自己特别感兴趣的读物,并以此为标准选择读物。给孩子一定的选择读物权利。如果为孩子订阅报刊,那么请孩子自己做出选择。

(3)合理安排阅读时间

爸爸妈妈每周可为孩子安排一次或数次专门用于阅读的时间。

(4)定期买书或借书

教会孩子利用孩子图书馆的技能,如图书馆是怎样对图书进行分类的、怎样能找到他最想看的书等。最好能参观一下孩子常去的图书馆,替孩子申请图书证,帮助孩子借阅图书。教给孩子买书的技能,在孩子小的时候,每次买书都最好带着孩子,商量好买什么书后再把钱交给他,让他自己从售书员手里亲自接过书,完成模仿爸爸妈妈买书的过程,这样做比爸爸妈妈从街上带回一本书更能让孩子满足。

(5)鼓励孩子记笔记

随便写什么都可以,写个简单的书名也好,可以培养孩子从阅读中获取一些东西的习惯。

(6)创造好的阅读环境

在家里，给孩子买一个小书架，请孩子安排自己的阅读书籍。在孩子阅读时，应尽量保持安静。

39 孩子要会做读书笔记

重视理由

做读书笔记，也是练笔的好机会。做读书笔记还可以启发思想、产生联想、激发灵感。同时，其也是一种行之有效的学习方法，因此，爸爸妈妈们必须要重视对孩子进行这一基本功的训练。

追根溯源

有些孩子可能会问爸爸妈妈："阅读就是用眼睛看的，为什么还要记笔记呀？"事实上，记笔记对于阅读有着很大帮助。

美国麻省理工学院的华裔教育家林家翘先生在上大学的时候就非常重视记读书笔记和整理读书笔记。他除了每天晚上整理一遍读书笔记并经过自己的思考写出摘要外，每个月还要把当月的笔记再进行一次专门的整理，把所学的内容用自己的思路综合起来，整理成一个阶段的学习成果。在期末复习的时候，他只要认真看这份笔记，一边看一边思考，就能使每次考试的成绩都十分优异。可见，边阅读边做笔记是一种有效的阅读方法，整理读书笔记更能够提高阅读的效率。

一边动笔一边看书，可以延长集中精力的时间，同时还可以促进思维、增强记忆力。因此，爸爸妈妈要教孩子边读书边记笔记，可以用线段或者符号把自己特别感兴趣的词句标注出来；也可以教孩子有选择地摘抄自己感兴趣的名言警句、成语典故、段落和语句；还可以摘录书本的梗概提纲、简短书评乃至心得体会，甚至在书本的空白处加上自己的批注，如"精彩的描述""这句话非常出色""这个词语用得很好""这里比较让人费解"这样可以加强孩子阅读时的思考

要培养孩子的阅读兴趣

深度。

同时,要教孩子整理自己的笔记,并把作者的姓名、书名或篇名、出版的时间地点记清楚,以便日后查找。正如叶圣陶先生所说:"想到了什么,不妨随时提笔把它记下来,这就是读书笔记。想的时候往往比较杂乱,比较浮泛;写下来就非有条理不可了,非切切实实不可了,所以读书笔记是督促自己认真阅读的一个好办法。"

爸爸妈妈强调提高孩子的写作能力,切不可与所谓成人写作概念相混淆。一般说来,孩子的写作只是"孩子"的,具有孩子的特征。最具体的体现就是孩子在阅读时,有意识地写下的一些表达自己思想和看法的或自己认为重要的一段文字,可谓之为孩子的写作,一般亦称之为读书笔记与读书心得。

孩子的读书笔记和孩子的读书心得是孩子阅读过程中的重要辅助手段,无论是增强孩子的阅读层次还是为未来的写作打下基础,都是益处良多。事实证明,多读书、勤动笔的孩子,比少动笔的孩子掌握的知识较为深刻和丰厚。写读书笔记与心得是孩子科学读书的一个重要组成部分,爸爸妈妈应在营造和培养孩子读书的氛围及兴趣的同时,适时激活孩子"写"的欲望,并使读与写相得益彰。

读书笔记与读书心得的写作,第一可以使阅读提高质量,增强记忆;第二可以使孩子产生写字的欲望,并适时地多识多写。只要孩子自己会写一些字或会写拼音,爸爸妈妈就应乘势而教孩子写作的具体概要,引导与培养孩子在阅读书籍中怎样记下提要、如何消化书本上的内容,并如何整理出一段自己的文字和自己的心得。因为孩子的读与写都是孩子的感触,故爸爸妈妈不能要求孩子的心得像成人一样。无论孩子写得如何,爸爸妈妈都应当在帮助孩子慢慢提高的同时给予鼓励与肯定。孩子要写什么爸爸妈妈都不要干预的缘故是:孩子想写的完全是他发自于内心的话。当他写的内容与句子都是发自内心时,他必定有一个强有力的动机,而此事必定是他极感兴趣的。孩子稚拙地"写"完自己想写的话后,兴趣将会越来越高,随之也产生了学习各种知识的强烈动机。

孩子，把你的手给我

古今中外的学者名人，历来都十分重视写读书笔记和读书心得。有人曾做过一个生动的比喻：读书如不注意做笔记和写心得，就犹如入宝山而空手归。前人的经验告诉我们：人的大脑犹如知识的仓库，善于写读书笔记和心得的人，其知识经过整理消化，能有条理地储蓄起来，日积月累，头脑里就有了随时可以支取的知识财富。而且随着年龄与知识的增长，智力也在发展，于是写文章、分析事理的能力也就无形中增强了。

榜样魅力

伯兰特·罗素，英国唯心主义哲学家、数学家、逻辑学家。1950年获诺贝尔文学奖。

罗素1872年出生在英国蒙默里郡特雷莱克的一个贵族世家。罗素的祖父是自由党的首脑人物，并曾经两度出任英国首相。罗素2岁时丧母，一年多以后父亲又去世，祖父祖母承担起了培养教育孙子的责任。

他从3岁起就跟祖父祖母生活在一起，6岁时，80多岁的祖父又去世了，祖母把他带到18岁，直到他考入牛津大学。所以，对罗素的成长起着更大作用的是比他祖父小23岁的祖母安娜·玛丽亚。

罗素生活的家庭是一个具有浓厚文化氛围的家庭。其家庭中的成员人人都有很高的文化素养，平日里聚在一起总爱谈论各种学术问题并讨论社会问题。祖父作为党魁和政府首脑人物，自然有着很高的政治修养，神情庄重严肃，一举一动都是文质彬彬，对失去了爸爸妈妈的小孙子既怜悯又寄予期望，平时免不了常常对他进行教诲，诸如"好学上进""正派做人"等等。祖父的谆谆教诲，对罗素产生了很深刻的影响。

祖母也是知书达理、很有教养的人。她笃信宗教、恪守教规，总是教导小孙子罗素要经常反省自己的过失和愚蠢行为。祖母在政治上支持自由主义的观点，这些都对罗素有着很大影响。

174

要培养孩子的阅读兴趣

罗素的家庭是个有着很高文化积淀的家庭,家里的藏书非常多,这是孕育罗素这个大思想家、学问家的一座宝库。

罗素从小就很勤勉好学,如饥似渴地博览群书,经常整天都会一头扎进书房里不出来,埋头苦读,吸收着丰富的知识营养。

祖母怕他过分劳累,把他做功课的时间定得很短,但他总是偷偷地在卧室内点蜡烛做功课,在寒冷的夜里,穿着睡衣在桌前,稍有动静,就吹熄蜡烛悄悄地钻进被窝。

为了教育罗素,祖母可以说是费尽了心血。她给他定了许多清规戒律,不许他同别的孩子接触,也不许看她规定之外的书籍。祖母还严格规定:不动笔墨不读书,读书就必须做读书笔记。在祖母心情好的时候,她还把手地教罗素做读书笔记的方法。

祖父遗留下的图书室,是罗素最爱去的地方。祖父去世以后,这里就成了他的书房。历史、文学、哲学、数学等知识,就像无边的海洋,等待着他自由航行和开拓。因为读书太多,他的眼睛近视了,但他仍旧苦学不辍。

罗素从小时候起,不仅求知欲旺盛,每看完一本书都会写些心得、体会,而且还喜欢独立思考。后来的事实证明:他做的这些读书笔记对于其他吸收知识、巩固知识和发现知识都起到了重要作用。

罗素18岁那年,以优异的成绩考入了著名的剑桥大学三一学院,过去那种清教徒式的家庭生活氛围对他起到了约束性作用。那种浓厚的文化氛围也使他获得了许多知识,形成了求知和探索的强烈欲望。

罗素一生读书,一生没有停止过写读书笔记,在有生之年写了800多本各样的读书笔记。在他死后,后代把他这些珍贵的笔记捐到了大英博物馆。

解决方法

阅读首先应该成为孩子的一种乐趣,只有孩子愿意去读,那通过阅读积累知

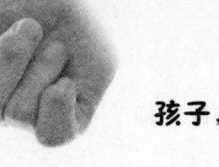

识才成为可能。再者，孩子现在属于语言积淀阶段，很多语言不会运用也是正常的。孩子不会运用有这样两种可能，一种是孩子虽然看到了一些好的词句，但没有把它记到自己的脑子里；二是记住了却不知道该怎么运用。对于第一种，记读书笔记无疑是一种比较好的办法；对于第二种，还需要爸爸妈妈加以引导，协助他们把自己积累的语句输出大脑，变成自己的语言。那就需要爸爸妈妈有机会多看看孩子的读书笔记、阅读的书刊，在孩子说话、作文时运用合适的策略提醒、建议孩子用某些词语、句子。

"不动笔墨不看书"，这是革命老前辈徐特立向青年介绍的一个学习经验，意思是说：读书一定要动笔，不动笔就不看书。他所说的动笔，就是指的读书笔记。

有的人书读得不少，可是收获却不大；有的人书读得很快，可是忘得也快。这是什么原因呢？在很大程度上跟他们读书的时候不爱动笔有着极大关系。古人曾经总结出这样一条教训："读书不做笔记，犹如雨点落入大海，无踪无迹。"做读书笔记虽然费点时间，但是好处却很多：第一，可以帮助我们进一步领会和记忆读过的书的内容；第二，动手又动脑，可以培养独立思考和分析问题的能力，因为做笔记的过程也是思考及消化的过程；第三，可以丰富知识、积累材料，便于经常复习、温故知新；第四，可以提高写作能力，写读书笔记也是一种练笔。

读书笔记的写法有很多，下面先提供几种参考：

（1）摘录式笔记

摘录式笔记就是把从书上、报上看到的一些精辟的、富有哲理的、对自己很有启发的内容抄写下来。这种方法看起来比较费事，而其实是一种省时省力积累知识的好办法。摘抄可以加深理解和记忆，日后查找起来，面对茫茫的书海，你就能体会到做摘录笔记的优点了。

做摘录笔记时应注意以下几个问题：

要培养孩子的阅读兴趣

①要有选择地抄录。把文中对自己最有用、最有启发的内容抄下来，每条抄录笔记都应当"少而精"。"少"是指字数较少，"精"是指内容把握要点。

②要忠实原文。书里有段话，觉得挺好，想把它抄下来，抄的时候又觉得某个词用得别扭，干脆另换一个词代替，这样不行。既然是摘录，作者怎样写，读者就应怎样抄，不但词句不能改动，就连标点符号也不能改动。在一段话中，前后和中间不需要摘录的文字可以用省略号表示。

③要注明出处。每条材料都要注明是从哪本书里的第几页抄录的、作者是谁。如果是在报纸、杂志上抄录的，就要把报纸、杂志的名称、日期写上，还要注明文章的标题和作者。这样便于以后使用时查对。

（2）剪贴式笔记

在自己订阅的报纸、杂志上看到好的文章或者其他有用的资料及时剪下来，经过整理就是剪贴式笔记。通过这种方法收集材料快，也很简便。

剪贴式笔记需要注意以下几点：

①做剪贴式笔记时要按不同的内容进行分类。可以准备几个用来贴剪报的本子，或者把一个本子分成几大部分，把语文知识、历史知识、自然常识等内容分别贴进去。

②每一条剪贴的内容要注明出处、时间。即剪自哪一种杂志或报纸、哪一年哪一期等。

③短小的剪贴笔记也可以作为读书卡片的内容。

（3）感想式笔记

读完一本好书或一篇好的文章，将自己的感想和体会写出来，这种读书笔记就是感想式笔记，也叫读后感。

要培养孩子的阅读兴趣

引经据典

  学习能力的高低，对孩子的未来影响极大，但爸爸妈妈不应生硬地强迫孩子学习，而应该帮助孩子如何有效地学习。

——〔英〕斯特娜夫人

  提高孩子的成绩，首先要从教给孩子正确的学习方法开始。只有方法正确，学习才会事半功倍。

——〔美〕威廉·詹姆斯

为什么孩子学习成绩不好

知心话儿

孩子的成绩不好,是爸爸妈妈们普遍感到头疼的一个问题。那么,应当怎样提高孩子的成绩呢?每当有爸爸妈妈向教育专家提出这样的问题的时候,专家们总是会告诉他们这样一句话:"好成绩源自学习的好方法。"

孩子的学习任务好比过河,高效的学习方法好比桥和船,不解决桥和船的问题就永远都过不了河。不掌握科学的学习方法,孩子就很难将学习真正搞好。

方法是捷径,它促使孩子会学、巧学,活学活用,从而提高学习效率,收到事半功倍的学习效果。

学习方法是最有力的学习武器,它能够帮助孩子战胜学习中的各种困难,攻克求知过程中的各种难关。

如果孩子没有掌握正确的学习方法,纵然拥有满腔的学习热情、有自觉主动的学习精神,也只会蛮学苦学,于提升学习成绩无益,于提高学习效率无补;而相反,低下的学习效率会使孩子逐渐失去学习的兴趣,从而放弃自觉主动地学习。

爱因斯坦说:"成功 = 艰苦的劳动+正确的方法+少说空话!"当然,方法代替不了勤奋,再好的学习方法也是建立在孩子刻苦学习的基础之上的。因此,爸爸妈妈既要教导孩子刻苦学习,又要教孩子掌握科学的学习方法,唯有这样,才能使孩子成为一个博学多才、有益于社会的人!

大量的实例表明,许多学习尖子都非常重视采用正确的学习方法。他们能及时地管理自己的学习,不断地总结学习经验,从而形成一套适合自身的行之有效的学习方法。这是他们学习成功的秘诀。

古语说:授之以鱼,不如授之以渔。教给孩子掌握科学的学习方法,比帮助他们解决一些学习中的具体困难重要得多。

让孩子掌握正确而实用的学习方法不仅能够快速提高学习效率,取得良好的学习成绩,获得事半功倍的效果,而且还有助于孩子学习潜能的发挥和学习能力

的不断提高。高效的学习方法，是孩子应当掌握的学习武器，是孩子通往学习成功道路上的"金色桥梁"。

40 孩子学习要讲究方法

重视理由

爸爸妈妈指导孩子提高学习成绩，最重要的不在于帮助孩子解一道题、写一篇文章，而在于引导孩子掌握科学高效的学习方法。"授之以鱼，不如授之以渔。"孩子一旦掌握了适合自身实际的有效学习方法，那么对其学习的成功和未来的成才都将起到极其深远的作用。

追根溯源

2000年高考时，山东省蓬莱市某所中学出现了这样一种有趣现象：一名平时学习十分勤奋、被老师和同学誉为"拼命三郎"的苏志恒同学以3分之差名落孙山，而另一名平时表现不那么刻苦，甚至有些贪玩的刘亚飞同学，却以超出录取分数线80多分的好成绩被清华大学录取。

这是为什么？"拼命三郎"为何榜上无名，而"贪玩小子"却跨进了名牌大学的校门？

难道是命运在捉弄人？不是，这两名同学的任课老师一致指出，苏志恒同学虽然刻苦用功，但不注重掌握正确而有效的学习方法，是一种"死"学；而刘亚飞在学习各门功课时，很注意采用适合自身的高效学习方法，所以平时的学习就显得很轻松，虽然没有苏志恒的"拼命"样子，但每次考试成绩都排在苏志恒之前，所以一举考入清华便是很自然的事情。

已于2000年考入北大光华学院的某省一名高考文科状元深有体会地说："勤奋不等于死读书，而是应当去寻找适合自己的灵活学习方法。"这名同学很

为什么孩子学习成绩不好

勤奋,但他更重视正确的学习方法。他爱玩,但更会学,无论是上课还是自习,他都能集中注意力,专心致志,不受干扰,讲究方法,提高效率,所以他成功了。

美国哈佛大学心理学院"学习方法"研究课题组公布的一项研究成果表明:学习成绩的提高不仅需要热情、勤奋、毅力和坚强的意志力,而且更需要有正确的学习方法。该项研究成果指出,学习水平与学习方法有着密切的关系。在影响学生学习成绩的20个因素中,学习方法居第三位!学习优秀生与后进生在学习方法方面的差异非常显著,即后者在学习方法的掌握和运用水平上要明显落后于前者。此项研究成果还表明:超常学生在学习能力和学习成绩方面之所以优于其他学生,主要是由于他们更善于运用各种学习方法,更善于调节、控制自己的心理状态,并能及时发现并纠正自己不正确的学习方法。

榜样魅力

一天,小学生李积奇找到父亲问,"爸爸,这道题该怎么做?"

父亲一看,是道工程题:"有一条马路,甲队15天修完,乙队12天修完,现在甲队修了5天后由乙队修,问两队总共多少天修完?"

父亲按照题意一步步写出了算式,每写一步就说一句,积奇听后"嗯"了一声。等父亲写完算式,积奇高高兴兴地往本子上一抄,作业就完成了。

可是,问题很快便发生了。积奇几天前问父亲的同类习题他又不会了。这是怎么回事?后来父亲才明白:对于一道题,把答案直接告诉孩子,孩子并没有经过一个思维的过程,他接受的只是现成的结论,并没有真正理解,所以印象不深,记不住,也不巩固。所以,应当设法让孩子掌握学习方法。

于是,父亲改变了辅导方式。比如算术题,积奇的父亲采用反问法,启发孩子进行思考,让孩子自己回答。孩子光"嗯"一声不行,还要讲出道理来。问题逐渐向结果靠近,直至最后孩子自己豁然开朗,明白了解法,并且能够自己列出

算式来。李积奇的父亲这么做，看起来为一道题好像费了不少时间，但实际上是很经济的。它培养了孩子的学习能力，也使孩子掌握了解决问题的思路。

解决方法

孩子在学校的中心任务是学出好成绩，而爸爸妈妈的中心任务则是如何有效地帮助孩子学出好成绩。

好成就源自好方法，爸爸妈妈的重要职责之一就是帮助孩子掌握科学的学习方法。

科学的学习方法要求孩子首先要明确学习的目标。

有目标才能有动力，明确的学习目标是引导孩子学出好成绩的前提条件。

美国近代心理学家布鲁纳说过："使学生对一个学科有兴趣的最好方法，是使他感到这个学科值得学习。"因此，爸爸妈妈要教育孩子明确学习目标，使他们认识到：今天的学习不仅是为了掌握一门知识，更重要的是为了发展自己的智力，培养自己的能力。我们每个人心中都应该有一个不断追求的新的目标。为了实现这个目标，我们才会去努力学习。所以说，教育孩子确立自己的奋斗目标是爸爸妈妈帮助孩子提高学习成绩的首要任务。

科学的学习方法还要求孩子制订明确的学习计划。

大多数孩子在制订了学习目标后都不知道如何去具体实现，此时，爸爸妈妈帮助或指导孩子制订具体实现目标的计划和行动方案就显得十分重要了。

制订计划也是培养孩子素质与能力的重要一环。只有在制订自己的计划过程中，孩子才能真正体会到自己的能力水平，才能全面考虑到目标实现过程中遇到的各种问题，也才能使自己的全盘统筹和宏观、微观调控能力得到很好锻炼。

应当注意，帮助孩子确立目标、制订计划都必须是合乎实际的，脱离孩子的具体情况要求其去追求完美或者追求一个根本不可能的目标都是不可取的。只有那些通过一定的努力就能实现的目标及孩子自己愿意照着做的计划才是科学、合

理、可行的。

除了上述两个方面外,帮助孩子掌握正确的学习方法还具体包括如何用心听课、及时复习,以及记忆、思考、阅读、演算等方法。

正确的学习方法是孩子通往学习成功之路的"金桥"。每个爸爸妈妈都应在具体方法上有效地帮助孩子,而不要只是一味地简单地督促孩子"勤奋学习"。

41 孩子要有良好学习习惯

重视理由

俄国著名教育家乌申斯基曾说过:"良好的习惯乃是人在其神经系统中存放的资本,这个资本不断地在增值,而人在其整个一生中享受着它的利息。坏习惯则是道德上无法偿清的债务,这种债务能够用不断增长的利息去折磨人,去麻痹他的最好创举,并使他达到道德破产的地步!"同样,不根除孩子学习上的不良习惯就会直接影响到孩子的成长。

追根溯源

良好的学习习惯是学习活动顺利进行的保证。如果一个孩子没有养成良好的学习习惯,那么这个学生的学习是不可想象的,学习成绩也一定不会好。著名教育家叶圣陶曾说过:"中小学的根本任务就是培养学生的习惯。"作为教师和爸爸妈妈的重要任务之一,就是要培养孩子良好的学习习惯,抑制与消除不良的学习习惯。

日本心理学家调查过从小学四年级到高中三年级学生的学习习惯,结果表明,随着学生年龄的增长,其学习习惯的得分并不会增加。据此认为,学习习惯在小学低年级就形成了,以后如果不给予特别的教育,形成的习惯则难有多大改进。

那种认为"树大自然直"的观点是不正确的。一棵带有枝枝杈杈又弯弯曲曲的小树，长大后能直吗？因此，尽早培养孩子良好的学习习惯是非常重要的。孩子年龄越小，越容易养成良好的学习习惯，形成的良好习惯也越容易巩固住。不良的学习习惯发现得越早，也越容易纠正。

孩子的不良习惯积累越多越不容易建立起良好的习惯，因为任何习惯都是比较牢固的暂时神经联系，要想改变它就必须做出巨大的努力、花费很大的气力。例如，有的孩子形成了上课不集中注意听讲的坏习惯，即使在教师的教诲下有了改正的决心，有时好了几天却又犯了。犯了又改，改了又犯，这需要长期的意志锻炼，有时这种改正的过程也是非常痛苦的。所以，那种认为小学低年级要让孩子放纵一些，到了高年级再来培养孩子学习习惯的做法是错误的。

学习习惯形成的标准一般有三条：一是动作的速度，指经过多次反复练习，使组成学习习惯的一系列动作的敏捷性日益提高；二是动作的质量，指动作的精确性和协调性应当不断提高；三是学习者本身的体力消耗和脑力消耗要不断维持相对平衡。如果学生的某种学习活动达到上面三条标准，说明他某种学习活动的习惯已经养成。

良好的生活习惯、卫生习惯、学习习惯、举止言谈习惯等对孩子的成长都将产生积极的影响。在这些习惯中，学习习惯是最为重要的，因为在人的一生中，无论是工作还是生活都离不开学习。只有热爱学习、善于学习的人，生命才能放出异彩，才能在事业上不断获得成功，在生活中才能脱离低级趣味。古今中外的无数事例都说明，人的生命价值的体现往往开始于学习。谁学习得好、较多地占有一些前人的智慧成果，谁就有可能使理想得以实现，因为好的学习习惯对学习成绩的提高起着决定性作用。

学习习惯有好坏之分，孩子自觉地学习，及时预习、复习，上课注意力集中，笔记工整清楚，遇到问题积极思考等等都是学习的好习惯。

为什么孩子学习成绩不好

榜样魅力

吴刚,13岁时考入中国科技大学少年班。20岁时参加了托福和GRE考试,成绩优异,获得美国多所大学的全额奖学金,赴美攻读博士。

吴刚的父亲吴善陶是台安县南关中学的高级教师,他在《儿子的学习习惯好》一文中详细叙述了吴刚在学习方面所养成的良好习惯:

量化的习惯。学习最忌一曝十寒。每天完成一定的量,积累起来就会十分可观。如认识汉字、记英语单词都是每天10个,即使走亲串友也从不间断。一年下来,3000个常用字记住了,3000个英语单词也记住了。记乘法口诀,是每天起床穿衣时妈妈教一句,他记一句。一套《数理化自学丛书》共17本,5000多页,看起来吓人,但是"眼怕手不怕",每天消化10页,一年半下来就全部看完了,并做完了所有的题。我们从来不搞"倾盆大雨",也从来不让孩子整天玩耍。

预习的习惯。课前不预习,课上就抓不住要领,或思路跟不上,容易开小差。吴刚的爸爸要求孩子如果不把要讲的内容看两遍就别进课堂。上课时,自己懂的就要当堂记住,自己原先不太懂的就要全神贯注地听懂。这样,课后做起作业来既轻松,速度也快,还能腾出时间来做自由阅读。

定时的习惯。什么时候学习,什么时候玩,吴刚的爸爸妈妈都要求他定时。玩是孩子的天性,爸爸妈妈不能剥夺孩子玩的权利,不玩痛快,学习时也不会精力充沛。

独立思考的习惯。吴刚思维敏捷,理解力强,并善于比较分析。小学三年级学习分数减法时,他告诉妈妈,如果分子都是1,被减数的分母比减数的分母小1,那么差必定是分子为1、分母为两分数分母的最小公倍数,如$1/2-1/3=1/6$,$1/7-1/8=1/56$。一个9岁的孩子,能做这样的概括,很不简单。妈妈着实表扬了他一番,肯定了他这种独立思考的好习惯。到了中学,他碰到难题从不肯轻易放过。他认为,自己想出来的比别人告诉的要强百倍。

专心的习惯。吴刚的爸爸妈妈教育吴刚学习时要全神贯注,一分一秒也不许

思想开小差；玩的时候就要玩痛快，不想学习上的事。经常是吃饭的时间到了，热气腾腾的饭菜散发出诱人的香味，妈妈一遍又一遍地催他："吴刚，吃饭吧，来吃饭吧。""不，我这道题还没做完呢。"他头也不抬，继续做他的题。有一次，家中的来客看到这种情况后感慨地说："这样专心的孩子真是少见！"他学习上的内驱力十分强烈，一旦进入"角色"，什么也别想分散他的注意力。

解决方法

优秀爸爸妈妈的一个重要特点，就是能够深入到孩子的内心世界，从而找到培养、强化和巩固孩子良好学习习惯的方法。

下面是一些具体方法的介绍：

（1）激励

教育也好，培养也好，首要的任务就是激发孩子的上进心，再没有比一个人保持强烈的上进心和求知欲更可贵的了。用激励的方法培养孩子的良好习惯可从以下几个方面着手——

①提高认识。提高孩子对习惯的认识，即让孩子认识到不良习惯贻害无穷，良好习惯终身受益。

②激发动机。启发孩子的自身发展需要，使其认清自己的现状与发展的利害关系，激发孩子的成长动机。

③激活主体。唤醒孩子内心求上进的希望，激发孩子成长的动机，引导孩子敞开自我改变之门，从而激活孩子的主体性。

爸爸妈妈的激发要转换并落实到孩子的自我激发上。

（2）赏识

爸爸妈妈要全面认识理解孩子，对孩子身上每一点闪光的东西都要表现出赏识的态度，从而使孩子产生自豪感。赏识可从下列几方面着手——

①明确主流。实际上，培养良好学习习惯大多是改变不良学习习惯。一谈到

为什么孩子学习成绩不好

改变不良学习习惯，有的孩子便会错误地认为自己"一塌糊涂""千疮百孔""不可救药"。因此，一定要明确，孩子从内心里是强烈要求上进的，而知、情、意、行各方面都在发展，这是主流。在这样全面发展的主流情况下，改正某一方面的习惯是容易做到的，要对此充满信心。

②发挥优势。改变自己优势中的不良习惯是愉快而有成效的，这种改变正是完善并发挥自己的优势。

例如：在数学学习较好的情况下，进一步改变"马虎"的缺点，养成仔细认真的习惯，甚至养成"精益求精"的习惯，这些都是很有成效的。

要充分发挥孩子自己的优势，培养良好的学习习惯，因为人成长的过程就是使自己的优势、"亮点"不断扩大的过程。

③发掘潜能。善于捕捉自己优势的人，也是善于发掘自己潜能的人。

要有从发现和发展自己的优势、天赋及潜能来培养良好学习习惯的意识。把孩子自己的优势、天赋和潜能方面的东西从行为上"稳定"下来，"自动化"起来。这是习惯培养的时代要求和时代特征之一。

爸爸妈妈全面认识、理解孩子，从而尊重欣赏孩子，甚至崇拜孩子，都是有着深刻的现代教育理念的，这些理念也都应当转化为孩子的自我赏识观念。若孩子能独立自觉地进行自我认识、自我赏识或为自己的生存和发展而自豪，那就太可贵了。

（3）协助

爸爸妈妈协助的内容包括训练、帮助、指导、指点、点拨、建议等。之所以用"协助"这两个字，就是要以孩子的行动为主。

良好的学习习惯是孩子在学习实践中不断发生、发展、巩固、提高的。因此，孩子必须要付诸于行动。一切习惯都来自于自己身体力行的实践之中。具体协助工作如下：

①明确目标。要协助孩子选择其要实现的习惯目标。

目标要明确、具体，还要有价值、能实现。

先要专注于培养一个良好习惯，不要一下子培养太多的习惯。

②阶梯方法。要和孩子一起商量行动办法。

要让孩子自己去选择行动方法，孩子最愿意用的方法才是最好的方法。

要引导孩子讲究程序，既要注重过程体验，又要注重行动效果。因此，把目标细化成更小的目标，形成阶梯，会更利于孩子的成长。

③加强自律。养成良好习惯的关键是由他律转变为自律，加强自律并不断地学会自律。

加强自律，使孩子在养成良好学习习惯中始终保持积极的心态，始终都在自然而愉快的情绪中行动。

加强自律，尽量减少自己不希望的行为的出现，在任何情况下都要尽量杜绝自己的随意妄为。

加强自律，控制意志，使自己既定的良好行为反复出现，逐渐自动出现，最终习惯成自然。

（4）检验和评价

爸爸妈妈和孩子都要有强烈的成效(成果)意识，要有动态的阶段成效检验和评价。其具体内容如下——

①认识反复。孩子就是孩子，孩子良好习惯的形成规律是"在前进中反复，在反复中前进"。

爸爸妈妈一定要有耐心，坚持期待和指导，只要不断合作努力，反复的次数和程度就会减少，孩子就会逐渐形成良好的习惯。

②巩固强化。要帮助孩子将培养出的良好习惯不断巩固下来，甚至可以在容易出现原有习惯的环境下考验自己的习惯，也可以在有挑战性的环境中充分展示自己的良好习惯。

③激励评价。对孩子的进步要及时给予肯定，哪怕是微小的进步都要给予肯

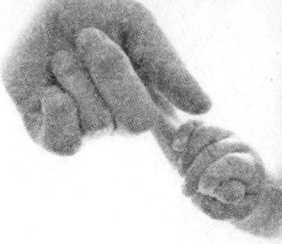

为什么孩子学习成绩不好

定与表扬。

42 孩子学习应该有计划

重视理由

爸爸妈妈们都知道，做事没有计划是很难成功的，孩子的学习也一样，如果没有计划，那么便会是一盘散沙。学习的目标不明确，学习的效果就不会理想，而有计划的学习却可以避免这一切学习上的弊病。

正像建造楼房先要有图纸、打仗先要有部署一样，孩子要想成功有效地学习，爸爸妈妈就必须帮孩子制订好一套切实可行的计划。

追根溯源

中国古代教育家孔子曾说过："凡事预则立，不预则废。"这就是说，做任何事情如果事前有准备，就往往能成功，而没有准备则常常会失败。

法国著名文学家雨果说过："有些人每天早上预定好一天的工作，然后照此实行。他们是有效利用时间的人。而那些平时毫无计划，靠遇事现打主意过日子的人，只有混乱二字。学习也是一样，有计划的人，不仅学习有条理、有顺序，而且有目标、有方向。这样当然效果会比没计划随意学要好得多。"

帮助孩子制订学习计划的益处很多，主要表现在以下几个方面：

①能减少学习的盲目性，使学习步入一个有条理的良性循环之中。

②能让孩子正确地知道所需完成的学习任务的主次轻重。

③能使孩子科学合理地分配各项学习内容和所需的时间。

④能把时间尽可能多地用到有价值、有意义的事情上，减少时间的浪费。

⑤能培养孩子在有限的时间内完成学习任务的能力。

⑥有利于孩子养成良好的学习习惯。

⑦有利于培养孩子的学习品质并锻炼他们的学习意志。

榜样魅力

某校初一年级的学生王飞愁眉苦脸地说："为什么我每天几乎把所有的时间都用到了学习上，可是作业还是做不完，而有的同学平时玩得挺疯，学习却不见落下，是不是我真的很笨？"真的是因为他笨吗？或者是老师布置的作业太多根本就做不完？

看看王飞一天的学习情况，我们便明白是为什么了：

学校放学了，王飞背着满书包的书和习题回到了家。爸爸妈妈还未下班，他想起有很多作业没做，于是独自一人把作业都拿了出来。先写哪一门呢？他翻翻语文，看看数学，再瞧瞧英语，过了好一会儿终于决定要先做数学，但是刚开始不久就碰到了一道难题，他想了一会儿，觉得毫无头绪，于是又打开了语文作业。没过一会儿，爸爸妈妈下班了，看见王飞一个人在写作业，非常高兴，夸了他两句便下厨房做饭去了。作业毕竟是枯燥乏味的，没过一会儿，王飞突然想起放动画片的时间到了，昨天的剧情不知道发展到哪儿了？满心想把作业写完了再去看电视，但是书上的字仿佛一个个都变得不认识了似的，眼前仿佛晃过了动画片的情节。再也忍受不了这种折磨啦，于是，王飞坐到电视机前。

吃过晚饭，王飞又自觉地坐到书桌前，突然想起前些天看过的一个手工制作飞机模型的方案很有意思，于是翻出那本书，津津有味地看了起来。时间不知不觉就过去了，爸爸妈妈过来催促王飞早点写完作业好好休息。王飞看了看摊在桌上只做了一半的作业，叹了一口气："唉，时间怎么就不够写作业的？"

是王飞不用功吗，是王飞不自觉学习吗，是王飞笨吗？其实都不是。问题在于王飞没有很好地规划时间，做事情不够专心，所以效率比较低下。因此，重要的是应当制订一份周密可行的学习计划，并严格按照计划去执行。

后来，在妈妈的帮助下，王飞制订了一份合理可行的学习计划。从此以后，王飞的这些"烦恼"统统都解决了。不仅生活变得有条理起来，王飞的成绩也显

为什么孩子学习成绩不好

著提高了。

解决方法

那么,该怎样帮助孩子制订学习计划呢?

(1)计划要全面考虑,统筹兼顾

在制订计划时,不仅要规定学习任务和目标,而且要安排参加社会活动、锻炼身体和娱乐休息的时间,不能只有吃、学、睡,那样不仅太单调乏味,而且对学习计划的顺利完成也是有百害而无一利的。

(2)分清主次,合理安排

孩子学习生活的各个方面内容所占的比重位置是不一样的,有着主次之分。那些常规的学习内容,如各门功课的学习和其他课外活动、常见学习中的主科和副科所占用的时间比例是不一样的,只有充分认识到这些差异,才能制订出科学合理的计划来。

(3)从实际出发,有个性特征,目标不能过多

做什么都要讲求实效,要量力而行,在订计划时,要让孩子充分考虑到自己的实际能力和水平,突出重点,照顾到自己的实际能力,目标任务不要订得太高,否则还不如不订。对那些孩子感到学起来吃力的学科,可以多分配一些时间,而对不大困难的则相对少用些时间。

(4)要和老师的教学同步、协调

计划的目标是为了提高孩子的学习效率,因此要处处与老师的教学配合协调、同步,这样的计划才能在学习中发挥出更加显著的作用。

(5)要张弛有度,留有余地

计划毕竟是一种设想,并不等于现实,在付诸实现的过程中还可能会出现各种各样的情况而影响到计划的实现,因此要留有适度、灵活机动的时间,做到张弛有度。

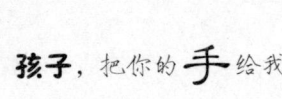

（6）要留有适当的休息时间

人的大脑活动是有一定限度的，用久了就会产生厌倦、疲劳，效率就会降低。如果在安排时间表时一点的休息时间也没有，那么学习时就会出现厌烦、注意力不集中和对学习内容的不满情绪，所以在安排时间时应设计出相应的休息时间来。

需要注意的是，脑力劳动的疲劳不同于体力劳动的疲惫，它主要是对工作厌倦和兴趣不足，而不是真的无法工作学习下去。所以，休息时间不必太长，变换一下活动方式、身体姿势，或到外面散散步、听听音乐、唱唱歌等都是很好的休息。

43 孩子要会独立思考

重视理由

作为爸爸妈妈，我们应该明白：一个自信的孩子首先必须具有善于独立思考的能力。因为独立思考是思维发展的重要基础，是孩子进行创造性活动的前提。要重视培养孩子独立思考的能力。

追根溯源

爸爸妈妈们，我们一定要理解独立思考对孩子成长成才的重要性，并掌握促使孩子学会独立思考的正确方法。

杰出的物理学家爱因斯坦曾说过："发展独立思考和独立判断的能力，应当始终放在首位，而不应当把获得专业知识放在首位。如果一个人掌握了所学学科的基础理论，并且学会了独立思考和工作，他必定会找到他自己的道路，而且比起那种主要以获得细节知识为目的的人来，他一定能更好地适应进步和变化。"

当前，经济发达国家已经把培养孩子的思考能力放在了教育的首位。因为只

为什么孩子学习成绩不好

有独立思考才能独立做事，才会"我要干"。美国教育界认为，在学校只强调掌握读写能力而不会思考是不行的，这样不利于他们的正常发展，必须要让孩子掌握基本功中的基本功——思考。他们认为，鼓励孩子们动脑——创造性地思考，独立解决问题，自己做出决定，这对儿童的成长至关重要。

因此，在美国的学校、教室内到处都挂着"走向独立解决问题的道路"、"记住聪明猫头鹰的话：'思考'"等巨型标语，孩子戴着的纸帽上写着"思考"，穿的汗衫上印着"我是一个小思考家"，处处提醒着孩子应该去思考。

培养善于独立思考的人，应是孩子成长教育的目标之一。爸爸妈妈们应当让孩子早一点养成勤于思考的习惯。

一般来说，孩子最初是很少有自己独立的看法的，他们还不善于思考，总是说"妈妈说……""阿姨说……""老师说……"。这时，爸爸妈妈要有意识地培养孩子早一点从"别人说"转化为"我认为……""我主张……""我说……"。"别人说"表明孩子还处于消极被动的学习地位，"我说"则表明孩子处于积极主动的学习地位，这样有利于促进他们学习能力的提高。

那些著名的科学家、发明家之所以能够为人类文明做出贡献，大多在于他们敢于否定前人的甚至是权威性的结论。牛顿力学在当时是没有人敢于怀疑的，爱因斯坦却敢于向它挑战，结果创立了相对论。

孩子常会有这样的观念——"大人讲的就是对的""书本上讲的就是对的"，这种依赖性的思维方式极大妨碍了孩子创造性的发挥。因此，爸爸妈妈应当鼓励孩子用审视的眼光来看待一切，大胆地怀疑。这样，当孩子发现前人有什么谬误时，就会敢于付诸行动向权威挑战。

榜样魅力

前苏联女英雄卓娅的母亲在《卓娅与舒拉的故事》一书中曾经写过这样一则故事：卓娅的学习成绩很好，然而某些功课她学得很吃力。有时候她做数学和物

理学功课做到深夜，可是始终不让舒拉帮助她。有很多次都是这样的：舒拉早已准备第二天的功课了，可是卓娅仍然伏在桌上。

"你做什么哪？"舒拉问。

"代数。算不出这道题。"

"来，我算给你看。"舒拉说。

"不用，我自己想想吧。"

半个小时过去了，一个小时过去了。舒拉生气地说："我睡觉去了!答案就在这里。你看，我放在这里啦!"

卓娅连头也不抬。舒拉遗憾地挥了挥手，离开了。卓娅又做了很长时间。在十分困倦时，她就用冷水洗脸，洗完后仍然坐在桌旁。题的答案就在旁边放着，伸手就可以取来，但是，卓娅连往那边看上一眼也不肯。

第二天，她的数学分数得了"优"，这件事并不使班上的任何人感到惊异。可是，她的母亲和舒拉都知道这个"优"的代价是什么。这个代价就是付出努力去独立思考。

因此，聪明的爸爸妈妈在面对孩子的问题时应启发孩子去想、去分析，运用自己学过的知识和经验，通过看书、查参考资料等方法去寻找答案。孩子在寻找答案的过程中，思维能力就会得到提高。

解决方法

许多孩子都有较强的好奇心，喜欢"打破砂锅问到底"，每当见到一个新事物总想更深入地去了解，往往会不自觉地摸一摸、问一问、拆一拆、装一装。许多爸爸妈妈对孩子的这些行为很是烦恼，经常会批评孩子甚至是恐吓孩子，而其实，这些都是孩子喜欢探究和旺盛求知欲的表现，爸爸妈妈的呵斥会挫伤孩子思维的积极性。

正确的做法应当是因势利导，鼓励孩子的探索精神，启发孩子"异想天

开"。例如，让孩子突破常规的思维模式，从另一个角度去思考问题，孩子就会发现平时盛饭的碗可以用来当乐器，平时装热水的暖瓶还可以用来煮粥，这就是"发散思维"或"求异思维"。这种发散性的思维模式可以让孩子在学习时不盲目听信，解决问题时善于从多方面考虑，从而提高孩子的学习兴趣和思维能力。

向孩子发问，不要只问对或错的封闭式问题，最好依据孩子的能力问一些答案不唯一的开放性问题，如：回形针有些什么用途？如果让你去郊游，你会选择哪里？为什么要选择这个地方？可见，向孩子发问还要有一定的技巧。

台湾教育专家陈龙安认为良好的发问应当掌握十个方面，他总结的"十字诀"就是：假、例、比、替、除、可、想、组、何、类。

"假"：就是发问时以"假如……"开头，让孩子进行思考；

"例"：就是让孩子在回答问题时多举例子；

"比"：就是让孩子比较两件事物的异同；

"替"：就是让孩子思考有什么是可以替代的；

"除"：就是多问孩子"除了……还有什么"；

"可"：就是让孩子思考可能的情况；

"想"：就是让孩子想象各种情况；

"组"：就是教孩子把不同的东西组合，并思考组合在一起会如何；

"何"：就是以"何"自问的检讨策略，即为何、何人、何时、何事、何处、如何；

"类"：就是让孩子类推各种可能性。

44　孩子应该善提问

重视理由

鼓励孩子从小养成善于发现问题和敢于提问的习惯，待他们长大后才能成为

一个虚心好学、不断探索的人。不仅如此，善于发问还会促使孩子成为一个勇于创新和发明创造的人。

追根溯源

在学校的教育过程中，经常是老师提问，学生回答；在家庭教育中，经常是爸爸妈妈提问，孩子回答。

不知道老师和爸爸妈妈们想过没有，为什么不让孩子们自己提出一些问题呢？

不知道老师和爸爸妈妈们是否知道，从某种程度上说，提出问题比回答问题更重要。

在这方面，爸爸妈妈也应当为孩子树立一个好榜样。当你不能回答孩子的某一问题时，切不可感到窘迫不堪或者不能自圆其说。如果这样，你就是在告诉自己的孩子，当他在课堂上"丢了面子"时也可以学你这样去做。

如果谈话中爸爸妈妈不明白别人在说些什么，或当自己不知道发生了什么事而很想知道时，应当坦率地问他人，这样你就给孩子树立了一个榜样——当他在课堂讨论中遇到类似情况时也会照着你的样子去做。

孩子们通常会怕别人取笑自己提出如此简单或愚蠢的问题而不敢往下再问。在这种情况下，爸爸妈妈应当让孩子知道，这些取笑他人的学生实际上是他们自己发现不了其中的问题。对于孩子来说，解决这一尴尬最容易的办法就是坦诚地说："对不起，我真的不知道这个问题的答案，既然你知道，那你能告诉我吗？"

孩子们在学校中学习的许多东西总是包含着"谁""什么""何时""何地"等内容，还有一些能够使他们运用所学的知识，且对他们今后的生活极为有益的问题——"为什么"与"怎样"。

爸爸妈妈可以就某一人物或事件的来龙去脉不断地提出"为什么"。如果

为什么孩子学习成绩不好

怀疑孩子只是在敷衍应付似的问你一些"为什么"之类的问题，爸爸妈妈可以反过来问他："你为什么对这一点感到好奇呢？"如果孩子真的对某一问题很感兴趣，他将能说出其感兴趣的理由来。下面是一些爸爸妈妈可以经常用到的问题——

①为什么会发生这种事呢？
②他为什么会这样做呢？
③他为什么说出那样的话呢？
④他为什么不采取别的措施？
⑤事情是如何进行的？
⑥他是如何完成的？
⑦他该如何去履行诺言呢？
⑧他是怎么想出来的？

这些问题都与培养孩子实际的生活能力有关——让他们去发现问题、实施计划、创造生活。

爸爸妈妈不必给孩子找到所有问题的答案，其实也不可能找到所有的答案，有些问题其实根本就无法回答。但是当爸爸妈妈在孩子面前回答这些问题时应当诚实。

孩子的许多问题有时也可以从参考书或专家们的评论中找到答案。为孩子指出查找的方向，让"我们查查看吧"成为家庭中经常能听到的话。

爸爸妈妈要鼓励孩子进行提问。当孩子问你一个问题时，应当场予以解答。当爸爸妈妈确实没有时间考虑问题时，应向孩子说明情况并让其在爸爸妈妈有空时再问。

如果孩子问爸爸妈妈一个不好回答的个人生活问题，爸爸妈妈可以如此回答他："我这次还不想回答你这个问题，等你长大以后我再和你讨论这一问题吧。"这样既给了他一种回答，也让爸爸妈妈有足够的时间思考如何回答孩子的

这个问题。

要让孩子感到提问是有利于双方的一种活动,爸爸妈妈也可以自由地问他一些问题,正如他问的一样。就爸爸妈妈与孩子之间的交流而言,鼓励孩子大胆提问也许更为重要。

榜样魅力

熊庆来是我国杰出的教育家和近代数学的先驱,他1893年生于云南省的竹园坝。

熊庆来的父亲熊国栋在当地从事教育、水利等工作。他思想开明、酷爱科学,经常会同受过新式教育的人士们来往,这对熊庆来的影响颇大。

熊庆来5岁时即在父亲的指导下开始学习各种知识。父亲经常考他以前学过的东西,由于他聪慧好学,每次父亲都很高兴。

像很多聪明的孩子一样,小庆来很爱动脑筋,凡事都爱问个"为什么",对此,父亲总是给予积极的引导。

一次,父亲检查完庆来的作业后说:"很好,你都写对了,能出去玩了。"而庆来却说:"不,爸爸,有一个问题我弄不明白,请您给我说说吧!"说罢,他端来一碗水,拿来一根筷子,又把筷子插到水里,问父亲:"您是不是看到筷子折了?"父亲看了一看,说:"好像折了。"庆来说:"筷子其实没有折,为什么插到水里就像折了呢?"

父亲觉得儿子这个问题提得好,便鼓励他说:"爸爸也解释不了这个问题,以后你进了学校,学了更多的知识,就会明白了。"

熊国栋在工作之余经常会与受过新式教育的人们聚会,他们在一起谈人文、地理,有时还会发表一些政治观点。每当他们谈论的时候,小庆来总是很好奇地听着。

有同父亲来往的朋友中有两位教师,他们很喜欢熊庆来,便主动向熊国栋

为什么孩子学习成绩不好

提出担任庆来的教师，他们一位教法语，另一位教数学和一些自然科学知识。在他们的悉心指导下，小庆来的成绩提高得很快。他的好学精神使两位老师深受感动，于是，他们建议熊国栋将庆来送到昆明继续深造。

在昆明学习了几年之后，熊庆来经过考试获得了去欧美留学的资格。可是，他的大伯坚决反对其出国，庆来的祖母力排众议，认为孩子的前程最要紧，支持庆来去走自己想走的路。

正是因为祖母的竭力支持，熊庆来才得以到法国深造了8年。后来，他将现代数学引入中国，做出了自己的一番事业。

解决方法

爸爸妈妈该怎样培养孩子提问的习惯呢？教育专家经过探讨后认为，可从以下三个方面入手：

（1）营造氛围，让孩子敢问

爸爸妈妈和孩子的角色是平等的，要变学习辅导的单向为双向互动，允许孩子"出错"。爸爸妈妈对孩子的提问，哪怕是在自己看来非常幼稚的问题，也都需要采用语言的激励、手势的肯定、眼神的默许等手段给予充分的肯定与赞赏。

对于不敢提问、懒得提问的孩子，爸爸妈妈应向他们讲清楚善于提问对学习的好处，可以给孩子买一些名人传记，孩子会从这些书中发现，大凡学术上有成就的人都是在"问"上做出文章来的，如居里夫人、华罗庚、达尔文等。应让孩子从思想上真正认识到只有敢问、善问，才能搞好学习，才能做成学问的道理。对于那些因为没打好基础而不会提问的孩子，爸爸妈妈可以帮助和鼓励他们从补习功课开始，学好基础知识，跟上班级教学的进度，鼓励孩子向班上善于提问的同学学习，解除思想顾虑，克服虚荣心。爸爸妈妈可以耐心地告诉孩子不会提问没有什么可笑的，每个人提问都是因为自己不懂才问，学习本身就是一个从不懂到懂的过程，不懂就问是好学的表现，只有把自己不懂的问题提出来后，才能得

到老师的帮助，从而真正掌握知识。

（2）拓展渠道，让孩子会问

当孩子还未养成提问的习惯或者所学知识较难时，爸爸妈妈可以同孩子进行讨论，然后由孩子提出问题。另外，爸爸妈妈也可以设计好问题，引导孩子模仿提问，提问的内容应由浅入深、由易到难。经过一段时间的训练，当孩子初步掌握了发现问题和解决问题的方法后，爸爸妈妈就可以在学习辅导中留有一定时间让孩子独立质疑、自我展示了。

（3）精心组织，让孩子善问

为了提高孩子学以致用的能力，爸爸妈妈尤其要引导孩子把学到的知识应用于现实生活，让他们在解决新问题中再提出实际问题，为孩子的创新思维提供广阔的情境。

对那些想问但又不知该怎么问的孩子，爸爸妈妈应提醒他们注意掌握学习方法、善于发现问题。如上课前做好预习，在不懂的地方做上记号，或者事先把不懂的问题写到纸上，在老师讲解时学会做笔记，勤动脑筋，学会问"为什么"。经过思考和查找资料都不能解决的问题，自以为找到了答案但把握不大的问题以及那些对得出结果的过程不太明白的问题，都可以在课堂上向老师提出来。

对于不爱学习、根本就没有考虑过该怎么提问的孩子，爸爸妈妈不要过分责怪他们，而应帮助孩子从培养学习兴趣开始，首先让孩子喜欢学习，树立起自己能够学好的自信心。

总之，在家庭教育中，特别是学习辅导中，爸爸妈妈应在孩子力所能及的范围内让孩子多动、多说、多看、多问、多表现、多思考，让他们自己"跳起来摘果子"，尽量多给孩子一点思考的时间和活动的余地，把提问的权利交给孩子。

45 孩子要一心一意地学习

重视理由

一个人做事一定要专注。今天想当银行家,明天又想做贸易家,后天又想成为艺术家的人,注定一生会一事无成。

对于孩子来说,培养做事专注的习惯,也会对其一生产生出重大影响。

追根溯源

儿童教育专家MS斯特娜认为,孩子只有先形成一种专心的习惯,才有可能在日后对自己的事业全身心投入,不会被其他事情所干扰。

注意力是人对一定事物指向和集中的能力,它在各种认识活动中起着主导性作用。"注意听"是听觉对声音的指向和集中。"注意看"是视觉对所观察的事物的指向和集中,"注意想"是思维活动对有关问题的指向和集中。不管做什么事,只有保持注意力、聚精会神才能事半功倍。

注意力有四种品质,即注意的广度、注意的稳定性、注意的分配和注意的转移,这是衡量一个人注意力好坏的标志。

注意的广度也就是注意的范围,它是指人们对于所注意的事物在一瞬间清楚地察觉或认识的对象的数量。例如,研究表明:在1秒钟内,一般人可以注意到4~6个相互间没有联系的字母、5~7个相互间没有联系的数字、3~4个相互间没有联系的几何图形。

注意力的稳定性是指一个人在一定时间内,比较稳定地将注意力集中于某一特定的对象与活动的能力。例如,当孩子在看漫画图书时,可以连续1小时集中注意力,而对同学的干扰不放在心上。这就表明他在看漫画时,注意力的稳定性比较好。一般来说,只要一个人的目的性明确,对活动的重要性有所认识,注

意力的稳定性就会好一些。当然，这也需要此人有相当好的自我控制能力。事实上，具有良好的学习习惯、善于克制自己、约束自己的人，比自由散漫、难于控制和约束自己的人更容易保持稳定的注意力。

注意力的分配是指一个人在进行多种活动时能够把注意力平均分配于活动当中。比如，你能够一边看书，一边记录书中的精彩语言；妈妈能够一边炒菜，一边听新闻。

注意力的转移是指一个人能够主动地、有目的地及时将注意力从一个对象或活动调整到另一个对象或活动上。例如，在你看完一个有趣的电视节目后，隔壁的姐姐要给你来讲解数学的解题思路，如果你能迅速把注意力从电视节目中转到解题当中，你的注意力转移性就是不错的。

每个少年的注意力品质都是不一样的，有些人注意力的广度比较好，有些人注意力的稳定性比较好，有些则是注意力分配和注意力转移比较好，这些差异都是因人而异的。良好的注意力品质既要求我们能够持久地稳定注意力，又要求我们能够主动而迅速地转移注意力。

注意力分散是孩子的一个普遍问题，爸爸妈妈要认真对待这个问题。孩子的注意力有一个发展变化的过程，不但不同年龄段孩子的注意力是不同的，而且同一年龄段孩子的注意力也是不同的。一般来说，孩子注意力集中时间的长短取决于孩子的年龄、性格和其他个性。例如，四五岁孩子的注意力只能维持15分钟左右，而八九岁的孩子则可以维持半个小时左右。

一般来说，孩子的注意力是不太稳定的，往往对什么事都感兴趣，注意力容易随兴趣而转移；同时，孩子的注意力范围较小，注意力受情绪影响较大，注意力分配能力也较差。针对孩子的这些特点，爸爸妈妈要帮助其克服这些困难。

培养孩子的专注力十分重要，爸爸妈妈在孩子小的时候就应当把孩子的专注力激发出来。当孩子做某事时，应要求他在规定的时间内完成并帮助其排除外界的干扰；让孩子对感兴趣的问题不断寻根问底，深入思考；让孩子在兴趣广泛

为什么孩子学习成绩不好

的基础上选择最着迷的对象深入下去，爸爸妈妈应有意识地强化孩子这方面的兴趣。

榜样魅力

古希腊的著名学者阿基米德，是古代"精确的和有系统的"进行科学研究的创始人之一。他对数学、物理、天文和机械工程都进行了广泛而深入的研究，其中有一些优秀的科学成果，如阿基米德浮力原理、阿基米德螺旋、杠杆定律等。阿基米德在进行科研工作时常常会办一些"傻事"。有时，他妻子把饭摆在桌上，叫他吃饭，就出去干别的事去了。等她过一会儿回来，看到饭菜凉了，阿基米德仍然继续在火盆的灰里画他的三角形、方形、圆圈。据说他有时会在呆坐中把油作笔墨，把身子当画板，用油在自己身上画起图案来，画着画着，竟忘记了自己原来是在做什么事了。

他的妻子最担心的是他到公共浴池里洗澡，因为他在洗澡时也在琢磨问题，甚至会忘了自己在洗澡。

当时叙拉古国王让匠师用纯金做了一顶王冠。王冠做得非常漂亮，十分精致，而且重量也和原来给的金子相等，国王很喜欢。但是有人说王冠不太像纯金做的，国王就想弄清里边是不是掺了假。于是，他就把精通物理和数学的阿基米德请去，让他在不损坏王冠的情况下确定其究竟是纯金做的还是掺了别的金属。

阿基米德带着这个难题回到家，就沉入到冥思苦想中，他吃不好饭、睡不好觉，朝思暮想，如痴如迷。后来他打算去洗个澡，清醒清醒头脑。当然，就是洗澡，他的脑袋里也依然想着王冠之谜。当他跨进装满水的澡盆的时候，许多水流了出来，他躺在水里觉得自己的身子轻了许多，再看看流出来的水，他突然喊了一声"尤里卡!尤里卡!(希腊语，意思是我想出来了)"就从水里跳出来，飞奔过人群熙攘的大街，直跑到家里。

妻子见到他从澡堂飞奔而归目瞪口呆！她哪里知道，阿基米德得到了重要的

启示，并由此总结出了一条重要的原理：浸在液体里的物体受到向上的浮力，浮力的大小等于它所排开的液体的重量。他解开了王冠之谜。他想，重量相等的两种不同质的物体，由于密度不同，它们的体积是不相等的，它们所排开水的体积也必定是不相等的。

于是，他把王冠和与王冠等重的纯金块分别放入水里，结果发现纯金块排出的水少、王冠排出的水多，这就证明王冠里掺了比较轻的金属。阿基米德又计算出了掺入金属的重量。在科学面前，那个匠师只得供认自己作了假。

解决方法

注意力集中是学习与成才的重要条件，该学什么、该做什么、该怎么做，这种对内容的选择都是由注意力所决定的。在单位时间内，因为人的精力有限，不可能一心两用，故只有靠专心致志、全神贯注、聚精会神才有可能达到最佳的效果。

培养注意力有以下几个要点：

（1）树立远大的理想

"伟大的目的产生伟大的动力"。树立远大的理想和正确的人生观，可以提高学习的自觉性，对培养与发展专心致志的注意力具有特别重要的意义。

人的注意力是有倾向性的，它受理想、人生观的制约，只有树立了正确的奋斗目标才能调动起自己的注意力，把自己的心理活动集中到学习和事业上才能有所建树。

（2）培养广泛而稳定的兴趣

当一个人对某件事情具有浓厚的兴趣时，他便会集中注意力、全身心地投入到这件事情上去。有时注意和兴趣的关系往往是间接的，人对于活动的过程可能没有兴趣，但对于活动的结果却有很大的兴趣，这种间接的兴趣几乎存在于一切自觉进行的活动中。有时，你也许对某一门功课有畏难情绪，但是当你认识到这

一门功课对日后的学习和工作具有重要作用时便会鼓起勇气去攻克难关。

（3）养成细致认真的习惯

注意力的分散是学习、工作的大敌，培养注意力必须要培养细致认真的习惯。一方面，应加强自身注意力的培养，用一定的意志力控制自己的注意力，自觉抵御外界的干扰；另一方面，还得尽量减少无关刺激的干扰，同时要保持良好的休息和睡眠，增强体质，保证健康；再者要养成一丝不苟、严肃认真、精益求精的良好习惯和作风，这对于集中注意力、深入思考、完成学业会大有裨益。

日本创工株式会社董事长、能力开发研究所所长保坂荣之介，在《如何增强记忆力、注意力》一书中提出了培养和增强注意力的10个要点，比较有启发性：

①任何人在集中注意力时，首先要安心定神；

②疲劳是注意力的大敌，所以要注意休息；

③关键是要有信心，这样会使头脑处于高度兴奋的状态；

④利用适合自己的方法；

⑤要努力对注意的对象发生兴趣；

⑥危机感、紧迫感会促进注意力的集中；

⑦心情舒畅，有助于注意力的集中；

⑧有必要横下一条心；

⑨开阔思路，遐想联翩；

⑩确定完成任务的最后期限。

46 孩子一定不能贪玩

重视理由

贪玩易丧志。对在正处于学知识学本领的成长期的孩子来说，贪玩不仅会使孩子丧失理想、追求，丧失塑造良好个性品质的时机，而且还不利于身体的健康

发育。"少壮不努力,老大徒伤悲",最终,孩子丧失的是美好的青春年华。

追根溯源

每个孩子都喜欢玩,玩,本是孩子的天性。不过,很多孩子玩得过分、玩得沉迷,这就有害而无益了,所以有句话叫做"玩物丧志"。很多爸爸妈妈正是因为担心孩子玩物丧志而头痛不已。有的爸爸妈妈干脆采取强制的方法剥夺孩子玩的权利,但这同时也使孩子产生了与爸爸妈妈的对立情绪。因玩而受到爸爸妈妈教训是每个孩子都曾体验过的,因玩而与孩子发生"战争"的爸爸妈妈也比比皆是。在这场旷日持久的"战争"中,我们爸爸妈妈似乎远远低估了孩子的智慧,所以总是会成为最后的输家。有句话其实很形象——"不是敌军太厉害,而是我军太无能!"因此,长期以来,孩子贪玩便成了爸爸妈妈一块难以医治的心病。

贪玩是孩子的通病,没有不愿意玩的孩子。一位山东特级教师曾经就自己先后教过的十余个教学班的孩子进行过调查,问题就是"你喜欢玩吗?"回答是100%,绝对喜欢玩。大家还就"玩"的功能进行了总结,认为"玩能丰富我们的人生,玩能丰富我们的情感,玩能激发创造的灵感"。但做什么事都要有个度,超过这个"度"好事也会变成坏事。

很多孩子正是因为贪玩而荒废了学业,甚至虚度了人生。有些贪玩的孩子,在课堂上也会想出许多玩的花样来,这样不仅影响到了自己的听课质量,也破坏了课堂纪律。贪玩是孩子的通病,也是爸爸妈妈的心病。过度贪玩会毁掉孩子的前途与人生,也会毁掉爸爸妈妈的希望与精神支柱。

孩子贪玩是绝大多数爸爸妈妈最感挠头的事情。由于贪玩,功课马马虎虎是一方面,而且孩子可能还会染上撒谎、旷课等坏毛病,甚至走向犯罪,这就更麻烦了。比如过分迷恋游戏机,就会使一些孩子走上犯罪的道路。他们一开始只是玩一玩而已,后来则越来越上瘾,向爸爸妈妈要钱,爸爸妈妈不给,向同学借钱也借不到了,就想办法去骗、去偷,从而走上犯罪道路,这是贪玩造成的恶劣后

为什么孩子学习成绩不好

果。即使没有走上犯罪的道路，过度贪玩也会不同程度地影响到他们的学习及身体健康。

孩子过于贪玩的主要表现为：贪恋电视或电脑游戏；只重视体育活动，忽视学习；漫无边际地侃大山；逃学甚至搞恶作剧……孩子一门心思就在玩上，上课不专心听讲，课后不做作业，放学后书包一扔，抬脚就走了，天不黑不回家。如果遇到这样的孩子，做爸爸妈妈的首先应检讨一下自己的行为，是不是自己也很贪玩？尤其有些爸爸妈妈爱玩麻将，甚至到了废寝忘食的程度。如果你自己都这样，还指望孩子什么呢？如果不是这样的话，就要问一问自己，你了解你的孩子吗？你知道他想些什么、希望些什么、喜欢些什么，是不是能够同你的孩子进行沟通，你们有共同语言吗？只有当你了解了他们后，才有可能很好地引导他们、教育他们。现在的孩子和从前不一样了，成熟得早，接触的事情多，对他们做错的事情或不好的习惯一味地批评、指责，往往会引起他们的反感，由于逆反心理的作用，你越批评他越做得欢，所以要讲究方法，用引导、沟通的方法来解决问题。要让孩子明白，爸爸妈妈同他们不是冤家，而是朋友。学习好、玩得好是大家共同的心愿，应让他们养成良好的学习习惯，该学习的时候就好好学习，该玩的时候就尽兴地玩。由于孩子的自我约束能力弱，当爸爸妈妈的就要不断地提醒、督促他们，帮助他们改掉贪玩的恶习，形成一个良好的学习习惯，也学会如何约束自己，做到学玩两不误，这才是爸爸妈妈应当做的。

天底下没有两个完全一样的人，同样也没有两个完全一样的孩子，这就要求每一位爸爸妈妈都要根据自己孩子的具体情况来调整教育方法。

榜样魅力

下面是一则把贪玩孩子转变为好学生的成功案例，也许对我们每一位爸爸妈妈都有一定的启迪作用。

赵凯和隋蓬蓬是两个活宝：大错误不犯，小错误不断。学校不让带玩具，他

孩子，把你的手给我

们俩会变着法子玩出各种花样，上着课他们就会拿支铅笔在地下踢起"铅笔球"来，引得同学的注目。老师瞪他们一眼，他们就马上坐好，像没有发生过任何事情一样。老师回头写板书，他们又会扮鬼脸，惹得大家哄堂大笑。

课余时间，他们会编出各种各样关于"玩"的故事来逗你开心。你听，隋蓬蓬又在那儿指手画脚地讲起来了："大王和小元本来就是天下第一，要不然为什么古代英雄喜欢称自己为'大王'、'霸王'、'山大王'呢，而我们都知道'元旦'是一年的开始，也是'第一'的意思嘛，大王和小元为了能够发挥更大的威力，于是合二为一成了'玩'。"

看隋蓬蓬讲得绘声绘色，赵凯也不示弱。他眼珠一转，也讲了起来："姓王的和姓元的争论谁的本事大，结果王姓英雄用头功撞碎了元家英雄的家传宝贝玉花瓶，元家英雄用屁股坐碎了王家英雄的翡翠坐垫，最后不分胜负，二位英雄商量，共同创一个字。王姓英雄用自家姓上的头，也就是声母w；元家英雄用自己姓上的尾，也就是韵母an，他们组成了一个新字，就是'玩'。一人占一半，公平合理。"

为了解决两个孩子贪玩的问题，老师决定还是家访一下，先听听爸爸妈妈们的意见吧。而没想到的是，这次家访给老师带来的震动太大了。这是两个截然不同的家庭。赵凯的家庭条件是那么好：爸爸、妈妈是大学热门专业的教师，姥姥、姥爷在国外有一家很大的公司。赵凯有自己的卧室和书房、电脑、满屋子的书，内容包罗万象、应有尽有。然而隋蓬蓬就没有那么幸运了，有一个14岁的智障姐姐，说话都不清楚，妈妈每天要把她送到很远的特教学校去读书。爸爸因为车祸致残，腿脚不方便。一家四口挤在一室一厅的筒子楼里，爸爸和蓬蓬睡在门厅里，妈妈和姐姐住在室内，家里拥挤不堪。

两个家庭的教育观念也有着很大差异。赵凯的爸爸妈妈对儿子实行的是"西洋化素质教育"，认为对小孩子要顺其自然，其长大了自然会好的，所以对老师讲的赵凯在学校里的种种不良表现，赵凯的爸爸颇不以为然，好在妈妈还是认为

为什么孩子学习成绩不好

老师有必要对儿子进行批评教育。

隋蓬蓬生活在一个困窘的工人家庭,全家都指望妈妈一个人忙里忙外,求得尽可能好的生活。他的母亲是一个刚强的女性,在隋蓬蓬身上寄托了所有的希望,她给老师印象最深的一句话就是:"老师,您看我女儿这个样子,丈夫这个样子,儿子要是再不争气,我真是活得没有意思了!"

这样的两个家庭的孩子,用什么办法让他们内心震动、思想转变呢?老师决定让他们来一次角色换位,彼此走进对方的家庭,看看对方的生活。

在老师的建议下,星期六上午,赵凯的爸爸开着宝马轿车把赵凯送到了隋蓬蓬家门口。赵凯走进了隋蓬蓬的家。炎热的夏季,他们家却舍不得用头顶上的小电扇,只为了每个月能节省一点电费。蓬蓬妈给赵凯倒了一杯凉白开,赵凯端着水,却怎么也喝不下去。他出门对等在外面的爸爸说:"爸爸,您先走吧,不用等我了,我坐公交车走就行。"爸爸很不理解儿子怎么突然会这样。可是,这一切都被蓬蓬的妈妈看在了眼里。

临走前,赵凯邀请蓬蓬到自己家里去玩,蓬蓬妈妈却婉言谢绝了,尽管老师也做了同样的建议。蓬蓬不明白妈妈一直都很尊敬老师,为什么老师要求自己去赵凯家里玩,妈妈却不同意。

而妈妈的一番话却意味深长:"蓬蓬,你瞧赵凯穿的都是名牌,坐的是名车,可见他们家生活得很好。我们虽然生活困难,但是心情还平静。妈妈不希望你看到自己和他的生活竟然有那么大差距,不希望你因此而感到沮丧,感觉不幸福,那样你会失去很多的快乐。孩子,妈妈希望你能过上幸福的日子,但这要靠你自己的努力才行!"

蓬蓬若有所思地点点头,他不想让妈妈再为自己操心了。姐姐和爸爸已经让妈妈够伤心的了,自己不去就是了。的确,在这样一个困窘的家庭里,要想过上富足的日子,必须得靠其自己努力才行呀。

赵凯在回家的路上心绪颇为不宁,他一直不知道,和他一样聪明、捣蛋的隋

蓬蓬的家境是如此糟糕。他想起了自己经常吃肯德基和麦当劳，而老师发优惠券给同学们的时候，隋蓬蓬对他说："那里面都是洋快餐，没有中餐有营养，我不吃，送你吧。"说着就把优惠券塞到他的书包里。他还想起春游的时候，他带了大包小裹的好多好吃的东西，一路上不停地吃。但是，隋蓬蓬只有在吃饭的时候才拿出两个鸡蛋和一个馒头。

这一幕幕在赵凯的脑中回荡，他突然明白了，老师安排他去隋蓬蓬家是别有一番用意的。

赵凯回到家，把自己在蓬蓬家的所见所闻都讲给了妈妈听。妈妈说了一句话："凯凯，希望只去这一次。"妈妈的话语很简单，但是赵凯都听明白了。他也只会去感受这一次了，这一次足以让他明白自己丰衣足食，却从来都不知道珍惜，整天在学校里浑浑噩噩是多么没有意思！

他对妈妈说："就去这一次，我已经看到了自己一直以来的不求上进。生活环境这么好，我却不知道珍惜，妈妈，我会记住这一次的。"

从此，赵凯如同换了一个人，他不再搞恶作剧把胶带贴在老师的屁股上，不再上课肆无忌惮地随便说话。他多了一丝沉静，甚至多了和隋蓬蓬静静谈心的时间。课间，教室内外狂奔的身影消失了，多了一对促膝交流的好朋友。

老师们都感觉这两个孩子好像是一眨眼工夫就变了，爸爸妈妈也都夸他们一下子便长大了。在2002年的毕业考试中，两个曾经不被大家看好的孩子竟然同时考进了选拔极为严格的外语学校。

解决方法

正确的家教指导原则和方法是帮助孩子打开成功之门的金钥匙。在不同的家庭里，爸爸妈妈应根据自己孩子的实际情况因材施教、灵活运用。

许多孩子之所以贪玩而不爱学习，主要原因是家庭教育方面出了问题。有的家庭根本就不重视家教，而大多数爸爸妈妈则主要是不懂得进行理性的思考，没

为什么孩子学习成绩不好

有遵循正确的家教指导原则。

家教方法,虽然不能千篇一律,但一些重要的原则和指导方法还是应当遵循的。这些原则和指导方法主要有以下几点——

(1)学会引导,严格教育,注重实效

学会引导,严格教育,注重实效。通俗地讲,就是软硬兼施、重在激励,"软"就是启发、激励孩子,"硬"就是严格教育。

严格教育不是教条主义,不是管死,而是对正确的、孩子愿意做的事情要抓紧、不放松、不打折、不妥协,抓出实效来。

正确的、孩子愿意做的事情,家庭应当进行严格管教,这会形成良好的亲情关系,而溺爱孩子、放任不管才是造成不良亲情关系的重要原因。

(2)阶梯目标,艰苦奋斗,形成习惯

孩子的成长一定要有个阶梯目标,要让孩子通过自己的努力一步一步地实现目标。

孩子改变自己的行为习惯是很艰苦的,是需要教师、爸爸妈妈的关心、支持和帮助的。有的爸爸妈妈不了解这一点,平时不关心孩子,看到孩子成绩不好时轻则批评、重则动手。

他们不了解的是,孩子的内心其实是非常想做好的,只是苦于没有办法,作为爸爸妈妈应当帮助孩子制定具体目标、多想办法、培养良好的学习习惯,这才是改变孩子的根本。

对贪玩孩子的学习指导要动之以情、晓之以理、情理交融、深入心灵。

作为爸爸妈妈,对孩子一定要有耐心,坚持对孩子的信心和期望,更要对他们尊重、信任、宽容和期待,学会赏识,这样肯定能够改变贪玩孩子的坏毛病。

只要爸爸妈妈坚持与孩子合作,下决心去改变,形成新的行为模式,培养孩子新的学习习惯,就一定会有成效的。

(3)培养兴趣,重点突破,挖掘潜能

培养某一方面的兴趣对贪玩孩子的转变是很重要的。让孩子逐步学会发现并发展自己的特长和优势，孩子的知识、能力、情感、意志等某一个方面的长处得到展示，受到肯定，对孩子来说，都是他成长中一个重要的突破性发展。

每个孩子都是有特长、有天赋、有潜能的，爸爸妈妈只要留心，总会找到自己孩子的某些天赋和特长。只要加以引导和鼓励，孩子就会兴趣大增，从而转移注意力，把玩放到次要的地位。

人的特长、天赋、潜能的发现和发展过程也是人的创新过程，一定要给孩子提供这样的机会和环境（氛围）。现代化教育观念的核心就是全面调动人的积极因素，努力挖掘人的潜能，充分体现每一个人的价值，让人们进行创新。

（4）学会合作，具体指导，良好措施

这里所说的合作，是指爸爸妈妈要学会跟孩子合作。爸爸妈妈要尽量安排一些时间和孩子在一起，如共同干家务或一起做饭等，与孩子亲切、自然地在一起聊聊，比如聊今天学了什么、老师讲的什么内容让他感到新鲜，等等。在自然、亲切的谈话中，爸爸妈妈很容易发现孩子学习的特点、优势，也容易发现孩子学习上的问题，以便给予孩子具体的指导和帮助，这样，对孩子的个性发展、开发潜能是大有好处的。

爸爸妈妈在行为上更要跟孩子合作。譬如，有位父亲在孩子小的时候就为孩子制定了"三个保证"的学习规定，有效地制止了孩子贪玩。

①保证定时学习。要坚决按照规定的时间学习，学习的时间"神圣不可侵犯"，尽量不要让家里的事情打扰孩子学习。

②保证专心学习。学习前要准备好全部学习用具，学习时要专注、认真地学习。

③保证积极学习。学习时态度要积极，讲究效率和学习成果。

这样合作很有效果，孩子在爸爸妈妈的指导下愉快地进行学习。

（5）学会调整，控制情感，振奋精神

为什么孩子学习成绩不好

在家庭教育中，要充分发挥情感对人各方面发展的作用。既要发挥情感的动力作用，又要发挥情感的调节作用。

要使孩子改变贪玩的习性，爸爸妈妈应帮助孩子树立具体的生活理想、职业理想和社会理想，用理想来促进孩子发奋学习。下面就是一些具体可行的方法——

①努力让孩子去接触社会，参与社会实践。

若有可能，应尽量让孩子去接触那些有作为的人，去感受、体验甚至去模仿一些成功人士的思想观念和行为习惯。

②帮助孩子认清发展方向。

就是让孩子逐步学会了解自己和社会的发展，以未来人才的素质要求作为自己的发展方向。

③帮助孩子学会结合。

就是让孩子学会把未来的生活和今天的学习生活结合起来，培养实践能力和创新精神。

④让孩子认清形势、把握发展、热爱祖国、面向未来。

这既会使他们有持久、强大的动力，又会使他们更好地把握发展，掌握科学的策略和方法，这不仅对孩子现在的思想发展、学业长进有好处，而且对孩子将来的发展也有着重要意义。

当然，爸爸妈妈在指导孩子的过程中也应因材施教，灵活使用上述原则，不可将其教条化。

47　孩子应该会预习

重视理由

中国有句俗话：良好的开端，是成功的一半。而在学习上，好的预习也同样

是成功的一半。爸爸妈妈应当认识到：预习是孩子学会自主学习的重要环节，是获得课堂学习主动权的第一步。

预习不仅对孩子提高听课效率十分有益，而且对培养良好的学习习惯和端正的学习态度也大有裨益。

预习是提高学习成绩的重要步骤，是一种主动的学习方法。通过预习能够发现自己不懂的地方，使听课具有针对性，并能调动听课的积极性和目的性。

中国有句古话："凡事预则立，不预则废。"学习过程也是一样，有没有事先预习，听课的效果是完全不一样的。而有方法的预习又比无目的地翻书的效果要好上许多。

预习的作用主要表现在以下几个方面：

（1）能让孩子主动地听课

通过预习，孩子了解了老师将要讲的内容，上课时就能跟着老师的思路去听课，变被动为主动，有效地防止了思想"开小差"。这一点，对于学习有困难的孩子尤为重要。

（2）能让孩子有选择地听课

由于孩子知道了教材的内容，明确了重点和难点，就可以有选择、有重点地听讲和记笔记，较好地消化老师所讲的内容，从而大大提高听课的效率。

（3）能让孩子带着问题听课

通过预习，孩子知道了自己不懂的地方，当老师讲到这些地方时，他们就能集中精力加以解决了。

（4）能让孩子轻松地听课

心理学研究表明，人如果长时间高度集中注意力，大脑就会感到十分疲劳，影响继续学习的效果。由于预习能够增强孩子听课的目的性、针对性和选择性，节省了他们研究已经学会了的内容的时间，从而使听课变得轻松了很多。

（5）能使孩子提高自学能力

为什么孩子学习成绩不好

在信息时代的今天,知识更新的周期愈来愈短,自学能力显得更加重要,而预习正是过渡到自学的必要步骤。孩子若能坚持预习,就能养成自学的好习惯,从而培养独立思考的能力,锻炼阅读理解、归纳总结和灵活运用知识的能力。这不仅对孩子在校的学习十分重要,而且对他们今后的学习、生活和工作也都至关重要。

榜样魅力

嘉明快要上小学一年级了,为了让孩子更好地掌握学习的内容,妈妈对嘉明说:"明明,我们来做一个有意思的游戏好不好?"

嘉明一听游戏就来劲了,高兴地说:"好呀,是什么游戏呀?"

妈妈拿出一本书来对嘉明说:"妈妈听你们老师说,你比较喜欢看故事,现在妈妈要考考你。"

听到考考他,嘉明更有劲了,忙说:"好呀,怎么考呀?"

妈妈说:"妈妈手里有一本书,这是一本小学生看的书,不知道我们的嘉明有没有这个水平,能不能看懂这本书?"

嘉明怀疑地看着妈妈,接过书一看,原来是小学语文课本。他顺手就翻开看起来了,里面还真有一些故事吸引了嘉明的注意力。

妈妈说:"这样吧,你每天只要看一个故事就行了,看完一个故事,就跟妈妈讲讲故事是说什么内容的,你从故事中学到了什么,有没有你不认识的字或者词语什么的。"

"好的。"嘉明高兴地看了起来,看完后,他就把自己的想法跟妈妈说了,妈妈再根据孩子的理解补充一些内容。此外,妈妈还为嘉明准备了一个漂亮的小本子,专门让嘉明记录不懂的字和词语,还有一些不太懂的句子。后来,嘉明渐渐地又开始预习起数学等其他课程来,养成了预习的好习惯。

解决方法

爸爸妈妈在引导孩子进行预习的过程中，可鼓励孩子按照以下步骤对功课进行预习：

（1）将要讲授的东西粗略地过一遍

在第一遍的大致浏览中，可以用红笔将书中的一些概念、公式、基本思想勾画出来。基本上读懂课文所说的内容，在不懂的地方做个记号。

（2）让孩子自己尝试解决疑难问题

让孩子通过查一些参考书、习题集等看看自己是否能将这些原来不懂的地方弄通。

（3）一个小小的复习过程

让孩子把书本合上，自己在脑海中回想一下，刚才看的这些内容是什么，有哪些问题自己不太理解。

（4）巩固阶段

让孩子检验预习的效果如何，课后的习题是最好的助手。很多时候孩子能看懂书上的内容但却不会解答习题，通过做题孩子就明确了哪些问题不会解，从而在课堂上能够更有针对性地去听课。

很多孩子在学习时不重视预习，认为反正老师就要讲了，看不看都一样。而如果孩子能按以上的步骤坚持一段时间，学习的效果必将会大为改善。

48　孩子要正确复习

重视理由

孔子说："学而时习之，不亦乐乎。"即指的是要经常复习已经学过的东西，以增强记忆、加深理解。只有做到"学而时习之"，才能很好地巩固、运用所学的知识，才能做到"温故而知新"。

为什么孩子学习成绩不好

追根溯源

复习是学习的重要环节。复习可以使孩子学过的知识得到巩固、加深和充实，使孩子的知识更加条理化与系统化。正如孔子所说，"学而时习之""温故而知新"。学生在复习中达到对知识的深入理解和掌握，并提高对知识运用的技巧，进而举一反三，使知识融会贯通，变得系统化，这样才能使知识真正为自己所有。

复习的时间是相当重要的，根据遗忘的"先快后慢"规律，爸爸妈妈应当让孩子及时复习，使所学知识得到有效的巩固。每天放学后，就应该让孩子复习当天所学的内容；每个周末可以让孩子进行小结性复习；一个单元学习完了，就进行单元复习。这样经常性的复习可以让孩子及时巩固所学的知识，避免临考前的突击。

单元复习是比较重要的复习，要求达到对知识透彻理解、牢固掌握、灵活运用的目的。在进行单元复习时，重点要领会各知识要点之间的联系，要抓重点和难点，并使知识系统化、结构化。

当然，复习时间不能过长，反复的次数也不要过多，不然会使孩子产生厌倦的情绪，影响到复习的效果。复习的内容应当合理安排，做到侧重重点和难点问题，兼顾其他问题。同时，让孩子交叉复习文科和理科，这样可以便孩子有张有弛，提高复习的效果。

按照遗忘先快后慢的规律，孩子在记忆或学习了一些内容之后应在当天或第二天抓紧一切可以利用的时间及机会复习。

具体的复习方法有很多，包括阅读、背诵、做各种各样的练习以及动手操作等等，具体采取哪一种方法应根据孩子的不同偏好进行。有些孩子偏好视觉记忆，复习的时候就要以默读为主；有些孩子偏好朗读记忆，复习的时候就要以大声朗读为主。

值得注意的是，不同的科目所采用的复习方法也是不一样的，应当让孩子针

对不同的学习内容采用不同的复习方法。例如对于整体性、连贯性较强的内容可以采用集中复习的方法，即把所学的内容放到一起复习，比如英语的语法、语文的语法规则等；对于内容比较分散、连贯性不强的内容则可以采用分散复习的方法，比如语文的词语、英语的词汇记忆等；对于思考性较强的内容可以以习题的形式加强巩固，比如数学、物理等。

同时，应让孩子学会根据具体条件采用不同的复习方法。比如在一段较短的时间内，可以运用分散复习的方法学习一些连贯性不强的内容；而如果时间和环境比较好，没有干扰，则可以对整体性、连贯性较强的内容进行复习。

榜样魅力

孔子说："温故而知新。"一个善于复习的人往往能够学到其他人所无法学到的知识。

王和是个奇怪的人。刚进大学的时候，同学们对他的印象并不深刻，只知道王和是一个爱玩、爱开玩笑、爱睡觉的人。

每天晚上，当其他同学都在埋头做作业的时候，王和总是一个人回宿舍钻到蚊帐里睡觉。但一个学期下来，同学们发现王和每科考试的成绩都名列前茅。许多同学都觉得很奇怪，为什么王和在别人学习他睡觉的情况下还能够取得好成绩呢？

其中有一个同学忍不住给《中国青年报》写了封信，希望能够听听专家的意见。《中国青年报》的主编也没办法回答这个问题，就把这封信转给了王和。

王和收到信后，对同学们说："我钻进蚊帐不是在睡觉，而是在思考，在回想当天学习过的内容。"

原来，王和有一个自觉复习的习惯。他在睡觉之前，总会总结一下自己当天的学习情况。比如，今天新课主要讲了什么？哪些已经弄懂了，哪些还没有弄懂？没有弄懂的明天会继续学习。王和把当天学过的内容进行归纳和总结，找出知识点之间的联系，并用一条主线把它们联系起来，这样，他就能够在想到某一

为什么孩子学习成绩不好

点的时候，把所有当天学习的内容全部回想起来。除此之外，他还把当天学习的内容与以前学过的知识联系起来，找出内在的联系，并串接起来。这样，通过一番回想，王和就把当天所学的知识基本上都消化了。

解决方法

在复习时，爸爸妈妈应指导孩子注意以下几点：

（1）首次复习要及时

当天的功课当天复习，抓住记忆还比较清晰的关键时间进行复习。

早在1885年，德国心理学家艾滨浩斯经过系统的研究总结出了人的遗忘规律，如下表：

时间间隔	20分钟	60分钟	8小时	1天	2天	6天	31天
遗忘比例（%）	55	861	864	266	372	276	478

从上表中不难看出，在学习之后，遗忘会立即开始，而且遗忘的速度相当快。因此，爸爸妈妈有必要提醒孩子，首次复习必须及时，应趁热打铁。

（2）时间间隔要合理

从上表中可以看出，随着时间的推移，遗忘的速度不是加快，而是减慢。因此，爸爸妈妈应针对这个"先快后慢"的规律，指导孩子采取"先密后疏"的复习方法，安排经常性的复习时间。

开始时，两次复习之间的时间间隔可以短一些，每次复习的遍数可以多一些，随着识记材料巩固程度的提高，复习的时间间隔可以逐渐放长一些，重复的遍数可以减少一些。这样，第一次刺激留下的痕迹尚未消失，紧接着第二次重复刺激，第三次重复刺激——如此循环反复，就如同运动场上的"接力赛"，一棒传送一棒，最后将胜利到达牢固记忆的终点线。

（3）多次灵活重复

许多东西只有在多次重复循环的复习中才能够牢固记忆。但是，爸爸妈妈应当懂得，复习不是简单的或机械的重复。单调的机械重复最容易引起孩子的疲劳和厌烦情绪，从而降低学习效率。因此，应指导孩子在复习时于原有材料的基础上增添新的信息。即使是复习同样内容的材料也要变换方式，从不同的角度进行复习。如选择新的事例，做图解，提出新的要求，写成心得、体会，或通过练习、测验、问答、讨论等方式进行复习，这样不但能够引起兴趣，激发学习的积极性，也可收到举一反三、触类旁通的效果。

（4）集中与分散相结合

孩子在复习比较长的材料时，爸爸妈妈应指导其尽量不要太集中时间，要把难点适当分散。比如，有10篇课文，要求一定要在一天之内背诵一遍，这样效果就不好。但是，当复习材料比较短、复习一些系统性很强的功课，以及考前的总复习时，采取集中复习的方式仍有一定的好处，有助于知识的系统化。

（5）多学科交叉

不少孩子在复习时会采取单科集中的所谓"攻坚战"，这样复习内容单一，容易造成大脑的疲劳，降低记忆力。因此，爸爸妈妈应指导孩子复习要多学科、不同内容交叉进行，做到一张一弛的多科并举。

（6）阅读与回忆相结合

在复习时，尝试运用回忆的方法能够有效提高记忆的效率。在复习前，不妨合上书，回忆一下哪些东西记住了、哪些忘记了，或者先出道题目考考自己，然后再翻书进行核对，看自己是否已经掌握。在复习的过程中，应一边阅读一边回忆，这样就可以节省复习时间了。

（7）点与面相结合

在全面掌握的基础上，对重点、难点多下工夫。切忌主次不分、平均用力，"眉毛胡子一把抓"。

要激发孩子的上进心

引经据典

　　对准太阳拉弓的人,虽然射不下太阳,但最终一定比对准麻雀的人射得高;有远大追求的人,虽然目标不一定能实现,但一定比没有追求的人成就大得多。

——〔英〕卢克莱修

　　上进心是人生的导航灯,会指引人生奔向辉煌;上进心是生命中的马达,能给予生命超越自我的无限力量。

——〔法〕罗曼·罗兰

要激发孩子的上进心

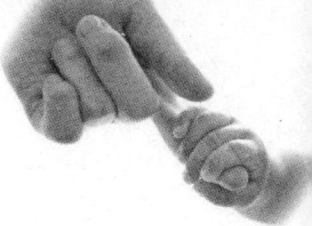

知心话儿

爸爸妈妈们，你们好！

作为长期从事家庭教育研究的工作者，我们时常会听到不少年轻的爸爸妈妈发出这样的感叹：我的孩子为什么学习总是要人管？孩子不自觉的学习态度真是让我们操心！

但是，你们想过没有，孩子为什么没有学习的自觉性？

答案其实很简单，主要就是因为孩子缺少上进心。根据我们长期以来的实践经验发现，只有解决了孩子的上进心问题，孩子才能自觉主动地学习。孩子的上进心是万万不能轻视的。

为什么这样说呢？这是因为上进心是一个孩子成长、成才、成功的内在驱动力。当爸爸妈妈的，教育孩子最根本的就是要最大限度地激活孩子的上进心。一旦孩子拥有了强烈的上进心，他们就能以积极的心态战胜学习与生活中的各种困难，这远远胜过对其进行生活上的关心、感情上的投入以及单纯的知识灌输。上进心是孩子成才、走向成功不竭的能量之源。作为爸爸妈妈，如果忽视了对孩子上进心的培养，那将是在教育孩子上的一个重大缺憾。

其实，孩子强烈的上进心来源于对于远大理想的执著追求。所以，爸爸妈妈应帮助孩子从小树立远大理想，激发孩子为了现实理想而百折不挠的上进心，同时还要把尊重孩子的人格放在重要的位置。只有当孩子得到了尊重，他才会看重自己，正确认识自己，才会奋发上进。

那么，我们该如何激发孩子的上进心呢？

软硬兼施。呵呵，年轻的爸爸妈妈，你们是不是觉得这个词语有点贬义的味道？其实不然。软，其实就是赏识教育；硬，其实就是我们传统的严加管教的旧教育方法。当然，赏识教育的好处大家都有目共睹，然而，赏识教育并不是没有不足之处，有时候没有限度的赏识会使孩子不能正确认识自己，使孩子变得自傲、自大、目中无人……最终把孩子变成"宠物"。赏识教育需要一个限度和底

线，也就是我们这里所说的"硬"。

当爸爸妈妈在纠正孩子的过失时，请别忘了用赏识去鼓励孩子上进的信心；当爸爸妈妈在指导孩子进步时，请别忘了自己首先应为孩子做出表率；当爸爸妈妈在赞叹孩子聪明时，请别忘了多给孩子以鼓励与指导；当爸爸妈妈在鼓励孩子树立远大理想时，请别忘了帮助孩子制订脚踏实地的行动计划和行之有效的方式方法；当爸爸妈妈在教给孩子战胜困难的方法时，请别忘了培养孩子自强不息、不断进取的精神。

爸爸妈妈们，培养孩子的上进心虽说不是一件轻松简单的事，也不是一朝一夕就能实现的，但也不是什么非常艰难的事情，当孩子尚未觉悟或是有所反复时，爸爸妈妈们不必害怕，也不要退缩，更不要灰心丧气、产生急躁的情绪，甚至采取过激的方式与孩子发生冲突及对立。下面我们就来共同分节探讨一下如何软硬兼施地激发孩子的上进心，让孩子变得自觉起来。

49 孩子要有上进心

重视理由

我们为什么要重视孩子有没有上进心的问题呢？因为解决孩子上进心的问题不仅仅是孩子自觉学习的关键，正确培养孩子的上进心还可以使其终身受益。爸爸妈妈们，你们说我们怎能不加以重视呢？

追根溯源

爸爸妈妈们，当我们在孩子身上发现问题，不知道该如何解决的时候，不应该一味地问怎么办，而应该静下心来想一想为什么会出现这样的问题。

问题是否真的出在孩子身上？问题的根源是否出在我们身上？

家庭是孩子生存的第一空间，而爸爸妈妈则是他们的第一任教师。爸爸妈妈

要激发孩子的上进心

的教育方法在很大程度上影响着孩子的成长。有些爸爸妈妈从小便鼓励自己的孩子树立远大理想与目标,做一个有价值的人,过有意义的生活。但有的爸爸妈妈却只知道给孩子灌输知识,想尽办法开发智力,提高他们的学习水平,而忽略了对孩子的理想教育,结果只能是贻误了孩子的一生。

人们常说,理想是人生旅途的指路明灯、是鼓舞孩子奋斗的风帆。当孩子心中树立下远大的理想后,他会为了理想的实现而积极主动地学习,矢志不渝地奋斗。

事实上,我们从古今中外成功的人士身上不难发现,理想是人们对美好事物的追求,是经过努力可能实现的奋斗目标,没有理想的人只会平庸一生。从小就让孩子树立起远大理想,会促使他们一生都自觉主动地学习、自觉主动地工作。

看来,用远大理想激发孩子强烈的上进心不失为一个很好的办法。那么,爸爸妈妈怎样才能使孩子鼓起理想的风帆呢?

首先,从小抓好对孩子的理想教育。邓小平同志曾经说过,革命的理想,共产主义品德,要从小开始培养。在孩子生命的早春,给孩子的心田播下理想的种子,是每个爸爸妈妈都不可推卸的责任。

同时,让孩子把理想树立得高远一些。每个孩子都有自己美好的理想,至于孩子将来干什么,爸爸妈妈当然可以根据孩子的兴趣、爱好、特长及家庭情况及早进行定向培养,但这并不是最重要的,最重要的是要引导孩子把理想的风帆鼓得满满的,把追求的目标定得高一些。俗话说:"志当存高远",美国第16届总统林肯说,喷泉的高度不会超过它的源头;个人的事业也是这样,他的成就决不会超过自己的信念。只要早立大志,从小就踏踏实实地做起,人人都能成为国家的栋梁。我们当爸爸妈妈的,要让孩子记住,人生是海洋,理想是灯塔,只有以远大理想的光芒作为引导,才不会在生活的暴风雨中迷失方向。

最后,就是引导孩子将理想与奋斗结合起来。爸爸妈妈还要使孩子懂得"千里之行,始于足下"的道理。没有踏实的拼搏奋斗,理想只能化成泡影,将来哪

一行的"状元"也当不成。应运用古今中外名人成功的事例告诉孩子：冠军的奖杯里盛满的是苦练的汗水，科学家的发明证书上凝结的是奋斗者的心血，超人的成就是用超人的劳动换取的。

榜样魅力

良好的家庭教育熏陶、爸爸妈妈的谆谆教导，造就了无数有理想有成就的伟人，徐霞客便是一例。徐霞客1586年出生在江苏江阴的一个没落世家，他有一个很好的母亲、思想开明、勤劳贤良、知书达礼、富有理想。

徐霞客小时候就开始听母亲讲历史故事和做人的道理，激起了他求知的强烈愿望。一次，母亲讲《左传》，讲到"民生于勤，勤则不匮"的句子时，徐霞客说："妈妈，我知道这其中的意思。""说说看，看你理解得怎么样？"徐霞客解释说："这是说，一个人无论织布、读书和做其他事情，最重要的是勤快，只要勤快，就什么都不会缺少的。"母亲听后满意地笑了。

从此，徐霞客除了吃饭时间外几乎都在父亲的书房里精心读书。进了私塾以后，他还经常把这些书揣在身边。他觉得从这些书中能够看到祖国的大好河山，可以了解民族的历史，使人心胸开阔。后来他决定放弃科举，绝于仕途，遍游祖国的山川。

恰在这时，徐霞客的父亲去世了，身边只有一位年迈的母亲，他实现宏愿的决心有些踌躇。母亲了解到儿子的心意后，便鼓励说："孩子呀，身为男子汉，应该志在四方，不能为了家庭的缘故而放弃自己的志愿，像一只圈在篱笆里的小鸡，套在车辕上的小马。"为了激励儿子，母亲还亲手为儿子赶做了一顶"远游帽"，让他戴着踏上了征途。

开始时，徐霞客出游大都是在比较近的地方，行期也有一段间隔。每次游罢归来，徐霞客总要把异地的风光见闻一五一十地讲给母亲听。徐母总是为儿子的学识不断长进而感到高兴。后来徐母发现产生了疑问，徐霞客既然远游，为何频

要激发孩子的上进心

频归来？当她知道徐霞客是为了照顾她才这样做时，便对徐霞客说："我虽然年已老迈，但身体还很结实，你不用惦记着我。不信，我还可以出去一游。"她硬叫儿子陪她去游览，而且一路都走在儿子的前面，全不示弱。

得到了母亲的鼓励，徐霞客激动不已，他开始了对祖国万里河山的游历。他30多年不避寒暑、不畏艰险，靠两条腿考察了华东、华北、东南沿海、西南云贵等17个省区，对大半个中国的地理、水文、地质、动植物，特别是石灰岩地貌做了数百万字的游记记录，成为我国历史上一位杰出的地理学家和旅行家。

徐霞客的母亲应该成为当今爸爸妈妈学习的楷模，徐霞客当然也是孩子们学习的榜样。我们当爸爸妈妈的，就是要多给孩子讲一些树立远大理想的故事，这样才能更好地激发孩子的上进心。

解决方法

培养孩子远大的理想，才是正确激发孩子上进心的最根本方法。

但是，理想和志向并不是空中楼阁，爸爸妈妈应当引导孩子树立一个一个的目标——长期目标，中期目标，短期目标以及每一天的学习目标。用具体可行的、切合孩子自身实际的计划来激励孩子，让孩子在具体目标的引导下积极主动地学习。

每当孩子实现了一个人生目标，他们就向人生的理想迈进了一步，如此下去孩子的理想就会一步步变为现实。

明智的爸爸妈妈在引导孩子努力学习的同时，还应当注重培养孩子树立远大的理想与奋斗目标。帮助孩子树立理想要以孩子的兴趣爱好为契机，因为只有这样才能激发孩子的上进心和求知欲。

最后要说的是，引导孩子确立人生理想既要着眼于未来孩子的长远发展，又要切合孩子目前的自身实际，更要注重引导孩子制订实现理想与目标的计划和步骤。还犹豫什么，亲爱的爸爸妈妈们，为孩子树立远大的理想，激发孩子的上进

心可不能犹豫，赶快行动吧。

50　孩子要有求知欲

重视理由

求知欲是推动人们自己去探求知识并带有感情色彩的一种内心要求，它是探索、了解人们自己所未知事物的欲望，是人们追求知识的动力。求知欲是人类最有价值、珍贵的欲望，如果爸爸妈妈们不懂得启发、引导孩子的求知欲，将是令人极其遗憾的失误。

追根溯源

人类的行动大都是欲望和冲动支配的结果。强烈的求知欲是驱动孩子自觉主动地学习的动力本源。求知欲是孩子天性中最可珍贵的东西，它使孩子深思好问，它使孩子富于创造的勇气。

聪明的爸爸妈妈不会对孩子进行枯燥的说教和严厉的要求，而是因人而异、因势利导地激发孩子的求知欲，然后，让孩子满腔热情地积极主动去探索、去学习。

孩子的求知欲洋溢在活泼多姿的游戏中、彰显在丰富多彩的社会活动中，山河大地的美丽景观更是激起孩子求知欲望的最好媒介。

爸爸妈妈应该做的是发现、引导孩子的兴趣，给孩子以殷切的期待和热情的赞美及鼓励。

人们在生活、学习和工作中碰到问题、面临任务、感到自己缺乏相应的知识时，就会产生出探索新知识的冲动，这种情况多次反复，求知的冲动就可逐渐转化为人的内在求知欲，这种求知欲能够促使人坚持不懈地探究知识。

求知欲在孩子身上表现得尤为突出，是一种可贵的主动求知的表现。

要激发孩子的上进心

（1）求知欲是学习积极性的内在动力

一个求知欲强烈的孩子，总是会用好奇的目光注视着周围世界的一切事物，从中捕捉自己所需要的奇妙的猎物，获取新的知识。

可见，求知欲具有神奇的效力，它能激发起孩子学习的热情和毅力。

（2）求知欲导致好思好问

求知欲强烈的人，思维活跃，爱提问题。涉世未深的孩子正处于见到什么都想问"为什么"的时期。孩子爱提问题，而好问才能真正学到知识，也才能促进大脑的发展和思维能力的提高。孩子通过不断提出问题和探索问题的积极思维活动，可促使其大脑神经细胞得到发育，提高脑的功能，促进智力的发展。

（3）求知欲是创造的起点

对事物强烈的求知欲、对事物的好奇心和探索是开启智慧之门的钥匙。许多大科学家的发明创造都起始于对事物的好奇和探索——瓦特对"开水壶盖跳动"的好奇，驱使他探索，发明了蒸汽机；富兰克林由于发现"毛皮摩擦过后玻璃棒能吸引纸屑、头发"，经过探索后发现了电。总之，求知欲和探索精神是创造成功的开端和必要的条件，是孩子智力发展的内在动力。

（4）求知欲是每个孩子的天性

是的，孩子在学习中表现出的好奇心和探究精神确实让人肃然起敬，而教师与爸爸妈妈的鼓励及引导也同样难能可贵。

教育的意义，就是充分满足人的探求本能和求知欲。如果教育偏离了人类的探求本能和求知欲，这种教育就很可能是失败的教育；如果教师和爸爸妈妈不尊重、爱护孩子的探求本能及好奇心，那么教师和爸爸妈妈也是失败和不幸的。

孩子求知的动力来源于求知的强烈欲望。爸爸妈妈要有一双能够发现孩子求知欲的慧眼，善于引导孩子的求知欲，巧妙激发其求知欲，驱动孩子自觉追求知识、主动学习。

孩子，把你的手给我

榜样魅力

在人类科学史上占有极其重要地位的物理学家爱因斯坦，在孩童时代就是一个求知欲极强的孩子。

有一次，爱因斯坦的父亲给其买来一个小罗盘玩，小爱因斯坦拿到这个玩具时高兴极了，摆弄来摆弄去，爱不释手。忽然，他的眼睛被玻璃下面轻轻抖动的那根红色小针吸引住了。他把罗盘翻转过来，倒转过去，可罗盘下的那根小红针老是指着原来的方向不变。他好奇地问父亲："爸爸，这根小红针怎么老是不变方向呢？"父亲没有马上回答孩子的提问，而是对孩子说："你再好好思考思考。"就这样，一个小罗盘唤起了这位未来的科学家探索事物原委的好奇心。

我国著名教育家马相伯在追忆自己的少年时代时有过这样一段叙述："我在儿童时代喜欢仰观天象，并且喜欢追究天象的根源，当万里无云的时候，我总喜欢月亮。我每天晚上都会看月亮，竟看得发狂。有一次在月亮底下拼命追赶它，但终是徒劳，又有一次我登上桌子开窗，拿着一根竹竿去敲月亮，但仍是落空!因此我向长辈发出许多疑问：月亮是活的吗？月儿生在哪儿？到了初三四或二十四五时，我又要问：为什么只剩一半了呢？那半个哪儿去了呢？"

在某小学的一次自然常识课上，老师请同学们仔细观察蚯蚓有什么特征。经过观察后，学生开始发言了。

一个孩子说："蚯蚓贴着地面的部分是毛茸茸的。"

老师说："你观察得很仔细。"

一个孩子说："老师，我把蚯蚓放到嘴里尝了尝，有咸味。"

老师说："对，我很佩服你。"

另一个孩子说："老师，我用线将蚯蚓扎好后吞进了喉咙。过一会儿，我把它拉出来，它在蠕动，说明它生命力很强。"

此时老师的神情变得庄重起来，激动地说："完全正确!同时我还要赞扬你这种勇敢的求知欲行为和为科学献身的精神。同学们，我远不如你们！"

要激发孩子的上进心

解决办法

人是社会的主体，孩子是社会的未来。爸爸妈妈应尽可能带领孩子参加各种社交活动和集体活动。通过这些活动不仅能够培养孩子的交往能力和集体精神，更重要的是能够开阔孩子的眼界、增长孩子的见识，大大增强他们的求知欲，激励他们自觉主动地学习各种知识。

（1）在集体竞争中激发孩子的求知欲

孩子们在有人引导的竞争性活动中可以学到很多东西——这些竞争活动要建立在个人的支持与集体的配合之上。

那些既讲求集体荣誉，又允许个人通过竞争发挥个体能力的活动包括以下内容：

① 大多数球类运动，如垒球、手球、足球、水球等。

② 通过个人表现来实现的团队竞争，如网球、游泳等。

③ 辩论赛与集体演讲。

④ 与别的学校一起举行的管弦乐表演或其他集体活动。

（2）与孩子一起参加文化活动以培养其各方面的兴趣

在孩子的家庭教育中，应重视让孩子参与一些文化方面的活动。在孩子的生活中，这些活动是丰富多彩的——

① 音乐会。提前到达表演地点，让你们有时间事先得知即将演奏的音乐曲目。在观看的过程中，应不时告知孩子交响乐中有哪种乐器以及所演奏的效果。让孩子懂得何时该为精彩的演奏鼓掌。你还可以带上一副小望远镜，以便让孩子看得清楚。你可以带孩子观看一些儿童话剧或专为孩子们举行的音乐会，孩子会对动人的情节、演员们生动的表演、优美的背景、奇妙的灯光和动听的歌曲感兴趣，并从中学到很多东西。

② 戏剧表演。当你的孩子长到十多岁时，他们也许开始喜欢戏剧表演了。由于大多数戏剧都是以地方方言表演的，所以你们有必要事先弄到一份内容简

介，以便观看时更好地听清并欣赏戏剧的内容。

③ 职业运动比赛。带孩子观看手球、足球、网球、羽毛球比赛。让孩子亲身感受到那振奋人心激烈竞争的比赛场面，让他感受到他人成功的喜悦，懂得奋力拼搏的价值。

④ 动物展览。让孩子观看马戏团的表演或参观各种宠物展等。

（3）帮孩子找一份假期工作，使他们认识到学习知识的价值

对于一个十几岁的孩子来说，其所能从事的工作报酬一定较低。大多数孩子会即刻认识到他们将来可不能只挣这么低的收入。学校的学习是帮助孩子积累知识与能力、以便在将来获得更高收入的最好方式，因此课余或暑假的工作对孩子意识到学习的重要价值具有很大促进作用。

（4）带孩子到大自然中去

人类来自大自然，当孩子回到大自然的怀抱中时，奔涌在他们血管中的天性会在他们求知欲望的本能中激起最美丽的涟漪。

大自然中蕴藏着最令孩子感兴趣的无穷无尽的知识。当孩子回归到大自然的怀抱中时，他们会对看到的、听到的、嗅到的、尝到的一切都感到无比新奇，有问不完的问题在他们的头脑中盘旋，有无穷无尽的奥秘在向他们招手。让孩子回到大自然的怀抱中是激发他们求知欲的最好选择，是全方位对孩子施予教育和熏陶的"活教材"。

（5）其他有益于增强孩子求知欲的活动

① 旅游。旅游是你可以献给孩子的一种极有刺激和教育力的最好礼物之一，但它却需要一定的精力与费用。实际上，你可以带孩子在你们居住的地区或附近进行为时一天的游玩。

② 参观动物园。让孩子认识里面的每一种动物，仔细阅读有关的说明，了解其生活习性、产地、饲养方法等。你也可以同孩子一起观看驯兽表演，为某些动物的奇特功能而惊异，同时也可以让孩子进一步了解动物与人类的相互关系。

要激发孩子的上进心

③ 参观历史文化或建筑艺术方面的展览。许多城市都会经常举办一些历史文化、建筑艺术等方面的展览。你可以与孩子一起参观，也可以游览名胜古迹等。

④ 参观工厂和农场。在可能的情况下，你也可以带孩子一起去参观附近的某一工厂，了解某一产品的生产过程，观看一下现代化的工厂。你还可以带其观赏近处的一家农场，认识一些庄稼与农作物，懂得某种农作物的生长过程。让孩子领略一下充满大自然气息的田园风光，促使孩子热爱美好的大自然。

⑤ 采摘收集。鼓励孩子建立一个微小的大自然博物馆，收集保存种子、贝壳、岩石、花木标本等等，并按时间、地点、名称等贴上标签。要求孩子阅读一些与你看见的或带回家的标本有关的资料，了解与它们相关的知识。

51　孩子要有对学习的兴趣

重视理由

孩子总是对世界充满着好奇，在他们那清澈的双眸里荡漾着对学习和探索的无穷渴望。从孩子的兴趣出发，因势利导地把孩子的学习变成一种快乐，是爸爸妈妈们义不容辞的责任。

追根溯源

在很多情况下，爸爸妈妈总是不自觉地把自己的兴趣、愿望、希望甚至自己没有实现的理想一股脑儿地强加到孩子身上。虽然孩子的可塑性很大，但对有些孩子来讲，在其没有兴趣的情况下强迫他去做一件事情是很痛苦的，不但收不到应有的效果，反而会损害孩子的天性。

我国大翻译家傅雷也曾希望儿子傅聪能成为一个文学家，但傅聪的兴趣并不在此，他喜爱的是音乐。傅雷先生便没有强迫儿子去搞文学，而是尊重儿子的兴

趣和选择，让他集中全力研习音乐。傅聪果然不负父望，最终成为了一位著名的音乐演奏家。

一般来说，只要爸爸妈妈从小就保护孩子的好奇心，他对生活的兴趣就会是广泛的，这时爸爸妈妈就应当针对孩子特有的才能培养其特有的兴趣，或者结合孩子的才能巩固孩子的兴趣。

例如，孩子爱唱歌说明其有一定的音乐天赋，爸爸妈妈就可巩固他这方面的兴趣，鼓励他唱，进而请人专门教他。

如果孩子有观察自然的兴趣，并具有做科学家的素质，就鼓励其进一步练习观察，并设置各种情境让他观察，以进一步强化他的兴趣，增强他的能力。

孩子的兴趣有些是天生的，有些是后天培养形成的，他们可能会因为一件小事就萌发出对某一事物的强烈兴趣。

翻开科学史、艺术史，许多科学家、艺术家都是在强烈兴趣的支配下创造出非凡业绩的。

如果孩子自己能够保持对某一事物或某些学习的兴趣，那是再好不过的了。但很多情况下，兴趣也要靠后天的培养，尤其是面对有时显得枯燥的各种文化知识的学习时，兴趣就更需要培养了。兴趣也要靠意志力来巩固，因为孩子的兴趣具有跳跃性和情境性，这就需要爸爸妈妈进行科学的引导及有效的监督。

例如，尽管孩子对解数学题有兴趣，但这时室外有着热闹的游戏或电视里正在播放有趣的节目，孩子的兴趣从解题上转移是没有什么不可以理解的。或者说，这种转移是正常的，只有极少数人才能不为"外界活动所动"。这个时候，爸爸妈妈应正确引导，在给孩子一定的自由的同时定好规矩及"合同"，使孩子既能满足新兴趣，又不忘学习，增强其固有的兴趣。

需要特别说明的是，不怕孩子的兴趣今天是这个、明天是那个，因为这时只要引导得法，就总能保持住一种以上对孩子学习和发展有利的兴趣。然而，最可怕的是，小小年龄就对什么都不感兴趣。这其中的原因可能是多方面的，如学

要激发孩子的上进心

校教育方式不恰当、小孩碰到失败的事太多等等。但我们不能不提醒爸爸妈妈，爸爸妈妈自身的兴趣对子女兴趣的有无、兴趣的高级与低级都具有十分重要的影响。

古语说得好：其身正，不令而行；其身不正，虽令不行。要教子，先立身。爸爸妈妈自己对生活没有信心，对生活没有兴趣，对学习、工作没有兴趣，是很难指望子女有多么高级兴趣的，也难以保证孩子能真正有兴趣。因此，有的专家呼吁：要救孩子，先要救爸爸妈妈自己！推而广之，要想孩子有兴趣、有理想、有抱负，爸爸妈妈自己就首先要生活得有目标、有干劲，这样才能以身作则，对孩子进行言传身教和耳濡目染，对孩子的兴趣培养产生出积极而深远的影响。

榜样魅力

爱迪生是伟大的科学家，他的成就与其浓厚的学习和探索兴趣是分不开的。

爱迪生从小就对各种事物充满了兴趣，在他12岁那年，因为其喜欢摆弄制作各种小玩意，爱问问题，才读了6个月的书便被校长认为是顽皮捣蛋的学生而开除了。但是，爱迪生的母亲却不因此认为儿子是一个坏孩子，而是给了爱迪生选择自己爱好和人生的权利。她满怀热情地尽力满足着儿子的兴趣，买来许多脍炙人口的书当作教材，还在地下室里专门为儿子开设了一间小实验室，从而使儿子那充满创造性的智慧得到了充分发展。

难怪一生有了电灯、电报、留声机等近2000种发明专利权的爱迪生后来回忆道："没有我的母亲也就不会有我的任何发明。"

爱迪生的成功首先应是他母亲的成功，爱迪生的伟大正是因为他母亲的伟大。科学家牛顿同样是这方面的一个典型例子。

牛顿15岁时，母亲要他弃学从商，并让一个可靠精明的老仆人帮助他做生意。但是牛顿对经商并不感兴趣，却对数学的兴趣浓厚，他把生意上的事全都交给了老仆人，自己则躲到路边的篱笆旁埋头研读起了数学书。

有一次他正在读书，被其舅舅发现了，舅舅深为感动，不仅没有责怪牛顿，反而专程赶到牛顿家，说服牛顿的母亲把儿子送回学校继续读书。于是，小牛顿才得以重新在他充满兴趣的知识的海洋里尽情遨游，并最终成为了一位伟大的物理学家。

解决办法

爸爸妈妈们在培养孩子的兴趣时可参考以下建议：

（1）化孩子的好奇心为浓厚的学习兴趣

爸爸妈妈们在培养孩子的学习兴趣时同一定要保护和激发孩子的好奇心，使他们喜欢学习、热爱学习。孩子的学习兴趣往往是同好奇心联系在一起的。

孩子有探索现实生活中千姿百态的未知事物的强烈愿望，他们对周围的一切都感到陌生新鲜，兴趣盎然。珍爱孩子的好奇心，进而将其转化为学习的浓厚兴趣，是促使孩子自主学习的关键。

平时孩子们往往爱问"为什么"，有的爸爸妈妈由于不了解他们具有强烈好奇心的特点，把这些正常现象看成是捣乱、淘气，因而对孩子提出的问题往往采取冷淡、漫不经心、瞒哄和支吾搪塞的态度，或者不予理会。这种不恰当的做法有损孩子智慧幼芽的生长，会挫伤他们求知的积极性。要知道，儿童的智力正是在"好奇—满足—好奇"的不断循环中得以发展的。

孩子对学习有了好奇心和探究精神，成功的希望就会很大。只有当孩子的心中对世界充满无限的好奇和无穷的求知欲望而自发地学习时，爸爸妈妈寄予他的良好愿望才有实现的一天。

（2）顺着孩子的心理诱发孩子的学习兴趣

有一部电视影片，说的是在一个上班族的家庭中有个不喜欢读书的孩子。于是，这位注重教育的母亲便请了一名大学生做孩子的家庭教师。一般的家庭教师都是和孩子一起做功课，但影片中的这位老师却不同，不但不教功课，反倒成

要激发孩子的上进心

天和孩子打棒球。从担任家庭教师的第一天开始,他总是会带着手套和球,边同孩子开心地交谈,边做投球和接球的动作。每次总在汗流浃背之后,丢下一句"我明天再来"就走了。这样过了1天、2天、3天,这位母亲感到惊讶不已,当初就是为了让孩子能够好好读书才花钱请的家教,没想到这位家教老师却带着孩子玩!于是,她便向家教表示了不满,而这名大学生似乎没什么反应。终于有一天,师生两人在玩球时,孩子突然说出了"我想读书"的话来。

为什么不喜欢读书的孩子突然表示他想要用功读书?原因可能是他在和原本有亲近感的书隔离了之后,反而加强了其读书的欲望。换句话说,孩子原本就有用功读书的自我实现欲望,但也存在厌烦的心理,游戏使他远离书本而深感不安,从而刺激他表现出了读书的欲望。这种逆疗对于让孩子主动用功也颇具效果。

(3)改变环境使孩子对书本产生兴趣

长期在一个毫无变化的环境中工作,很容易使思想僵化。因此,更换学习环境的布置,以轻松的心情工作,就会常有新"点子"萌生出来。这种方法也可以运用到孩子的书房中。比如说,偶尔变动一下书桌的位置,将书架上的书本换个位置,书桌上的小摆设左右更换,就算不做什么大的改变,也能让孩子感觉到书房里充满了新鲜感。

52 孩子要有学习目标

重视理由

孩子刚一开始学习的时候,也许是由于兴趣和爱好的驱动,爸爸妈妈应当积极引导孩子逐步地确立奋斗目标,因为目标是一种相对恒久的感召力。

有目标才能有动力。明确的学习目标是孩子自主学习成功的前提条件。美国近代心理学家布鲁纳就曾说过:"要使学生对一个学科有兴趣的最好方法,是使他

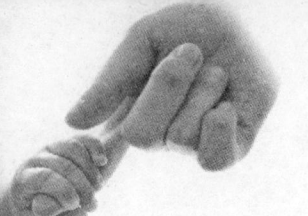

感到这个学科值得学习。"

追根溯源

目标是学习的动力，兴趣是学生最好的老师。只有明确学习目标，对学习产生浓厚的兴趣，才能完成学习的任务。因此，爸爸妈妈应教育孩子明确学习目标，使他们认识到：今天的学习不仅是为了掌握一门知识，更重要的是为了发展自己的智力、培养自己的能力。我们每个人心中都应当有一个不断追求的新的目标。为了实现这个目标，我们才会去努力学习。比如有的学生认为考上大学后就可高枕无忧了，因而不思进取，更不用功学习了，这就是因为其没有了新的目标、没有了新的追求，上进心自然也就丧失了。

人只要还在成长着，其就必须不断地从一个目标走向下一个目标。没有了明确的目标，他的成长和进步就会停滞。所以说，教育孩子确立自己的奋斗目标，是培养孩子上进心非常重要的一种方法，是促使孩子自觉主动地学习的最佳途径。

帮助孩子确立学习的目标，要有科学性和计划性。目标从时间角度来分有以下三种：

（1）长期、全面的目标

在两三年或更长的时间里，孩子想达到何种程度，或想做什么。

（2）中期目标

中期目标是把长期目标分解成几个阶段，每个阶段要确定实现什么样的学习目的，以便实现长期的目标。

（3）短期目标

短期目标即是各学期的学习目标，有时还可以将一个学期分为两个阶段，各阶段要达到一个什么样的学习目的。

当目标明确了之后，在一定客观条件下能否最终达到所确定的目标，就取决

要激发孩子的上进心

于目标实现过程的主观因素了。

目标意识是一把开启进步之锁的钥匙。人总是为着某种目的而生活着,目标使人们的生命有了动力,因为任何目标都有其应有的或者被赋予的价值。为了实现这种价值,人的心理上才会有一种要求自我努力的压力,孩子正是在这种压力之下才产生了一种难得的动力。在这种动力的驱使下,孩子便会不用爸爸妈妈督促,而积极主动地去学习了。

帮助孩子树立明确的学习目标,再辅以上进心的培养,如果孩子能够两者兼而有之,那么他们便拥有了驾驭成功、驾驭命运的能力。

榜样魅力

学习要有目标和计划,唯有这样才能够达到最佳的学习效果。下面的事例就证明了这一点。

陈宇华,一个杰出的女孩,18岁以厦门文科第一名的成绩被保送到人民大学,20岁时作为当年大陆唯一的本科生被美国斯坦福大学录取,25岁就读于哈佛商学院。年仅27岁的她创办了华有德康信息技术有限公司。她的成功与其家庭教育有着密切关系,而她的母亲循循善诱地引导陈宇华自主地确立奋斗目标的成功经验是非常发人深省的。

陈母曾表示,孩子自己制订计划,应有一个较长的过程,爸爸妈妈切不可拔苗助长,急于求成,她在对女儿宇华的培养和教育中就时刻把握了这一点——

在我的指导、鼓励下,宇华真的像个小学生了。每天放学回家,就先把作业写完,吃过晚饭后就玩一会儿,然后再复习一下今天学的东西,预习明天的课程。这些都做完了,就看看电视、玩玩小玩具。当然,一开始我还在一边督促、提醒,但慢慢地,宇华渐渐养成了好习惯,每天晚上都很自觉、很积极地这样做了。

我还指导她每个学期都制订一个比较周密的学习计划,因为我知道,制定周

孩子，把你的手给我

密的学习计划是孩子学业成功的必要条件。

"宇华，这个学期，你有什么打算啊？"每到学期开始的时候，我就这样问她。

"嗯，我的数学一直都不错，我会保持的。语文差一些，也争取做得最好。"

上个学期的成绩，我和她已经好好分析过了，找到了优点及问题。优点当然应当保持，但更重要的是对问题的分析，我和她一起商量，找出缺点，分析原因，并最终加以解决。这是我们母女俩的一贯作风。

"嗯，怎么提高语文成绩呢？"

"……努力学。"

"只靠努力还不够吧。关键得看学习方法啊。"

"……"宇华抬起头。

"妈妈给你提个建议，应该多读多练。多读呢，就是说应当多朗读课文；多练呢，主要是说要多多练习写作文，这都可以提高你的语文水平。你觉得呢？"

"是啊，"宇华说，"我的作文这次才得了21分，而满分是30分呢。"

"那就多练。你觉得应当怎么做呢？"我问。

"多写作文。"

"嗯，但这还是不够的。"我看着她，她也迷惑地看着我，"写日记怎么样？"

"写日记？这和写作文有什么关系呢？"

"当然有了。你每天都写日记，不就是每天都练习写作文吗？俗话说，熟能生巧啊。慢慢地，写作文的时候，你就会觉得有很多东西可以写，并且可以写得很自然、很轻松了！"

"嗯，"宇华明白了，"那好，写日记！"

"还有，别的课程也不能放松啊！"

要激发孩子的上进心

"好的。"

"那你再想一想,把这个计划写下来,贴到墙上,每天都按照这个来,看下次考试有没有进步,好吗?"

"好的!"

于是,一份计划书就贴到了宇华书桌前的墙上:

① 这个学期的目biāo是争取进入班级的前三名。

② 数学课的目标是100分,并在爸妈的zhǐdǎo下,开始下个学期的yù习。

③ 语文课的目标也是100分。每天早上起床的时候,要读课文;每天晚上,要写日记,把当天的事情都写下来。

④ 自然课、美术课、音乐课、体育课也要争取在95分以上。

⑤ 晚饭前一定要写作业;晚饭后要fù习、yù习今天的课。这些都做好了后,再玩,看电视。

⑥ 每个星期天要fù习,yù习这个星期的课chéng做好了后,才玩。

⑦ 每天要早睡早起。

⑧ 希望爸爸、妈妈jiāndū。从此,每天宇华都很自觉地按照这份"计划"来学习了。当然,毕竟因为是个小孩子,有的时候其也会把计划丢到一旁。

"宇华,"每当这时候,我就会提醒她,"不早了吧?"

"我看完这一集就睡好吗?"

"好。"我也并不是不讲情理的。

可电视剧看完了之后宇华还没有睡觉的意思,因为还有一集。

"宇华,"我再次提醒说,"你的计划是不是要改一改了?"

"嗯?"宇华不明白是什么意思。

"因为这个计划可能太高了吧？"

"是说我做不到，是吗？"

"是啊，我看你做不到。"我故意激她，"我看你完成不了目标。"

"才不会呢，"宇华的自尊心受了小小的打击，"我要睡觉了。"

"嗯，这样才对了嘛。宇华，计划制订好了，就一定要严格地按照它去执行，否则就没有什么意义了。"

就是在这种不断的引导下，宇华才慢慢的养成了自觉学习的习惯，自己为自己设定计划，自己要求自己，并严格按照计划进行学习，这方面的成果也是明显的——她的成绩不断地取得进步。

解决办法

那么，爸爸妈妈们该怎样帮助孩子树立学习的目标呢？

设定一个适当的目标对孩子来说是非常重要的，所谓"适当"，就是不能过高，亦不能过低，要切合孩子的学习现状。因为过低，孩子不经努力轻而易举地达到，这不仅不利于他们自觉主动精神的培养，反而会使他们容易满足而产生骄傲的心理。适当的目标可以发掘孩子的内在潜能，激励他们自觉主动地去学习。

在引导孩子制订学习目标的过程中，大多数爸爸妈妈由于望子成龙心切，往往忽视了孩子的学习实际，为孩子设定过高的目标。这只能是爸爸妈妈的一厢情愿，因为孩子一旦达不到这个目标，或者认为这个目标根本就无法达到，便会泄气。

长期向着一个目标前进并不是一件容易事，所以确定了目标之后，爸爸妈妈怎样引导孩子向着既定目标努力就显得非常重要了，不同的人会有不同的引导方式。

大多数孩子在制订了学习目标后却不知道该如何去具体实现学习的目标。因此，帮助或指导孩子制订具体实现目标的计划和行动方案就显得十分重要了。凡

要激发孩子的上进心

是教子成功的爸爸妈妈都十分注意这一点。

帮助孩子确立目标与制订计划都必须是合乎实际的，脱离孩子的具体情况要求他去追求完美或者追求一个根本不可能的目标都是不可取的。只有那些在孩子通过一定的努力就能实现的目标和孩子自己愿意照着做的计划才是科学、合理、可行的，才能真正调动起孩子自主学习的积极性。

53 孩子要有对学习的信心

重视理由

自信心对一个人一生的发展所起的作用，无论是在智力上还是体力上，无论是在学习工作中还是在生活中都有着基石性的支持作用。因此，爸爸妈妈们一定要从小培养孩子的自信心。

你想让孩子自觉主动地学习吗？那么，首先让孩子拥有独自探索知识海洋的精神支柱吧。

这个坚强的精神支柱，就是由自信和乐观的基石砌成的！

只有孩子相信自己的潜质和能力，坚信自己是能够成功的，那么，他们才能迈上自主求知的征途；只有孩子以积极的心态乐观面对奋斗征途中的各种困难，那么，他们才能从容战胜各种挫折和困难，将主动求知进行到底。

追根溯源

只有在自信的激励下、乐观精神的鼓舞下，孩子才能最终摘得自觉主动学习的成功桂冠！

而爸爸妈妈在构建孩子这个精神支柱的过程中应当从点点滴滴做起，尊重孩子，鼓励孩子，帮助孩子克服自卑的心理，营造出一个温馨的充满着乐观自信的家庭环境。

一个缺乏自信心的人，便会缺乏在各种能力发展上的主动积极性，孩子如果对自己失去了自信就很难在学习上有自觉主动的精神，而主动积极性对刺激人的各项感官与功能及其综合能力的发挥起着决定性作用。一个典型的例子就是人的记忆力。

科学研究表明，一般人的记忆功能只利用了人的记忆潜力的千分之一，而大多数人都认为自己的记忆水平已到头了，不可能再记得更多了，主观上的松懈使得记忆神经缺乏刺激，因而与人类所应有的记忆水平相去甚远。

信心就像人的能力催化剂，将人的一切潜能都调动了起来，将各部分的功能推动到了最佳状态。而潜能高水平的发挥在不断反复的基础上，能够巩固成为人的本性的一部分，将人的功能提高到一个新的水准。一个人的成长路线如果是沿着这样的积极上升式行进的，可以想象其积累效果将会是十分可观。在许多伟人身上，我们都可以看到这种超凡的自信心，正是在这种自信心的驱动下，他们敢于对自己提出更高的要求，并在失败中看到成功的希望，鼓励自己不断努力，获得最终的成功。在人才辈出的国家里，在那些伟人、名人身上同样可以找到自信的催化作用，而且在我们周围的优秀人才身上也不断放射出自信的光彩。

在知识的培育上，美国的爸爸妈妈普遍反对对孩子灌输太多。灌输作为一种教育方式是有很大局限性的，不仅在对知识传输的有效性上，更主要的是对孩子的自信心有着很大束缚作用。美国的爸爸妈妈通常会反对这样一种态度："你还小，懂什么？让我来教你，你照我说的去做。"他们认为导致这种态度的根据在于家长对孩子的知识、智力水平的错误评价。不能低估孩子自我观察与学习的能力，优秀的家长在赞叹自己孩子聪明的同时仍能打破成见，以客观的眼光去发现孩子的智慧，从不对孩子的观点大加鞭挞、横加指责。

榜样魅力

安西拉的女儿各方面都发展得很好，在小学中曾是令小朋友们羡慕的楷模、

要激发孩子的上进心

学习的榜样。在女儿学有余力的情况下,她让女儿"跳"两级上了中学。

到了中学,由于连续几次考试成绩都不理想,活跃的女儿变得沉默寡言了。安西拉在和孩子聊天时,孩子流露出了中学的学习没有小学有意思的思想,安西拉为之一震。她没有急于给孩子讲中学学习知识的重要,也没有后悔当初让孩子跳级,而是像往常一样站在女儿的角度去思考其难处。

女儿从学习成绩冒尖到学习成绩落后,她没有了过去的优越和自豪,在心理上是难以平衡的。同时,女儿对于中学的学习方法还没有摸着门,怎么会觉得有意思呢?安西拉认为,女儿的关键问题是失去了以往的自信,只要重新唤起女儿的自信心,帮助其尽快适应中学学习的规律,她一定能够学得很好。

在认真准备的基础上,安西拉经常向女儿指出她正在取得的进步,具体地帮助女儿复习每天学习的知识内容,引导女儿在课前总结重现知识。当女儿的学习成绩有所好转后,安西拉开始教给孩子课前预习、课后复习、章节小结等学习方法,变被动的学习为主动的学习。

女儿在主动学习中重新认识了自己的学习能力,对自己能学好中学的知识充满了自信心。

安西拉从细微处帮助女儿恢复了在学习上的自信,帮助女儿跨过了中学学习中的知识障碍、方法障碍、心理障碍,使女儿信心百倍地投入到学习之中。

解决办法

对只有几岁的孩子培养自信心,有些爸爸妈妈可能不以为然。其实,这是十分必要的。爸爸妈妈从孩子成长的过程来看,其最大的弱点就是缺乏自信,孩子学习上的每一次成功都是树立自信心的过程。应当说,一个充满自信、不畏艰难、勇往直前的孩子,才是最有出息、大有希望的孩子。但自信不是天生的,是通过点点滴滴培养起来的。

爸爸妈妈是怎样培养孩子自信心的呢?

孩子，把你的手给我

（1）用真诚的关爱帮孩子树立信心

爸爸妈妈真诚地爱孩子，尊重孩子的爱好和意见，尽量满足其合理要求，从不高高在上，轻易指责甚至打骂孩子。孩子一旦有了成绩和进步，哪怕是极其微小的，爸爸妈妈都会给予及时的表扬，使孩子感受到爸爸妈妈的关怀，感到在家庭中他不是无足轻重的，从而树立起必要的自我意识。

（2）爸爸妈妈对孩子表现出信任的态度

孩子好奇心强，什么事情都愿自己去做，但有时做得并不好。三四岁的时候就经常自己刷碗，有时小手拿不住，碗就掉到地上摔碎了，害怕得哭了起来。这时爸爸妈妈从不责怪他，而是开玩笑地说："旧的不去，新的不来。"同时，教给他洗碗的方法。而如果这时候责怪孩子，就会损伤孩子的自尊心，进而使他们丧失自信心，感到自己就是不中用。爸爸妈妈要多以尊重、引导、支持的态度对待孩子发自幼小心灵的任何创新和尝试，增强孩子的自信心。孩子虽小，却具有巨大的学习与发展潜力，每当孩子学习遇到困难、有低落情绪时，爸爸妈妈应当鼓励孩子，并经常说："孩子，不要怕，爸爸妈妈相信你一定能行！"

（3）爸爸妈妈对孩子的期望一直十分适当

"望子成龙，望女成凤"是爸爸妈妈们共同的心愿，但也应考虑到自己孩子本身的特点和能力，不能主观地总以过高的标准要求孩子。标准过高，孩子达不到，屡遭失败，产生持续失败的挫折感，积累"我不行"的消极体验，容易使孩子丧失自信心。

（4）爸爸妈妈不要左右孩子的爱好

孩子的爱好、趋向并不是爸爸妈妈所能左右的。爸爸妈妈只能去发现孩子的特点，去引导他们的志趣，不能强行改变他们的意志，这样才有助于提高和增强他们的自信心。很难想象一个家长制作风严重的家庭能够培养出自信心强的孩子来。一些爸爸妈妈为了维护自身的尊严，迫使孩子接受自己的意志，孩子虽然服服帖帖地接受了，但却丧失了最可贵的自信心。因此，作为一家之长，应摒弃家

要激发孩子的上进心

长制作风，使家庭中的每个成员包括孩子的正确意见都能得到应有的尊重。

对缺乏自信心的孩子要特别注意关照。在培养的过程中，不管孩子的想法有多么幼稚、所做的事情多么简单，只要是认真做了都应及时给以肯定，千万不可泼冷水，挫伤孩子的积极性。成功的爸爸妈妈应当是"保护自信，培养自信"的人。

54 孩子要消除厌学情绪

重视理由

如果孩子能够自觉主动地学习，那么首先是因为他们爱学、乐学。凡是厌恶学习的孩子，便很难有学习的积极主动性可言。所以，爸爸妈妈们帮助孩子克服厌学心理这个"克星"尤为重要。

追根溯源

孩子自觉主动地学习有一个先决条件就是：孩子乐学好学，在有强烈的求知欲和浓厚的学习兴趣的驱动下主动地求知学习。

然而，世上也有很多厌学的孩子，他们对学习抱有一种厌烦心理和抗拒心理，在这种心理状态之下就不用奢谈孩子积极主动地学习了！

孩子从呱呱坠地起，就对这个世界充满了浓厚的兴趣和强烈的探求欲望，学习其实是孩子的一种本能冲动。

那么，孩子为何会产生厌学情绪呢？

归根结底，错不在孩子，其真正的根源在于爸爸妈妈和老师不正确的教育方法。分数的高低、令孩子不堪承受的期望、强迫命令甚至是打骂，使孩子对学习由感到乏味而厌弃，由厌弃而逃学、逆反！

解铃还需系铃人。请以正确的方法引导孩子远离厌学的泥潭，以高明的教学策略启发孩子自觉主动地去学习!

　　孩子一旦厌恶学习,那么要想让他们自觉主动地学习便会成为一句空话,他们会采用各种方法逃避学习、逃避爸爸妈妈的监督、逃避老师的督促,视学习和学校如洪水猛兽。这样即使爸爸妈妈不断地命令他学习,他都不过是应付了事,更别指望他主动地去求知了。所以,厌学情绪是孩子自觉主动地学习的最大"克星"。对于孩子的厌学情绪,爸爸妈妈应下大力气帮助其克服。

　　厌学有轻重之分:偶然对某项作业、某门学科或者对某位老师、某所学校产生不满,这是较轻微的厌学;经常性地对某项作业、某门学科或者对某位老师、某所学校产生厌烦,有时伴有一些如头痛之类的不舒服的生理反应,这是中度的厌学;习惯性地对某项作业、某门学科或者对某位老师、某所学校产生厌恶,经常伴有头痛、呕吐等不良的生理反应,这是较严重的厌学。只有中度的和较严重程度的厌学,心理学中才认为是心理问题。

榜样魅力

　　皮奈特整天只爱看电视或玩游戏机,对书本丝毫不感兴趣。每当他父亲拿出故事书来讲故事给他听时,常常听不到一分钟他就站起来去玩别的了。爸爸妈妈绞尽脑汁,也提不起他对书本的兴趣。

　　一天,皮奈特的父亲拿着一个沙漏对他说:"这是一个古时候的钟。你看到上面的沙子一直往下漏,就代表时间正一分一秒地过去,等到沙子全漏到下面时,就表示时间已过了三分钟!"

　　"真的?给我玩玩啊!"

　　"嘻,我们就以这个沙漏为计时器,我们一起看故事书,每次只以三分钟为限,即是这个沙漏的沙子从上面漏到下面的时间,好吗?"

　　"好的!一言为定!"

　　皮奈特果然静静地坐下来听爸爸讲故事,只是每当翻到故事书的第3页时他

要激发孩子的上进心

便会霍地站起来说道:"三分钟了,上面的沙全落到下面了。"然后又去玩他的玩具车了。

皮奈特的父亲当然知道他根本就没有留意看书,双眼只是一直盯着那个沙漏。他虽然有些失望,但还是决定翌日再来一次。

经过几次的"三分钟念书",皮奈特的视线渐渐由沙漏移到了故事书上,虽然他们父子当初只约定"每次只念三分钟",但往往故事说到最紧张的时候时间便到了。皮奈特听得入神,便央求父亲继续讲下去,但父亲坚持"三分钟"的约定,不肯再继续讲了。为了早点知道故事的发展,皮奈特竟主动开始了阅读。

说穿了,父亲采用的是一种循序渐进的耐性训练法,对孩子进行潜移默化的教育。

解决办法

那么,面对孩子的厌学问题,爸爸妈妈们该怎么办呢?

(1)帮助厌学的孩子树立人生的理想与追求

理想是人生的坚强支柱。在实现理想的征程中,需要顽强的意志和吃苦耐劳的精神。

(2)帮助厌学的孩子用自信战胜失败和恐惧

自信是人生成功的基石,一个缺乏自信的人必然会陷入到自卑的泥潭中,而只要拥有自信,失败和挫折终究会低头让路。

(3)消除孩子的心理重负

"望子成龙"是每个爸爸妈妈的愿望,然而给孩子施加过度的压力就会造成孩子的心理重负,进而对孩子的学习产生出负面影响。

(4)帮助孩子培养有利于学习的好习惯,改变不利于学习的坏习惯

好习惯是走向成功之路的推进器,是开启成功之门的金钥匙;而坏习惯则是阻碍人们通往理想之路的绊脚石。

（5）用激励与奖赏的方法激发孩子学习的上进心

激励与奖赏是一种良好的教育方法。"孩子需要激励，犹如种子需要阳光；孩子需要奖赏，犹如花儿需要浇灌。"用激励与奖赏的教育方法，往往会收到神奇的效果。

（6）帮助厌学的孩子掌握学习技巧

良好的学习方法是取得良好学习效果的重要保证，良好的学习效果又是孩子走向未来成功之路的重要基础。为此，加强对孩子学习方法的指导，引导孩子对学习技巧的掌握，应是帮助孩子克服厌学的关键之所在。

（7）激励孩子"试试看"，刺激孩子喜欢学习

改变孩子厌学需要把握孩子的心理，做到对症下药，方可出奇效。通过激发孩子"试试看"的方法，便是消除孩子厌学的解毒剂。

（8）让孩子觉得"很容易"，从而改变不愿读书的心理

厌学的孩子曾因有过较多的失败，所以往往会自暴自弃，不愿读书。改变它，需要给孩子以成功的喜悦，给孩子以"很容易"的感受。

（9）让孩子认识到"不得不做"，进而养成"自然地做"的习惯，是改变其厌学思想的有效良方。

厌学的孩子大多思想上比较懈怠，对学习往往抱有一种无所谓的态度，为此，唤起他们的责任心，让他们认识到"不得不做"，进而养成"自然地做"的习惯至关重要。

55 孩子要有学习的主动性

重视理由

自觉主动地学习，就是不用别人督促和要求，积极主动地探索求知，实现自主教育。这是知识经济的要求，这是孩子成才的先决条件。所以，爸爸妈妈应培

要激发孩子的上进心

养孩子的学习主动性。

追根溯源

世界的未来将属于这样的英才：一个在学习上能够自觉主动的人。

孩子对学习的主动程度可分为以下几种——

首先是自觉主动地学习，即是不用别人吩咐，不用别人要求就能主动而且出色地去学习，积极主动地去求知。

其次，就是爸爸妈妈和老师督促他，他能立刻就行动起来，把学习做好。这样的孩子会取得学业的进步，但不一定是最优秀的。

再次，爸爸妈妈和老师重复地督促他几次，他才会去做。这样的孩子会将学习看作是一种负担，其主动学习的积极性会大打折扣，其学业成绩往往令爸爸妈妈担忧。

最后，就是在爸爸妈妈和老师的逼迫下才去勉强学习的那些孩子。学习对他们来说是一种痛苦，他们完全是为了应付爸爸妈妈和老师才去非常被动地学习，这种学习纯粹如同"磨洋工"的孩子，得到的成绩是微不足道的，他们的消极应付心态是其学习成绩难以提高的最大障碍。

最让爸爸妈妈痛心的孩子就是这种人，哪怕有人追着他，告诉他要如何去做，而且死死地盯着他，他也一样会想方设法逃避学习。他们的学习成绩不能得以提高是毫无疑问的。

根据自主教育和自主性研究的成果，不难看出：让孩子自觉主动地学习，是培养能够在未来社会的竞争中立于不败之地人才的关键。而要促使孩子自觉主动地学习，首先必须要形成一个民主的开放式的具有启发性的家庭环境氛围，这种家庭的家教绝不是强制性的、"填鸭式"的或者是包办型的。

榜样魅力

成功地考入世界一流学府哈佛大学的任冰，其母亲王超芳从他呱呱坠地开始就非常注重对其进行启发和引导，使小任冰在强烈的好奇心和兴趣的驱动下，自觉主动地学习，不断领悟新的知识。

王超芳在总结自己的教子经验时说："我从来都不强迫孩子，只是在适当的时候给冰冰以启发利导，让他顺其自然地发展、自觉主动地学习。我主要是通过各种方式，引导他对学习产生强烈的兴趣。因为兴趣是孩子学习的原动力，有了兴趣之后，孩子自然会以满腔的热情主动地去学习，而不用爸爸妈妈操心。"

事实正如王超芳说的那样。当任冰还只有四五岁时，社会上兴起了"早期定向培养幼儿特长"的风气，掀起了"小提琴热""电子琴热"或"钢琴热"等这个热那个热。看着其他爸爸妈妈把自己的孩子纷纷送进各种"特长班"，王超芳也怦然心动，就把小任冰送入了一家"钢琴培训中心"，结果王超芳发现孩子坐在钢琴前显得烦躁不安、毫无兴趣。王超芳通过阅读幼儿教育著作，并与丈夫商议，毅然让小任冰从"钢琴培训中心"退出，她说："我们决定，决不理会世俗的偏见，以便留给孩子一个自由自在、无忧无虑、完完全全、纯纯正正的童年。"

有一次，王超芳夫妇带小任冰到天文台去参观，他们发现小任冰对天文学特别感兴趣，一路上问这问那。王超芳便每个星期日都带孩子到天文馆或天文台去看天文望远镜、星球仪等，让孩子从仪器图片或模型中去了解宇宙，并且为孩子买回了很多介绍天文知识的彩图和画册。

在母亲的精心引导下，任冰对天文学产生出极其强烈的兴趣，几乎达到了痴迷的程度，经常不用母亲的督促便主动去翻阅有关天文学的书籍，小小年纪就立志长大后要成为一名天文学家。

当王超芳引导任冰树立了要当天文学家的坚定志向之后，便因势利导地用这个志向来激发小任冰自觉主动地积极学习好各门功课。

要激发孩子的上进心

解决办法

如果孩子对学习望而生厌,那么爸爸妈妈不妨试试以下方法:

(1)让孩子明白学习的好处

现在的孩子,对自己的未来只有一些平凡的想象。对这样的孩子说只要用功学习就能考进好学校,以后便能出人头地。而他们在心里想得最多的却是怎样才能不费吹灰之力地过上舒适的生活。因此,如何让孩子具体地发现读书到底可以得到什么益处,也许说服力会大得多。

(2)利用激将法激起孩子的好胜心

孩子成绩不好,学习情绪低落,大部分爸爸妈妈往往会用"你已经尽力了"或"没关系,下次加油"之类的话来安慰孩子。问题是有的孩子会因为安慰而产生依赖心理,反而影响到孩子的再度奋起。面对这种情况,应该利用人原本的反抗心来适度激励孩子。

日本著名的小提琴家铃木先生最喜欢用这种方法刺激学生。当他的学生不太想练习或是学习进度迟滞时,铃木便会用"这首曲子对你可能有些困难"或"你大概不喜欢小提琴吧"之类的话来刺激学生,从而巧妙地引发学生自觉想学习的念头。

(3)让孩子从他的拿手科目开始

据说职业拳击选手在比赛日期接近时往往不是加强弱的部分矫正,反而勤于训练平日最拿手的技巧。因为在磨炼自己的拿手技巧时,能给自己一种精神上的暗示,告诉自己一定能够赢得胜利。据说职业高尔夫球和棒球选手在状态低落时,都会将拿手的项目反复训练。不论是多么著名的选手,比赛日期愈接近,或多或少心中都会有这次可能输的不安情绪,而磨炼拿手项目增强自信的方法对消除此种厌恶不安的情绪则相当有效。

如果孩子因为某门功课不好导致学习情绪低落时,不妨试试这个方法。举例来说,让他尽量学习拿手的科目。不管任是什么人,对自己所喜爱的或拿手的事，就算他人不要求，自己也会兴致勃勃地去做，这个方法就是为了能让孩子克服厌学的情绪。当孩子已逐渐产生兴趣后，再让孩子接触原本造成他厌学的科目，孩子由拿手科目所产生的原动力就会发生推进性作用。如此一来，原本不想读的科目会由于此种推动力而顺利进行下去。